PHILIPPIKA
Marburger altertumskundliche Abhandlungen 38

Herausgegeben von
Joachim Hengstl, Torsten Mattern,
Robert Rollinger, Kai Ruffing
und Orell Witthuhn

2010
Harrassowitz Verlag · Wiesbaden

Kontaktzone Lahn

Studien zum Kulturkontakt zwischen
Römern und germanischen Stämmen

Herausgegeben von Kai Ruffing,
Armin Becher und Gabriele Rasbach

2010
Harrassowitz Verlag · Wiesbaden

Schriftführender Herausgeber: Kai Ruffing.

Bibliografische Information der Deutschen Nationalbibliothek
Die Deutsche Nationalbibliothek verzeichnet diese Publikation in der Deutschen
Nationalbibliografie; detaillierte bibliografische Daten sind im Internet
über http://dnb.d-nb.de abrufbar.

Bibliographic information published by the Deutsche Nationalbibliothek
The Deutsche Nationalbibliothek lists this publication in the Deutsche
Nationalbibliografie; detailed bibliographic data are available in the internet
at http://dnb.d-nb.de.

Informationen zum Verlagsprogramm finden Sie unter
http://www.harrassowitz-verlag.de

ISSN 1613-5628
ISBN 978-3-447-06249-7

Inhalt

ARMIN BECKER, GABRIELE RASBACH, KAI RUFFING (Frankfurt/Marburg)
Kontaktzone Lahn 1

ARMIN BECKER (Frankfurt)
Waldgirmes. *Praesidium*, *oppidum*, *colonia*? 5

SVEN GÜNTHER (Mainz)
Wirtschafts- und Feindkontakt im Hinterland –
Zu einer Merkurweihung im römischen Vicus von Eisenberg (Pfalz) 21

PETER KEHNE (Hannover)
Wer war Feind, wer war Partner Roms in der Kontaktzone Rhein – Main –
Lahn während der caesarisch-augusteischen Germanienpolitik?
Fragen zu Informationsdivergenzen zwischen kaiserzeitlicher Geographie,
Historiographie und römischer Außenpolitik 31

TORSTEN MATTERN (Trier)
Regionale Differenzierungen in den augusteischen Germanienfeldzügen 67

GABRIELE RASBACH (Frankfurt)
Verkehrswege und die wirtschaftliche Nutzung *in barbarico* 77

GABRIELE RASBACH (Frankfurt)
Kelten, Germanen und Römer im deutschen Mittelgebirgsraum.
Die augusteische Stadtgründung von Waldgirmes
und die Einordnung in ihr kulturelles Umfeld 95

LEIF SCHEUERMANN (Erfurt)
Religiöse Sonderformen am Neckarlimes?
Über lokale Einflüsse auf die provinzialrömische Religion
im mittleren Neckarraum 111

WOLFGANG SPICKERMANN (Erfurt)
Religion an der Nordseeküste: Dea Nehalennia 127

ROLAND STEINACHER (Wien/Innsbruck)
Wie historisch ist der Germanenbegriff?
Kleine Bemerkungen zu einem großen Problem 139

SARAH BÄCKER (Marburg)
Was aßen die Germanen?
Überlegungen zu antiker Barbarentopik und modernem Kulturbegriff 153

VOLKER LOSEMANN (Marburg)
„Statt Deutschland sollte man künftig Arminien sagen!"
Bemerkungen zur Terminologie
der römisch-germanischen Auseinandersetzung 167

Kontaktzone Lahn

Armin Becker, Gabriele Rasbach, Kai Ruffing – Frankfurt/Marburg

Dem Kontakt zwischen Individuen, die verschiedenen Ethnien bzw. Kulturen ange-
hören, und den hieraus resultierenden Prozessen des kulturellen Austauschs im weitesten Sinne ist seit vielen Jahren eine breite Aufmerksamkeit der altertumswissenschaftlichen Forschung gewiß. Ein besonderer Schwerpunkt diesbezüglicher
Forschungen sind die kulturellen Austauschbeziehungen zwischen der antiken medi-
terranen Welt und der Altvorderasiens.[1] Selbiges gilt insbesondere für die intensiv
beforschte griechische Archaik,[2] und damit verbunden den kulturellen Austausch-
prozessen im Zuge der sogenannten ‚griechischen Kolonisation'.[3] Besondere Aufmerksamkeit haben ferner die kulturellen Ausprägungen des Ostens der hellenisti-
schen Welt sowie des gleichen Raums in der römischen Kaiserzeit unter unterschiedlichen Akzentuierungen erfahren.[4] Im Vordergrund der Forschung standen
dabei auch Prozesse der Romanisierung bzw. der Romanisation.[5]

In Bezug auf die Erforschung der Beziehungen zwischen den Römern und den
‚Germanen' stand lange Zeit der Feindkontakt im Vordergrund. Hierzu lieferten

1   Vgl. etwa R. Rollinger/A. Luther/J. Wiesehöfer (Hrsg.), Getrennte Welten? Kommunikation, Trans-
    kulturalität und Wahrnehmung zwischen Ägäis und Vorderasien im Altertum (Oikumene 2), Frank-
    furt 2007.
2   Vgl. etwa R. Rollinger/Chr. Ulf (Hrsg.), Das Archaische Griechenland: Interne Entwicklungen –
    Externe Impulse, Berlin 2004.
3   Vgl. z.B. G.R. Tsetskhladze, Revisiting Ancient Greek Colonisation, in: Ders. (Hrsg.), Greek Coloni-
    sation. An Account of Greek Colonies and other Settlements Overseas vol. 1 (Mnemosyne Suppl.
    193), Leiden/Boston 2006, xxiii-lxxxiii, hier li-lxii.
4   Vgl. nur M. Sartre, L'orient romain. Provinces et sociétés provinciales en Méditerranée orientale
    d'Auguste aux Sévères (31 avant J.-C. – 235 après J.-C.), Paris 1991 gegen F. Millar, The Roman
    Near East 31 BC – AD 337, Cambridge (Mass.) 1993. S. a. die unausgewogenen diesbezüglichen
    Konzeptionen von W. Ball, Rome in the East. The Transformation of an Empire, London/New York
    2001. Vgl. ferner M. Sommer, Roms orientalische Steppengrenze. Palmyra – Edessa – Dura-Europos
    – Hatra. Eine Kulturgeschichte von Pompeius bis Diocletian (Oriens et Occidens 9), Stuttgart 2005.
    Für den ‚Hellenismus' siehe etwa B. Funck (Hrsg.), Hellenismus. Beiträge zur Erforschung von Ak-
    kulturation und politischer Ordnung in den Staaten des hellenistischen Zeitalters. Akten des Internati-
    onalen Hellenismus-Kolloquiums 9.–14. März 1994 in Berlin, Tübingen 1996 oder A. Kuhrt/S. Sher-
    win-White (Hrsg.), Hellenism in the East. The Interaction of Greek and non-Greek Civilizations from
    Syria to Central Asia after Alexander, Berkeley/Los Angeles 1987.
5   Vgl. dazu grundlegend G. Schörner (Hrsg.), Romanisierung – Romanisation. Theoretische Modelle
    und praktische Fallbeispiele (BAR Int. Ser. 1427), Oxford 2005.

sowohl die in das kulturelle Gedächtnis der Deutschen gleichsam eingebrannte Varus-Schlacht[6] als auch die eindrücklichen Überreste des Limes auf deutschem Boden
den Anlaß, der durchaus als Zeichen eines ‚containment‘ der Germanen seitens der
reichsrömischen Politik verstanden wurde.[7] Seltener standen andere Dimensionen
der Kontakte zwischen den ‚Germanen‘ und dem *Imperium Romanum* im Vordergrund, wie zum Beispiel der Handel sowie Kultur- und Technologietransfer.[8] Jüngst
wurde diesbezüglich die Bedeutung der Kontaktzonen jenseits der Grenzen des
Römischen Reichs als ein „...Glacis des *orbis Romanus* mit mannigfacher Interde-
pendenz und Assimilation" hervorgehoben.[9]

   Seitdem nun durch die Grabungen in Waldgirmes ohne Zweifel eine römische
Stadt in ihrer Gründungsphase nachgewiesen wurde, deutet sich an, daß die Entwicklungen im Kontakt zwischen den Römern und den ‚Germanen‘ sich im Bereich
der Lahn, in der Wetterau und im Rhein-Main Gebiet anders gestalteten, als etwa an
der Lippe, wo in der Tat die militärische Konfrontation im Vordergrund gestanden
zu haben scheint.[10] Diese Interaktionsprozesse in einem ersten Schritt näher in den

---

6 Die Literatur zu Arminius und der Varus-Schlacht ist angesichts des 2000jährigen Jahrestags Legion.
   Verwiesen sei an dieser Stelle nur auf den einschlägigen Ausstellungskatalog: 2000 Jahre Varusschlacht. Mythos, hrsg. vom Landesverband Lippe, Stuttgart 2009.

7 Vgl. D. Timpe, RGA 11, 1998, 181–245, hier 212 s. v. Germanen, Germania, Germanische Altertumskunde.

8 Zum Handel sowie auch zum Austausch von Waren und Dienstleistungen vgl. R. Wolters, Zum
   Waren- und Dienstleistungsaustausch zwischen dem Römischen Reich und dem Freien Germanien in
   der Zeit des Prinzipats. Eine Bestandsaufnahme, MBAH 9/1, 1990, 14–44; Ders., Der Waren- und
   Dienstleistungsaustausch zwischen dem Römischen Reich und dem Freien Germanien in der Zeit des
   Prinzipats. Eine Bestandsaufnahme Teil 2, MBAH 10/1, 1991, 78–132; Ders., Römische Funde in der
   Germania magna und das Problem römisch-germanischer Handelsbeziehungen, in: G. Franzius
   (Hrsg.), Aspekte römisch-germanischer Beziehungen in der frühen Kaiserzeit (Quellen und Schrift-
   tum zur Kulturgeschichte des Wiehengebirgsraums Reihe B, Bd. 1), Espelkamp 1995, 99–117, bes.
   99–102 mit einem Überblick über die ältere Forschung; K. Tausend, Die Bedeutung des Importes aus
   Germanien für den römischen Markt, Tyche 2, 1987, 217–227. Vgl. auch H.-J. Drexhage u. a., Die
   Wirtschaft des Römischen Reiches (1.–3. Jahrhundert). Eine Einführung, Berlin 2002, 134–135 sowie
   zuletzt zusammenfassend zur Germania inferior P. Rothenhöfer, Die Wirtschaftsstrukturen im südlichen Niedergermanien. Untersuchungen zur Entwicklung eines Wirtschaftsraumes an der Peripherie
   des Imperium Romanum (KSARP 7), Rahden 2005, 230–233. Zum Technologietransfer siehe insbesondere O. Stoll, Terra pecorum fecunda, sed plerumque improcera oder: Warum die Germanen nicht
   an der Blüte der Tierzucht der Römer teilhatten, in: K. Ruffing/B. Tenger (Hrsg.), Miscellanea oeco-
   nomica. Studien zur antiken Wirtschaftsgeschichte. Harald Winkel zum 65. Geburtstag (Pharos 9), St.
   Katharinen 1997, 150–180.

9 Vgl. R. Klein, Das Eigene und das Fremde. Roms politische Denkweise über den orbis terrarum,
   Gymnasium 114, 2007, 207–230, hier 216–217; das Zitat findet sich auf S. 217.

10 Zu dieser strukturellen Andersheit der römisch-germanischen Beziehungen im Bereich der Lahn
    gegenüber denjenigen an der Lippe vgl. A. Becker/G. Rasbach, Städte in Germanien. Der Fundplatz
    Waldgirmes, in: R. Wiegels (Hrsg.), Die Varusschlacht. Wendepunkt der Geschichte? Mit Beitr. von
    R. Wiegels u. a., Stuttgart 2007, 109; A. Becker, Die Römer an der Lahn. Die Ausgrabungen in Wald-
    girmes, in: H. Schneider (Hrsg.), Feindliche Nachbarn. Rom und die Germanen, Köln/Weimar/Wien

Griff zu nehmen und auch einer vergleichenden Betrachtung zuzuführen war das Anliegen einer kleinen Tagung, die unter Beteiligung von Vertretern der archäologischen und althistorischen Disziplinen in Zusammenarbeit zwischen der Römisch-Germanischen Kommission, dem Landesamt für Denkmalpflege Hessen, Abteilung Archäologie und Paläontologie, und dem Seminar für Alte Geschichte der Philipps-Universität Marburg im Mai 2006 an der Philipps-Universität durchgeführt worden ist. Das Lahntal und damit verbunden Waldgirmes erschien den Herausgebern aufgrund der zu unterstellenden komplexen Kontakte zwischen verschiedenen Kulturen in relativ dichter zeitlicher Folge ein lohnenswerter Forschungsgegenstand zu sein, stießen die Römer doch in einen Raum vor, der allgemein als Kontaktzone zwischen der Latènekultur und den Kulturen der jüngeren Eisenzeit zu gelten hat.[11] Insbesondere lassen sich in Waldgirmes diese Kontakte nicht nur in den nachgewiesenen Varianten der handgeformten Keramik unterschiedlicher Provenienz erfassen, sondern sie sind dort über das römische Fundmaterial und die dendrochronologischen Daten auch außergewöhnlich gut einzuordnen. Gleichzeitig haben die Forschungen der letzten Jahre die Lage des Ortes an einem Knotenpunkt von Wege- und Kommunikationsnetzen mit weiterführenden Verbindungen nach Norden herausgearbeitet[12], so daß es lohnend erschien, von Waldgirmes ausgehend sowohl vergleichbare Interaktionsprozesse als auch die Auswirkungen auf das nähere Umfeld in den Blick zu nehmen.

Die wichtigsten Beiträge dieser Tagung sowie einige weitere Artikel zum Thema Kulturkontakt zwischen Römern und Kulturen in der *Germania* werden in diesem Band veröffentlicht. Freilich kann nach dem gegenwärtigen Stand der Forschung hier selbstverständlich keine Synthese vorgelegt werden. Er soll vielmehr den Anstoß dazu liefern, die Dimensionen des germanisch-römischen Kulturkontakts anzudeuten, Einblicke in besondere Problemfelder der diesbezüglichen Forschung zu liefern und die regionale Besonderheit des Lahntals gegenüber anderen Kontaktzonen zwischen Römern und ‚Germanen‘ zumindest in einem ersten Schritt zu beleuchten. Aufgabe zukünftiger Forschungen muß hingegen bleiben, unter Berücksichtigung der modernen theoretischen Grundlagen des Kulturkontakts, wie sie etwa jüngst von Christoph Ulf erarbeitet worden sind,[13] den germanisch-römischen Kul-

---

2008, 115 und die Beiträge von A. Becker und T. Mattern in diesem Band.

11　Vgl. dazu etwa M. Seidel, Die jüngere Latènezeit und ältere Römische Kaiserzeit in der Wetterau, Fundberichte aus Hessen 34/35, 1994/95 (2000), 1–355; M. Meyer, Mardorf 23, Lkr. Marburg-Biedenkopf. Archäologische Studien zur Besiedlung des deutschen Mittelgebirgraumes in den Jahrhunderten um Christi Geburt, 2 Bde. (Berliner Archäologische Forschungen 5), Rahden/Westf. 2008 und B. Sicherl, Namenlose Stämme. Nordwestdeutschland am Vorabend der römischen Okkupation, in: 2000 Jahre Varusschlacht. Mythos, hrsg. vom Landesverband Lippe, Stuttgart 2009, 43–57, bes. 48–55.

12　Vgl. den Beitrag von G. Rasbach in diesem Band.

13　Chr. Ulf, Rethinking Cultural Contacts, Ancient West & East 8, 2009, 81–131. Vgl. dazu den Ta-

turkontakt an der Lahn näher in den Griff zu nehmen. Die Herausgeber dieses Bandes geben sich der Hoffnung hin, daß jener dazu einen kleinen Beitrag leisten möge.

Es bleibt die angenehme Pflicht, denen Dank auszusprechen, durch deren Mitarbeit und Unterstützung es möglich war, Tagung und vorliegende Publikation zu realisieren. Hier gilt es insbesondere Herrn Heinrich Alexander Lange zu danken, der sich um die Organisation und die Durchführung der Tagung besonders verdient gemacht hat. Zu danken haben wir für ihre Arbeit bei der Tagung Ingrid Brusius-Eigl, Kerstin Droß, Laura Wagner und Christina Koch. Finanzielle Unterstützung erfuhren wir durch die Römisch-Germanische Kommission des Deutschen Archäologischen Instituts und den Marburger Universitäts-Bund sowie den Ursula Kuhlmann Fonds. Die Drucklegung des vorliegenden Bandes lag in den Händen von Kerstin Droß, der hierfür herzlich gedankt sei. Finanzielle Unterstützung für die Realisierung des Bandes verdanken wir dem Förderverein Römisches Forum Waldgirmes e.V., dem an dieser Stelle hierfür ebenfalls gedankt sei.

gungsbericht: Die komplexe Welt der Kulturkontakte. ,Kontaktzone' und ,Rezeptivität' als Mittel für ihre Beschreibung und Analyse. Internationales Kolloquium aus Anlass des 60. Geburtstages von Christoph Ulf vom 26.01.2009 bis 30.01.2009 in Innsbruck, in: H-Soz-u-Kult, 24.03.2009, http://hsozkult.geschichte.hu-berlin.de/tagungsberichte/id=2570 [24.08.2009].

Waldgirmes. *Praesidium, oppidum, colonia*?

Armin Becker – Frankfurt

In Lahnau-Waldgirmes erforscht die Römisch-Germanische Kommission des Deutschen Archäologischen Instituts die älteste römische Stadtgründung östlich des Rheins. Die etwa 7,7 ha große, mit einer Holz-Erde-Mauer und zwei vorgelagerten Spitzgräben befestigte Anlage wurde nach der Niederlage des römischen Statthalters Varus 9 n.Chr. aufgegeben. Ihr Gründungsdatum konnte durch die Untersuchungen des Jahres 2005 entscheidend präzisiert werden. Befestigung und Straßenführung legten zunächst eine Interpretation als Militärlager nahe. Die im Verlauf der Grabungen aufgedeckte Bebauung unterscheidet sich jedoch sowohl in den Gebäudetypen als auch in ihrer Anordnung wesentlich von den zeitgleichen augusteischen Militärlagern. Die blockartig angeordneten Gebäude mit vorgelagerten Portiken entsprechen eher einer Aufteilung in *insulae* als der streifenförmigen Innenbebauung von Militärlagern. Atriumhäuser, Tabernen und insbesondere das über steinernen Fundamentmauern errichtete, 2200 m² große Bauwerk im Zentrum verweisen deutlich in den zivilen Bereich (Abb. 1 u. Beil. 1). Drei Flügel umgaben einen Innenhof, der im Norden durch einen großen Hallenbau abgeschlossen wurde. Die drei Annexbauten dieser Basilika verbinden das Gebäude mit den *fora* der späten Republik und der frühen Kaiserzeit. Gestützt wird diese Interpretation durch das Fundmaterial, in dem Waffen und Militaria nur einen kleinen Anteil ausmachen. Stattdessen wird Waldgirmes, neben einer Reihe herausragender Einzelfunde, darunter Bruchstücke einer vergoldeten, lebensgroßen Reiterstatue aus Bronze, durch die Vermischung römischer und einheimischer Funde charakterisiert.[1]

1 S. v. Schnurbein/A. Wigg/D.G. Wigg, Ein spätaugusteisches Militärlager in Lahnau-Waldgirmes (Hessen), Germania 73, 1995, 337–367; A. Becker/G. Rasbach, der spätaugusteische Stützpunkt Lahnau-Waldgirmes, Germania 76, 1998, 673–692; Dies., Waldgirmes. Eine augusteische Stadtgründung im Lahntal, BerRGK 82, 2001, 591–610; Dies., Die spätaugusteische Stadtgründung in Lahnau-Waldgirmes. Mit Beitr. v. S. Biegert u. a., Germania 81, 2003, 147–199; A. Becker, Lahnau-Waldgirmes. Eine augusteische Stadtgründung in Hessen, Historia 52, 2003, 337–350; S. v. Schnurbein, Augustus in Germania and his new 'town' at Waldgirmes east of the Rhine, JRA 16, 2003, 93–107; K. Christ, Waldgirmes. Historische Aspekte der neuen Ausgrabungen im mittleren Lahntal, in: H. Heftner/K. Tomaschitz (Hrsg.), AD FONTES! Festschrift für Gerhard Dobesch, Wien 2004, 487–492; A. Becker, Neue Aspekte zur Chronologie der augusteischen Germanienpolitik. Wirtschaftliche, topographische und politische Standortfaktoren einer urbanen römischen Siedlung in Waldgirmes, MBAH 24, 2005, 161–174; Ders., Lahnau-Waldgirmes. Eine römische Stadtgründung im Lahntal aus der Zeit um Christi Geburt, in: G.A. Lehmann/R. Wiegels (Hrsg.), Römische Präsenz und Herrschaft im Germanien der augusteischen Zeit. Der Fundplatz Kalkriese im Kontext neuerer Forschungen und

Die Untersuchungen der letzten Jahre haben neben der weiteren Vervollständigung der Innenbebauung bedeutende Erkenntnisse zur inneren Chronologie der Anlage erbracht. Das größte Gewicht kommt dabei der Entdeckung eines etwa 1,2 x 1,2 m großen und knapp 8 m tiefen Brunnens zu. Im Grundwasserbereich waren die untersten vier Bohlenlagen des in Kastenbauweise errichteten Brunnens noch erhalten (Abb. 2). Die dendrochronologische Untersuchung ergab ein Fälldatum der Bauhölzer im Herbst/Winter 4 v.Chr. Die Gründung von Waldgirmes lässt sich damit auf das Datum 4 v.Chr. oder sogar noch etwas früher eingrenzen.[2] Weitere Grabungsergebnisse verweisen sowohl auf Aktivitäten vor der eigentlichen Stadtgründung als auch nach deren Räumung. Römischen Ursprungs ist ein umzäunter Platz in dessen Innenraum mit der Anlage gemauerter Fundamentsockel begonnen wurde. Beim gegenwärtigen Forschungsstand waren diese Aktivitäten älter als die eigentliche Siedlung, sind also vor 4 v.Chr. zu datieren, womit ein Zusammenhang mit den Feldzügen des Drusus 10 oder 9 v.Chr. bzw. Maßnahmen des Tiberius 8 oder 7 v.Chr. nicht mehr auszuschließen ist.[3]

Bei den nach der Räumung zu datierenden Aktivitäten handelt es sich zum einen um eine Grube, die über einem Pfostengräbchen der Holz-Erde-Mauer angelegt wurde und aus der handgeformte Keramik der Übergangszeit sowie 0,8 kg verschmolzenes Blei geborgen wurden. Der Befund belegt, dass die Umwehrung zum Zeitpunkt der Anlage der Grube nicht mehr intakt war, während die beste Erklärung für das Blei wohl in einer Plünderung der verlassenen Siedlung durch die einheimischen Anwohner zu suchen ist. Bei den übrigen Maßnahmen handelte es sich um die Anlage großer muldenförmiger Gruben über den älteren Spitzgräben im Bereich vor dem Ost- und dem Westtor, die später mit Brandschutt aus dem Innenraum verfüllt wurden. Die Urheber dieser Maßnahmen sind nicht mit letzter Sicherheit zu bestimmen, die Verlochung von Schutt passt jedoch weniger zu einem auf Profit ausgerichteten Plünderungsakt als zu einer Aktion des römischen Militärs. Problematisch ist dabei, dass das nur wenige Meter vor dem Osttor gelegene 2,8 ha große temporäre Lager bisher nicht zu datieren ist. Da dieses Lager die aus dem Osttor führende Straße blockiert, ist eine Gleichzeitigkeit mit der Siedlung unwahrschein-

---

Ausgrabungsbefunde. Beitr. zu der Tagung des Fachs Alte Geschichte der Universität Osnabrück und der Kommission „Imperium und Barbaricum" der Göttinger Akademie der Wissenschaften in Osnabrück vom 10. bis 12. Juni 2004 (Abh. Akad. Wiss., Phil.-Hist. Kl. Dritte Folge, Bd. 279), Göttingen 2007, 321–330; Ders./G. Rasbach, Städte in Germanien. Der Fundplatz Waldgirmes, in: R. Wiegels (Hrsg.), Die Varusschlacht. Wendepunkt der Geschichte? Mit Beitr. v. R. Wiegels u.a., Stuttgart 2007, 102–116 (alle mit weiterer Literatur). Ich danke H.-J. Köhler für die intensive und freundschaftliche Zusammenarbeit bei der Bearbeitung und Interpretation der Befunde.

2   Es gibt derzeit keine Gründe, die Errichtung des Brunnens vom übrigen Siedlungsgeschehen in Waldgirmes abzukoppeln. Die eigentliche Siedlung erscheint planmäßig errichtet worden zu sein, der Vorgängerbau des Forums (Gebäude 5) war für eine dauerhafte Bebauung des Zentrums viel zu klein, so dass der spätere Ersatz dieses Gebäudes durch das Forum wohl von Anfang an beabsichtigt war.

3   Becker, Neue Aspekte zur Chronologie der augusteischen Germanienpolitik (wie Anm. 1), 163 f.; Ders./G. Rasbach, Städte in Germanien (wie Anm. 1), 110.

lich. Für eine frühere Datierung könnte die Lage im Gelände sprechen, die sich ausschließlich an der Topographie orientiert und keinerlei Bezug auf die westlich gelegene Siedlung aufweist. Für eine spätere Anlage sprechen der Befund der verbrannten Umwehrung südlich des Osttores sowie die 2006 gefundenen Hinweise auf eine Mannschaftsbaracke im Westen der Siedlung (Abb. 3), die wohl mit dem Bau der Umwehrung und der Anlage der Straßen durch Soldaten zu erklären ist. Eine Stationierung von Militär im Innern der Siedlung spricht jedoch gegen die gleichzeitige Anlage eines separaten Baulagers. Eine endgültige Entscheidung ist gegenwärtig nicht zu treffen.[4]

Auf den Abbildungen 4–7 wird versucht, die chronologische Entwicklung von Waldgirmes in Phasen zu gliedern, wobei sich als eigentliche Bauphasen gegenwärtig nur der Zustand in Abb. 4 (Vorgängeranlage Forum) und Abb. 6 (Bauzustand beim Brand der Anlage) definieren lassen. Auf die Problematik der Datierung des temporären Lagers ist oben eingegangen worden, nur wenn es sich tatsächlich als jünger als die eigentliche Siedlung erweisen sollte, zeigt Abb. 7 eine eigene, letzte Phase in Waldgirmes. Bei Abb. 5 handelt es sich dagegen nicht um eine eigene Bauphase. Dort sind Gebäude zusammengefasst, die unverbrannt, also noch während des Bestehens der Siedlung, abgebrochen wurden, sowie solche Bauten, für die eine Errichtung ganz zu Beginn der Siedlung wahrscheinlich erscheint. Die dargestellten Bauten stellen jedoch keine eigene Bauphase dar, weil sich nicht belegen lässt, dass sie alle gleichzeitig existierten. So könnten z.B. die beiden Schuppen 9 und 13 theoretisch erst 6 n.Chr. errichtet und schon 7 n.Chr. wieder abgebrochen worden sein. Ebenso könnte Gebäude 5, das später von Teilen des Forums überlagert wurde, eine Zeit lang mit Gebäuden, die bis zum Brand der Siedlung bestehen blieben wie etwa 2a–2c, 4 oder 10 gemeinsam bestanden haben. Die Bauten wurden dennoch zusammen mit einigen verbrannten, also bis zum Ende der Siedlung existierenden Gebäuden in einer eigenen Abbildung zusammengefasst, da sich in jedem Fall Argumente für eine frühe Errichtung anführen lassen.

Die Nordseite des Speichergebäudes 3 entspricht nicht exakt der Ausrichtung der Portikus der Gebäude 2a–2c, 10, 14 und 15, während seine Südseite mit der Nordseite der Offiziersunterkunft (20) korrespondiert. Hinzu kommt die Überlegung, dass ein Speicherbau sicherlich zu den als erstes zu errichtenden Gebäuden gehörte. Das Atriumhaus 5 wurde vor der Errichtung des Forums abgebrochen, seine Lage im Zentrum spricht gegen eine ausschließliche Interpretation als einfaches Wohngebäude und für eine herausgehobene Funktion bei der Gründung der Siedlung. Unter Befundkomplex 7/1 sind nicht verbrannte und z.T. angespitzte Einzelpfosten zusammengefasst, die wohl als Materiallager oder Bauplatz zu interpretieren sind. Ein zentraler Bauplatz wäre denkbar ganz zu Beginn der Siedlung oder aber für die Errichtung des Forums. Bei den Bauten 9 und 13 handelte es sich um identische,

---

4 Becker, Lahnau-Waldgirmes. Eine römische Stadtgründung im Lahntal aus der Zeit um Christi Geburt (wie Anm. 1), 326–330; Ders./G. Rasbach, Städte in Germanien (wie Anm. 1), 110–112.

nach Süden geöffnete, leicht gebaute Schuppen. Ihre Ausrichtung orientierte sich an der Umwehrung, die Westhälfte von Bau 9 wird später durch Gebäude 8 überlagert. Identische Größe, Ausrichtung auf die Umwehrung und spätere Überbauung eines der beiden Schuppen sprechen ebenfalls für eine frühe Errichtung.

   Die inzwischen erkennbar gewordene zeitliche Differenzierung der römischen Aktivitäten in Waldgirmes in eine Phase vor 4 v.Chr., die Phase der eigentlichen Siedlung zwischen spätestens 4 v.Chr. und 9 n.Chr. sowie weitere Aktivitäten nach 9 n.Chr., die möglicherweise mit dem temporären Lager in Zusammenhang standen, erfordert eine nochmalige Durchsicht der antiken Schriftquellen, in denen Plätze an denen römische Aktivitäten über den gesamten Zeitraum der Germanienfeldzüge stattfanden, nur spärlich belegt sind. An erster Stelle stehen hier das von Drusus 9 v.Chr. angelegte Lager im Gebiet der Chatten[5], das *castellum in monte Tauno*, welches Germanicus *super vestigia paterni praesidii*[6] anlegen ließ, sowie die bei Ptolemaios erwähnte Polis Artaunon.[7] Dabei ist zunächst festzuhalten, dass eine Gleichsetzung des bei Dio erwähnten Lagers mit dem bei Tacitus genannten Kastell nicht zu belegen ist.[8] Die Passage bei Tacitus belegt ein *praesidium* des Drusus gefolgt von einem Kastell unter Germanicus in der Nähe eines *mons Taunus*. Bezieht man diese Passage auf Waldgirmes, so ergäbe sich, dass die eigentliche Stadt bei Tacitus keine Erwähnung fand, was mit Tacitus' Konzentration auf Drusus und Germanicus erklärt werden müsste, während die Vorgängeranlage des Forums mit dem *praesidium* zu identifizieren wäre. Die Identifikation der bei Ptolemaios genannten Städte anhand der Längen- und Breitenangaben ist problematisch, ein Zusammenhang von Artaunon und *mons Taunus* wird jedoch meist angenommen.[9] Die mit einer solchen Deutung verbundenen Unsicherheiten lassen gegenwärtig eine Identifizierung von Waldgirmes mit einem der bei Dio, Tacitus oder Ptolemaios genannten Plätze nicht zu. Dennoch erscheint die zeitliche Differenzierung der römischen Aktivitäten in Waldgirmes zumindest für den *mons Taunus* nicht uninteressant. H. Roth hat 1942 die bis dahin erfolgten Identifikationsversuche sowie die Übertragung des Namens Taunus im 19. Jahrhundert ausführlich dar-

---

5   Dio 54,33 4.
6   Tac. ann. 1,56,1; vgl. auch Ann. 12,27 f. u. Pomp. Mela 3,30.
7   Ptol. 2,11,14.
8   H.G. Simon, Die Funde aus den frühkaiserzeitlichen Lagern Rödgen, Friedberg und Bad Nauheim, in: Römerlager Rödgen (Limesforschungen 15), Berlin 1976, 247–250; A. Becker, Rom und die Chatten (Quellen und Forschungen zur hessischen Geschichte 88), Darmstadt 1992, 144 Anm. 80.
9   Becker, Chatten (wie Anm. 8), 37–41; H. Ditten/W.O. Schmitt/G.Ch. Hansen, Kommentar zu Klaudios Ptolemaios, in: J. Herrmann (Hrsg.), Griechische und lateinische Quellen zur Frühgeschichte Mitteleuropas bis zur Mitte des 1. Jahrtausends u. Z., Dritter Teil von Tacitus bis Ausonius, 2. bis 4. Jh. u. Z. (Schriften und Quellen der Alten Welt 37,3), Berlin 1991, 553–557, 579; H. Reichert, Germanien in der kartographischen Sicht des Ptolemaios, in: G. Rasch (Hrsg.), Antike geographische Namen nördlich der Alpen. Mit einem Beitr. v. H. Reichert: Germanien in der Sicht des Ptolemaios (Ergänzungsbände zum RGA 47), Berlin/New York 2005, 249–284, bes. 266.

gestellt.[10] Danach wurde der *mons Taunus* im 17. und 18. Jahrhundert wiederholt mit dem Dünsberg bei Biebertal-Fellingshausen identifiziert, erst das Bekanntwerden römischer Fundstücke aus den Limeskastellen im heutigen Taunus sowie die inschriftlichen Belege der *civitas Taunensium* führten dann zur Übertragung des Namens Taunus auf das zuvor lediglich ‚die Höhe‘ genannte Gebirge. Für Roth selbst war das Auftreten frührömischen Fundmaterials in Friedberg die Begründung für eine Identifikation mit dem Friedberger Burgberg, was sich in der Forschung jedoch nicht durchgesetzt hat.[11] Festzuhalten bleibt damit, dass der *mons* Taunus in der Mittelgebirgszone nach wie vor nicht sicher zu lokalisieren ist. Die Befunde von Waldgirmes sprechen jedoch dafür, den Dünsberg wieder in die Reihe der möglichen Kandidaten aufzunehmen.[12]

Unabhängig von einer derzeit nicht möglichen Identifizierung stellt das Jahr 4 v.Chr. das derzeit älteste dendrochronologische Datum für die Fundplätze des sogenannten ‚Halternhorizontes‘ dar und hat somit Konsequenzen für den Beginn dieses Horizontes insgesamt. Die Gründung von Haltern selbst dürfte auf Grund des höheren Anteils älterer Münzen im Fundmaterial einige Jahre vor Waldgirmes erfolgt sein, diskutiert wurden bisher Daten zwischen frühestens 7/5 v.Chr. und spätestens 4 n.Chr.[13] Das Datum von Waldgirmes lässt nunmehr meines Erachtens für das Hauptlager von Haltern, aus dem die Masse des datierenden Fundmaterials stammt, nur noch eine frühe Gründung zu, es sei denn, es gelänge, die einzelnen Anlagen in Haltern chronologisch zu differenzieren.

Dies hat Folgen für die Interpretation der augusteischen Germanienpolitik insgesamt. Der Tod des Drusus hatte nicht den Rückzug der Römer aus dem Gebiet zwischen Rhein und Elbe zur Folge, sondern eine Neudisposition der römischen Truppenstandorte, die wohl von Tiberius in den Jahren 8 und 7 v.Chr. eingeleitet wurde. Der folgende Ausbau des Legionslagers Haltern und die Gründung einer zivilen römischen Siedlung in Waldgirmes spätestens 4 v.Chr. belegen den frühen Aufbau von Infrastruktur und sind als Vorbereitungen für die Provinzialisierung des Gebietes zwischen Rhein und Elbe zu bewerten. Das 4/5 n.Chr. von Tiberius beendete *immensum bellum* ist nun als germanischer Aufstand gegen das römische Vorgehen zu werten und Publius Quinctilius Varus erscheint kaum mehr allein verantwortlich für eine überhastete Provinzialisierung Germaniens. Das Geschehen dort ordnet sich

---

10 H. Roth, Taunus – der germanische Name Friedbergs. Geschichte und Deutung des Namens, Friedberger Geschichtsblätter 14, 1939–1942, 49–85.

11 Vgl. H.G. Simon (wie Anm. 8), 250 f.

12 Vgl. ann. 12,27 f. u. Becker, Chatten (wie Anm. 8), 232–235.

13 S. v. Schnurbein, Zur Datierung der augusteischen Militärlager in Deutschland, in: Die römische Okkupation nördlich der Alpen zur Zeit des Augustus. Kolloquium Bergkamen 1989 (Bodenaltertümer Westfalens 26), Münster 1991, 1–7; T. Mattern, *Materies gloriae*. Die Germanienfeldzüge des Tiberius in den Jahren 4–5 n.Chr., Klio 88, 2006, 466–482. Der Aufsatz von Mattern wurde anscheinend vor der Veröffentlichung des 2006 ermittelten dendrochronologischen Datums aus Waldgirmes verfasst.

damit in den auch in anderen Provinzen erkennbaren Ablauf ein. In Gallien[14], Pannnonien[15] und Britannien[16] brachen einige Jahre nach der Eroberung Unruhen bzw. Aufstände aus, die von den Römern teilweise unter hohen Verlusten unterdrückt wurden. Das Besondere an Germanien war, dass Tiberius die unter Germanicus bereits begonnene Rückeroberung abbrechen ließ. Tiberius traf diese Entscheidung auf der Basis einer nüchternen Kosten-Nutzen-Abwägung, in der territoriale Erwägungen keine Rolle spielten. Dieses ,Ende' der augusteisch-tiberischen Germanienpolitik passt am besten zu der Variante einer sukzessiven Ausweitung der römischen Feldzüge in Germanien und nicht zu einer von Beginn als Ziel feststehenden Grenze an der Elbe, deren Aufgabe ansonsten sowohl von Tacitus in seiner Zusammenfassung der tiberischen Überlegungen als auch von Tiberius selbst in den Senatsbeschlüssen nach dem Tode des Germanicus verschwiegen worden wäre. Unter den fünf dort angeführten Leistungen des Germanicus ist der Sieg über die Germanen eine notwendige Vorraussetzung für die Ehrungen, zwei weitere, die Wiedererlangung der Feldzeichen und die Rache für die römische Niederlage, sind unmittelbar auf die Varusschlacht zu beziehen, die übrigen beiden, die Sicherung und Ordnung der gallischen Provinzen, sind jedoch mit dem Oberbefehl des Germanicus und den Feldzügen zwischen 14 und 16 n.Chr. allein nur schwer zu erklären.[17] Germanicus selbst führte diese Feldzüge mit dem Ziel der Rückeroberung der verlorenen Gebiete bis zur Elbe.[18] Es erscheint daher nicht unwahrscheinlich, dass diese, unter Mitwirkung des Tiberius entstandenen Formulierungen[19], auch auf die ursprüngliche Zielsetzung der augusteischen Germanienpolitik zu beziehen ist. Diese war Tiberius nicht nur bekannt, sondern seine positive Einschätzung des Erreichten in den Briefen an Germanicus wurde durch die faktische Stabilität der Rheingrenze in den folgenden beiden Jahrhunderten auch bestätigt.[20]

---

14 M. Reddé, Alesia. Vom nationalen Mythos zur Archäologie, Mainz 2006; J.F. Drinkwater, Roman Gaul. The three provinces, 55 BC–AD 260, London/Canberra 1983, 5–34; D. Timpe, Zur Geschichte der Rheingrenze zwischen Caesar und Drusus, in: Ders., Römisch-Germanische Begegnung in der späten Republik und frühen Kaiserzeit. Voraussetzungen – Konfrontationen – Wirkungen. Gesammelte Studien (Beitr. z. Altertumskunde 233), München/Leipzig 2006, 147–170.

15 E. Koestermann, Der pannonisch-dalmatinische Krieg, Hermes 91, 1953, 429–479; J.J. Wilkes, Dalmatia, London 1969, 46–77; T. Nagy, Die Okkupation Pannoniens durch die Römer in der Zeit des Augustus, Acta Arch. Acad. Scient. Hung. 43, 1991, 57–85.

16 P. Salway, Roman Britain, Oxford 1981, 100–123.

17 Tab. Siar. Frg. I, Z. 13–15; Becker, Lahnau-Waldgirmes. Eine augusteische Stadtgründung in Hessen (wie Anm. 1), 349 f.

18 Tac. ann. 2,14.

19 Tab. Siar. Frg. I, Z. 3–8; W.D. Lebek, Schwierige Stellen der Tabula Siarensis, ZPE 66, 1986, 31–36.

20 Neuere Literatur in Auswahl: R.G. Jahn, Der Römisch-Germanische Krieg (9–16 n.Chr.), Bonn 2001; Ch. Hänger, Die Welt im Kopf. Raumbilder und Strategie im römischen Kaiserreich (Hypomnemata 136), Göttingen 2001; P. Kehne, Limitierte Offensiven: Drusus, Tiberius und die Germanienpolitik im Dienste des augusteischen Prinzipats, in: J. Spielvogel (Hrsg.), Res Publica Reperta. Zur Verfassung und Gesellschaft der römischen Republik und des frühen Prinzipats. Fs. Jochen Bleicken, Stuttgart 2002, 297–321; Becker, Lahnau-Waldgirmes. Eine augusteische Stadtgründung in Hessen

Dauerhafte Erfolgsaussichten besaß eine neu gegründete Stadt nur, wenn die umwohnende Bevölkerung ihre zentralörtliche Funktion angenommen und genutzt hätte. Diese Chance war in der römischen Beurteilung offensichtlich gegeben und die jüngsten Forschungsergebnisse in Mittelhessen liefern für eine solche positive Einschätzung weitere Argumente. Zu nennen sind hier insbesondere die Grabungen des Landesamtes für Denkmalpflege Hessen in Bad Nauheim[21], wo die kontinuierliche Nutzung der salzhaltigen Sole bis in augusteische Zeit oder sogar bis in das 1. Jahrhundert nach Christus immer wahrscheinlicher wird, und in Niederweimar.[22]

Das Rhein-Main-Gebiet und die Wetterau zeichnen sich damit als einer jener Räume ab, die Rom nach Cassius Dio in Germanien beherrschte, wobei diese Herrschaft anscheinend nicht durch eine ähnlich prägnante Militärpräsenz wie in Westfalen begleitet bzw. abgesichert wurde. Die Begründung für dieses lokal differenzierte römische Vorgehen ist meines Erachtens in der unterschiedlichen Akzeptanz römischer Herrschafts- und Verwaltungsstrukturen bei der einheimischen Bevölkerung zu suchen. Von besonderer Bedeutung im Falle von Waldgirmes erscheint die Nähe zum 8 km entfernten spätlatènezeitlichen *oppidum* auf dem Dünsberg. Dessen Besiedlung endete wahrscheinlich im zweiten Jahrzehnt vor Christus, wobei Jens Schulze-Forster auf Grund der Typologie der Fundmünzen eine anschließende Prägeverlagerung bestimmter Typen ins Rheinland nachweisen konnte. Zur Erklärung spricht Schulze-Forster selbst vorsichtig vom Ubier-Modell, das heißt von Stämmen, die archäologisch stark von der Latène-Kultur geprägt erscheinen, von den Römern jedoch als Germanen benannt werden.[23] Es wäre zu fragen, ob neben

(wie Anm. 1); W. Eck, Augustus und die Großprovinz Germanien, Kölner Jahrbuch 37, 2004, 11–22; K. Christ, Waldgirmes (wie Anm. 1); Becker, Neue Aspekte zur Chronologie der augusteischen Germanienpolitik (wie Anm. 1); K.-P. Johne, Die Römer an der Elbe, Berlin 2006; Mattern, *Materies gloriae* (wie Anm. 13); K. Matijevic, Zur augusteischen Germanienpolitik, Osnabrücker Online-Beiträge zu den Altertumswissenschaften 11, 2006, 1–15; U. Riemer, Die römische Germanienpolitik von Caesar bis Commodus, Darmstadt 2006; vgl. dazu die Rezension von K. Matijevic, in: Göttinger Forum für Altertumswissenschaft 9, 2006, 1165–1170; D. Timpe, Römische Geostrategie im Germanien der Okkupationszeit, in: Ders., Römisch-Germanische Begegnung in der späten Republik und frühen Kaiserzeit (wie Anm. 14), 265–317; Wiegels, Die Varusschlacht (wie Anm. 1); Lehmann/Wiegels, Römische Präsenz und Herrschaft im Germanien der augusteischen Zeit (wie Anm. 1).

21 B. Kull (Hrsg.), Sole und Salz schreiben Geschichte – 50 Jahre Landesarchäologie, 150 Jahre Archäologische Forschung in Bad Nauheim, Mainz 2003; Dies./Th. Westphal, Sole + Holz = Salz. Erste Ergebnisse der Dendroarchäologie in Bad Nauheim, BerKAL 7, 2002/2003, 131–154; B. Kull, Salz und Handwerk. Ergebnisse eines Projektes zum „Wirtschaftsstandort" Bad Nauheim in den letzten Jahrhunderten vor Christi Geburt, Denkmalpflege & Kulturgeschichte 4, 2005, 23–32.

22 L. Fiedler/S. Gütter/A. Thiedmann, Frühkaiserzeitliche Siedlungsfunde aus Niederweimar bei Marburg, Germania 80, 2002, 135. 168; S. Gütter/Ch. Meiborg/A. Thiedmann, Siedlungen auf dem Kies in Weimar-Niederweimar, hessenArchäologie 2002, 46–48; S. Gütter/Ch. Meiborg, Neues aus der Kiesgrube: Ausgrabungen 2003 in Niederweimar, hessenArchäologie 2003, 71–73.

23 J. Schulze-Forster, Der Dünsberg bei Gießen – keltisches Oppidum oder germanischer Ringwall? Neue Ergebnisse zur historischen Rolle des Dünsbergs, hessenArchäologie 2002, 87–90; K.-F. Rittershofer, Ausgrabungen 1999 bis 2003 am keltischen Oppidum auf dem Dünsberg bei Gießen,

den Ubiern nicht auch weitere Stämme wie etwa die Mattiaker, Bataver und für die caesarisch-augusteische Zeit vielleicht sogar Teile der Chatten für eine solche Charakterisierung in Frage kämen.

Der römische Verzicht auf die Gebiete östlich des Rheins wäre für die weitere Entwicklung dieser Gruppen im 1. Jahrhundert nach Christus das prägende Ereignis gewesen, welches für die Stämme auf der westlichen Rheinseite die Integration in das *Imperium Romanum* brachte[24], während sich östlich des Rheins erst jetzt eine Germanisierung in der archäologisch fassbaren Form der Rhein-Weser-Germanischen Kultur durchsetzen konnte.

Damit verbindet sich meines Erachtens erneut die Frage, ob die Dynamik dieser Übergangszeit im Mittelgebirgsraum mit dem von Caesar geprägten Gegensatz Kelten oder Germanen adäquat zu erfassen ist, oder ob nicht doch die in der griechischen Ethnographie weiter tradierte Vorstellung eher gradueller Unterschiede den realen Verhältnissen besser entsprach.[25]

BerRGK 85, 2004, 7–36.

24 N. Roymans, Ethnic Identity and Imperial power. The Batavians in the early roman empire (Amsterdam Archaeological Studies 10), Amsterdam 2004.

25 Vgl. Timpe, Einleitung, in: Ders., Römisch-Germanische Begegnung in der späten Republik und frühen Kaiserzeit (wie Anm. 14), 3–18.

Abbildungen

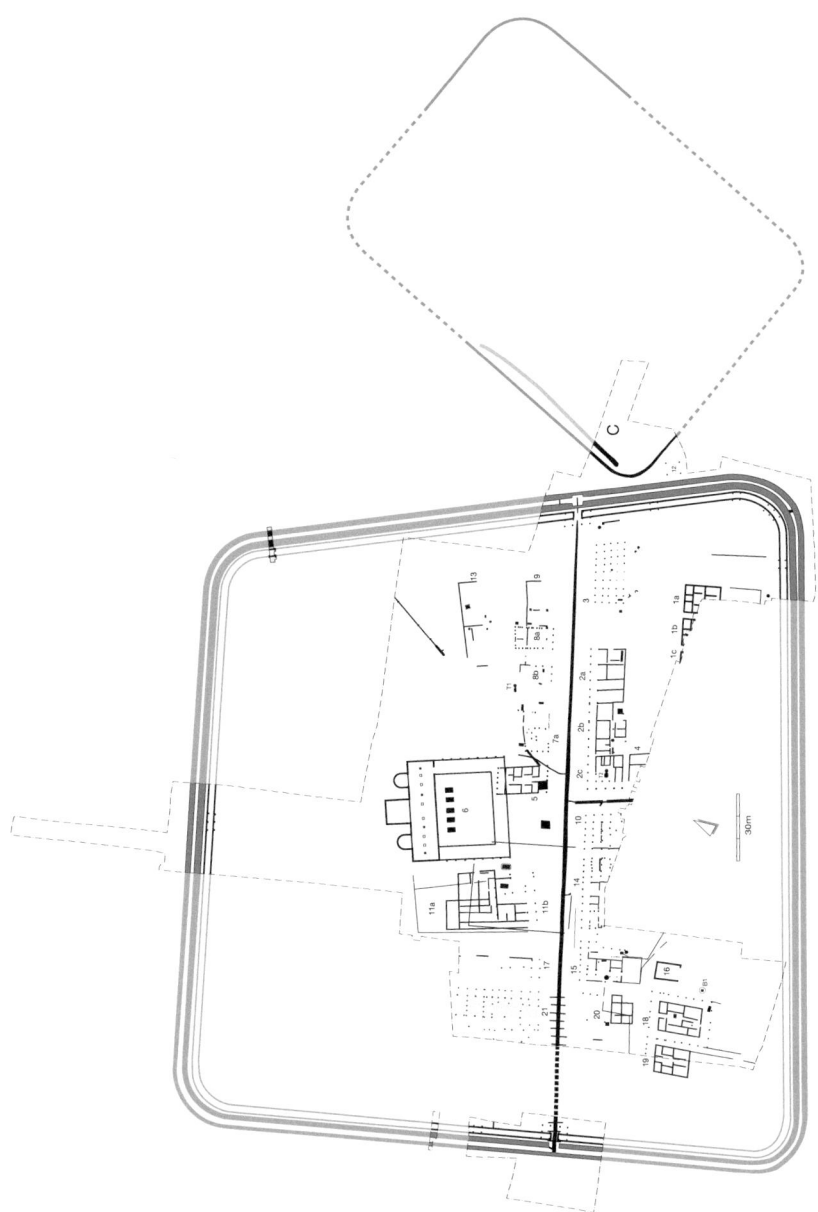

Abb. 1: Vereinfachter Gesamtplan der römischen Befunde. Stand Herbst 2006.

West   Ost

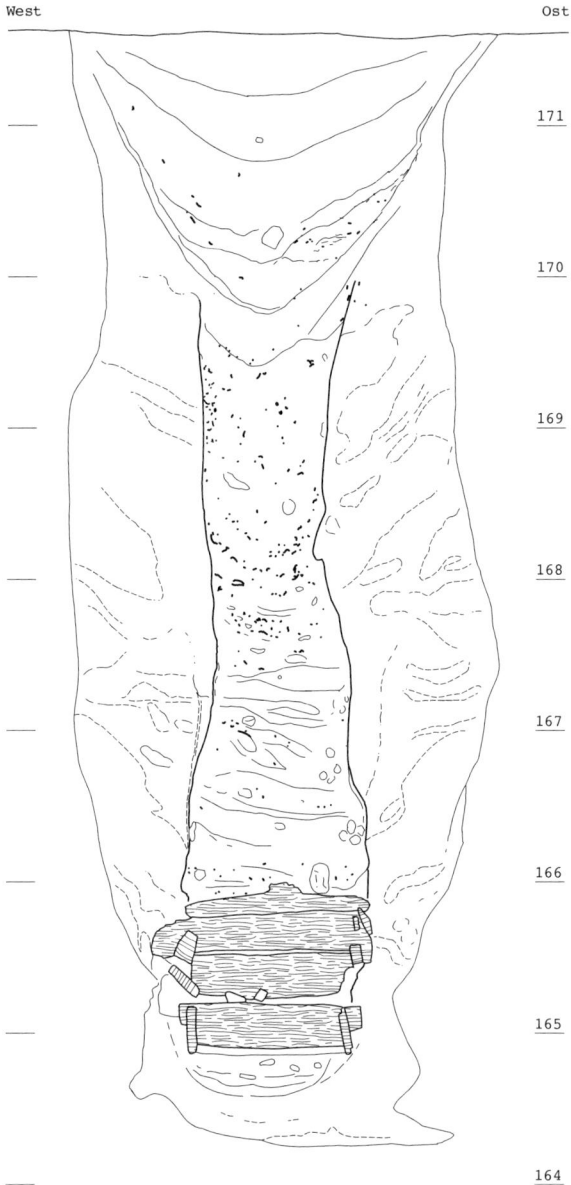

171

170

169

168

167

166

165

164

Abb. 2: Umzeichnung des Brunnenprofils.

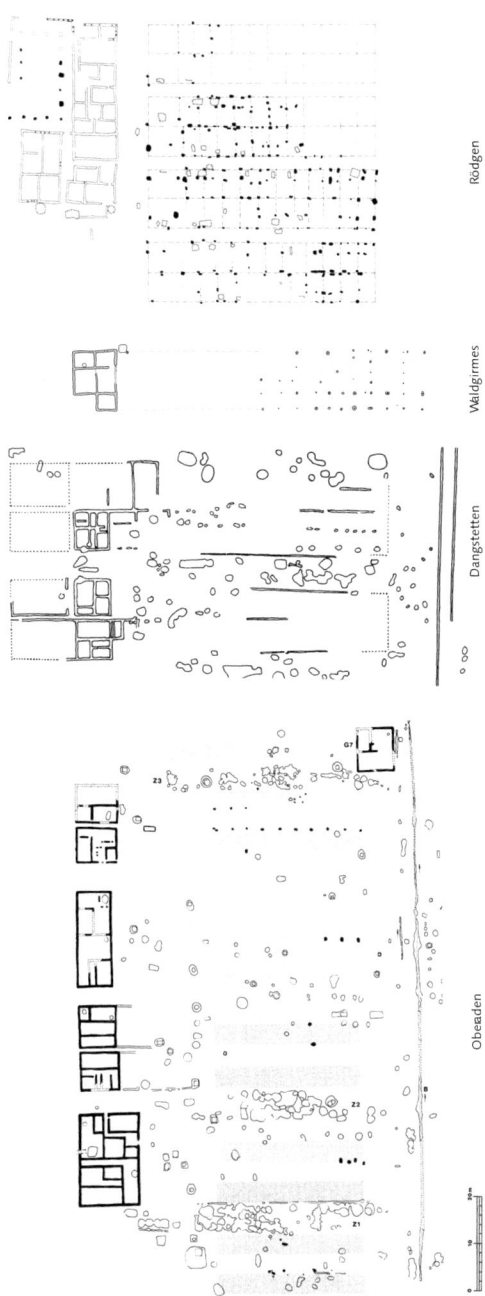

Abb. 3: Vergleich der Truppenunterkunft aus Waldgirmes
mit Oberaden, Dangstetten und Rödgen.

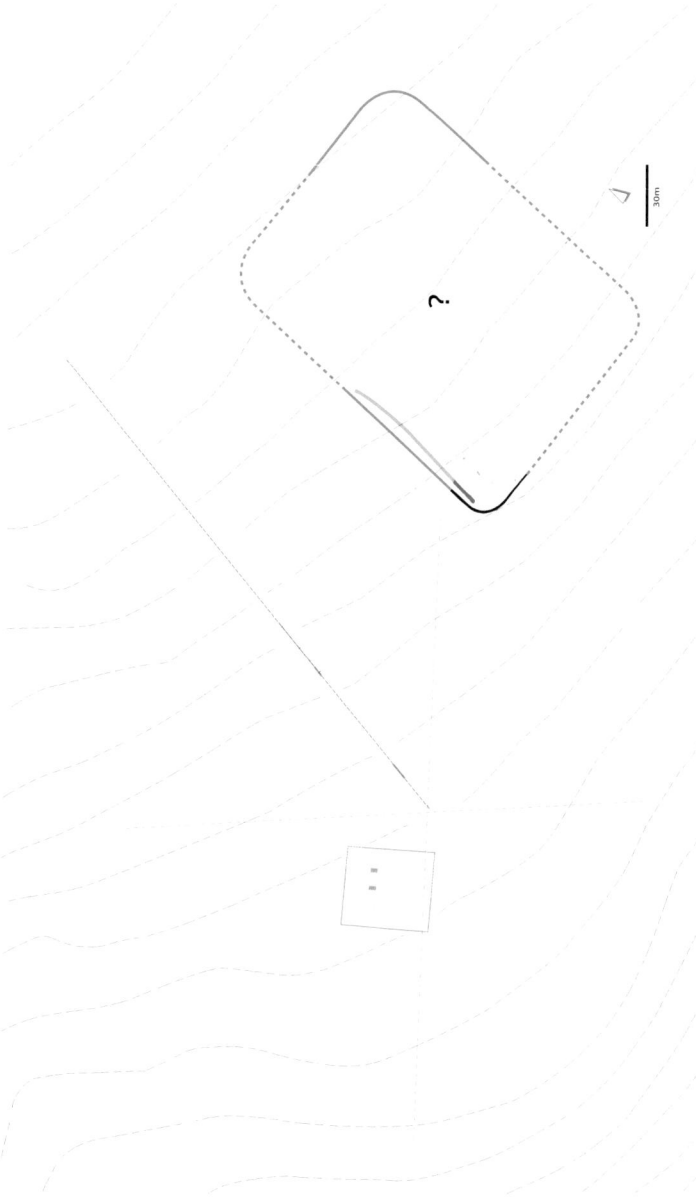

Abb. 4: Bauphase 1 – Umzäunter Platz mit begonnenen Fundamentsockeln.
Zur Verdeutlichung der Topographie sind zusätzlich zu den Höhenlinien die beiden Achsen
der späteren Siedlung, der Verlauf einer fragmentarisch nachgewiesenen, ursprünglich wohl
hölzernen Deuchelleitung sowie das Marschlager eingetragen.

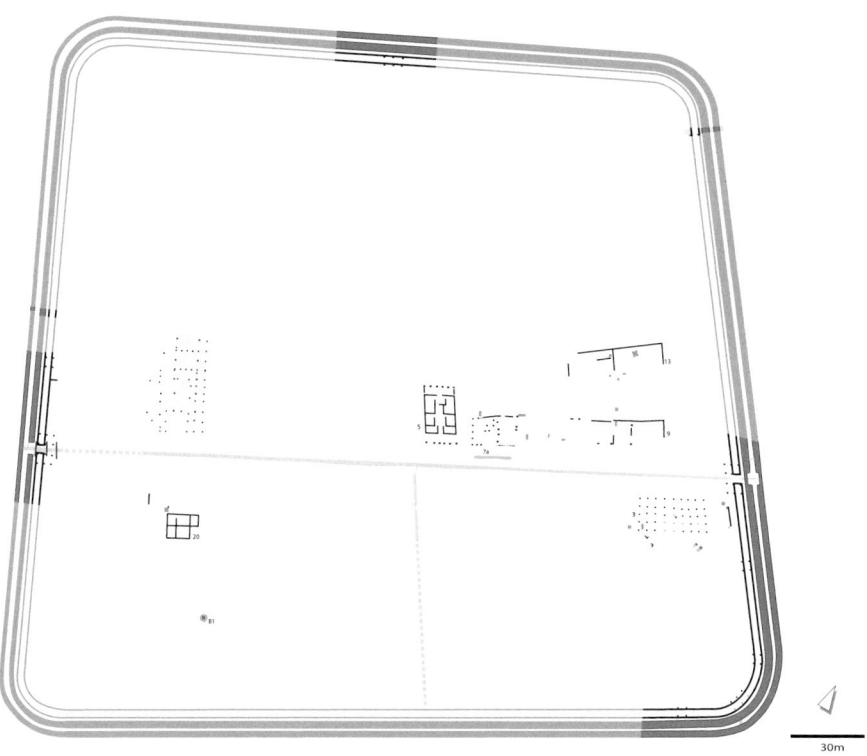

Abb. 5: Zusammenstellung vermutlich früh errichteter Bauten.

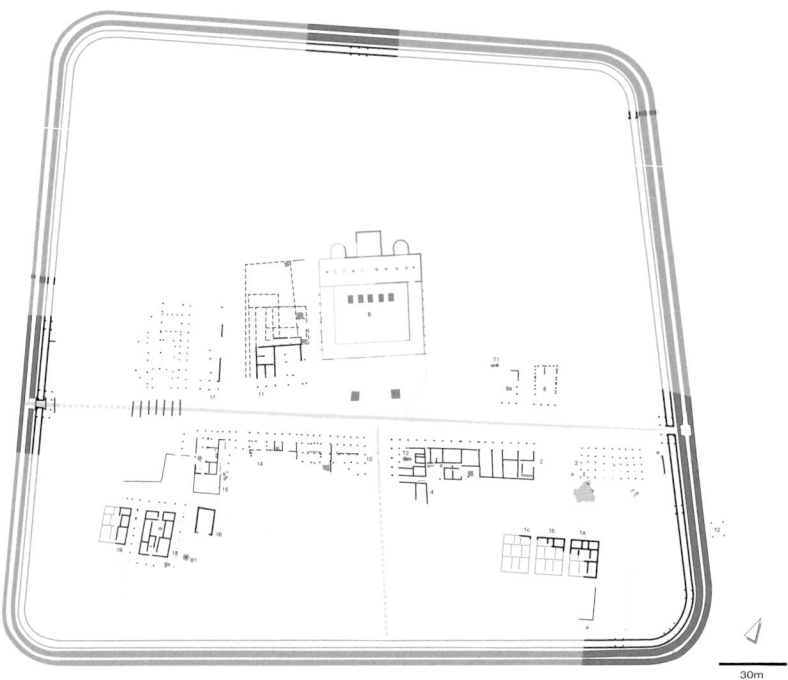

30m

Abb. 6: Bauphase 2 – Zustand beim Brand der Anlage.

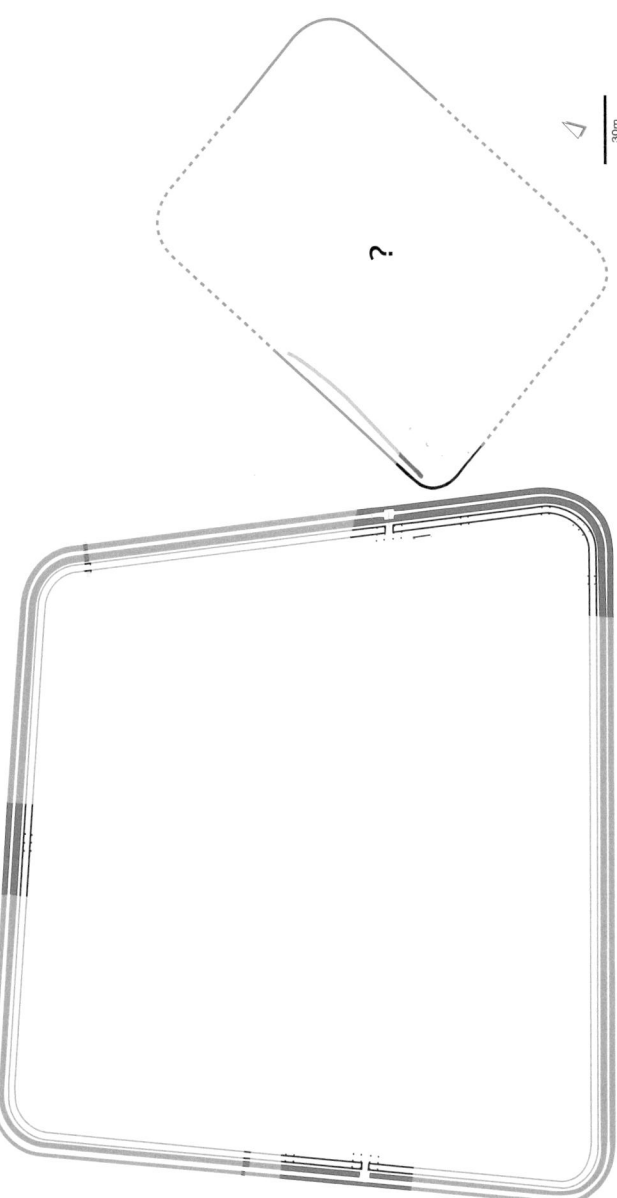

Abb. 7: Bauphase 3 – Eine dritte Phase ist nur dann darstellbar, wenn das Marschlager tatsächlich jünger als die eigentliche Siedlung war. In diesem Fall wären die dort untergebrachten Truppen wohl für die späteren Aktivitäten in Waldgirmes verantwortlich, eventuell sogar auch für das Niederbrennen der Siedlung.

Wirtschafts- und Feindkontakt im Hinterland – Zu einer Merkurweihung im römischen Vicus von Eisenberg (Pfalz)[*]

Sven Günther – Mainz

„Das *Imperium Romanum* – ein Reich?" – Mit dieser provokanten Fragestellung zu den notwendigen Voraussetzungen einer Begriffszuweisung „Reich" zur Charakterisierung des *Imperium Romanum* rückte der Frankfurter Althistoriker Frank Bernstein in seiner Antrittsvorlesung am 17. November 2008 ein Thema in das altertumswissenschaftliche Bewußtsein, dessen Strahlkraft sich weit über diese Begriffsstudie hinaus auf alle Gebiete der römerzeitlichen Forschung ausweitet.

So tut es not, auch in der provinzialrömischen Altertumsforschung den Fokus wieder einmal weg von den ertragreichen kleinteiligen Forschungen der letzten Jahre und Jahrzehnte auf das größere Ganze zu richten und nach den Voraussetzungen und Grundlagen des Funktionierens des „Römischen Reiches" zu fragen. Daß hierfür ein offensichtlich kleinteiliger Raum, hier nämlich der römische Vicus von Eisenberg, in den Blick genommen wird, ist nicht etwa ein Widerspruch zum oben geforderten Perspektivwechsel, sondern erweist sich durchaus als fruchtbar – und zugleich im Trend der Zeit: So haben einige Arbeiten der vergangenen Jahre gerade die kleinen und mittleren Zentren einzelner Provinzen in ihren Gesamtkontext gestellt und dabei erstaunliche Ergebnisse erzielt. Dies gilt auch und gerade für die Provinz Germania Superior, in der die Frage nach dem ‚Mehrwert' des Hinterlandes für die gesamte Provinz in einigen Untersuchungen, u.a. zu *Altiaium*/Alzey oder Südwestdeutschlands, deutlich zutage trat[1], wobei insbesondere militärische und religiöse Aspekte verstärkte Aufmerksamkeit seitens der Forschung hervorgerufen haben. Der Zusammenhang dieser militärischen und religiösen Kontakte von Rö-

---

[*] Für vielfältige Literaturhinweise danke ich Prof. Dr. O. Stoll (Universität Passau) sehr herzlich.

[1] Vgl. dazu den Sammelband v. P. Haupt/P. Jung (Hrsg.), Alzey und Umgebung in römischer Zeit. Archäologische und historische Beiträge (Alzey – Geschichte der Stadt 3/Alzeyer Geschichtsblätter, Sonderheft 20), Alzey 2006. Für den Süden der Provinz Germania Superior vgl. die zahlreichen und erhellenden, jedoch (leider) auf den baden-württembergischen Raum beschränkten Ergebnisse in den beiden Ausstellungskatalogen: D. Planck u.a., IMPERIUM ROMANUM. Roms Provinzen an Neckar, Rhein und Donau, hrsg. v. Archäologischen Landesmuseum Baden-Württemberg, Stuttgart 2005; H. Siebenmorgen u.a., IMPERIUM ROMANUM. Römer, Christen, Alamannen – Die Spätantike am Oberrhein, hrsg. v. Badischen Landesmuseum Karlsruhe, Stuttgart 2005.

mern und Einheimischen mit den wirtschaftlichen Strukturen[2] des obergermanischen Hinterlandes ist jedoch noch nicht hinreichend erforscht. Hier zieht man
sich vorwiegend auf allzu pauschale Urteile zurück, welche die römische Militärpräsenz grundsätzlich als wichtigen Wirtschaftsfaktor beschreiben[3] und/oder Weihungen an bestimmte Götter auf bestimmte religiöse Motivationen zurückführen, ohne
tiefergehend nach weiteren politischen, rechtlichen, militärischen, sozialen oder
eben wirtschaftlichen Kontexten zu fragen, obschon dies unser Mosaik von Kontak-
ten, Transformationsprozessen und konkreten Funktionsweisen einer ‚multikulturel-
len‘ Gesellschaft mit Einheimischen, (fremden) Militärs und ‚Feinden‘ um einige
Steinchen bereichern würde.

    Daher ist es auch nicht erstaunlich, daß eine Inschrift für Merkur Defensor aus
dem mittlerweile gut erschlossenen Vicus von Eisenberg[4] noch nicht überregional
an Bekanntheit gewonnen hat, obwohl sie reichliches Potential für übergreifende
wirtschaftliche Fragestellungen bietet. Dieses soll im Folgenden kurz und beispielhaft skizziert werden und sowohl die wirtschaftliche Bedeutung solcher regionaler
Mittelzentren in Verknüpfung mit militärischer Präsenz sowie religiösem Bewußtsein der dortigen Bevölkerung erweisen, als auch einige wenige Leitlinien für die
Auswertung von Inschriften in weiteren Hinterlandsiedlungen bieten.

Zur Weihinschrift für Merkur Defensor

Inschriften bilden das politische, rechtliche, religiöse, militärische, soziale aber eben
auch wirtschaftliche Zusammenleben sozusagen *in nuce* ab. Dies gilt auch für den

---

2   Für die Wirtschaftsorganisation in Germania Inferior vgl. die umfassende Studie von P. Rothenhöfer,
    Die Wirtschaftsstrukturen im südlichen Niedergermanien. Untersuchungen zur Entwicklung eines
    Wirtschaftsraumes an der Peripherie des Imperium Romanum (Kölner Studien zur Archäologie der
    römischen Provinzen 7), Rahden/Westf. 2005.
3   Vgl. insbesondere die grundlegenden Überlegungen von L. Wierschowski, Heer und Wirtschaft. Das
    römische Heer der Prinzipatszeit als Wirtschaftsfaktor (Habelts Dissertationsdrucke. Reihe Alte Ge-
    schichte 20), Bonn 1984; zum (nicht nur auf den Osten des Imperium Romanum beschränkten) Zu-
    sammenwirken zwischen Garnison und Stadt vgl. die tiefe Analyse von O. Stoll, Zwischen Integra-
    tion und Abgrenzung. Die Religion des Römischen Heeres im Nahen Osten. Studien zum Verhältnis
    von Armee und Zivilbevölkerung im römischen Syrien und den Nachbargebieten (Mainzer Alt-
    historische Studien 3), St. Katharinen 2001, bes. 96–103; für die nördlichen Provinzen sowie den
    Transfer in das ‚freie‘ Germanien konkreter, jedoch mit Fokus auf der Landwirtschaft, siehe die wich-
    tigen Ausführungen von O. Stoll, Armee und Agrarwirtschaft: die „Stationen“ vor dem norisch-
    pannonischen Limes und die Landwirtschaft im „Freien Germanien“, in: Ders., Römisches Heer und
    Gesellschaft. Gesammelte Beiträge 1991–1999 (MAVORS 13), Stuttgart 2001, 452–511.
4   Siehe die ansprechende Dokumentation von H. Bernhard u.a., Der römische Vicus von Eisenberg. Ein
    Zentrum der Eisenverarbeitung in der Nordpfalz (Archäologische Denkmäler in der Pfalz 1), Speyer
    2007, mit Verweisen auf weitere Forschungsliteratur am Endes des Bandes, 243–250; vgl. auch die
    beiden jüngsten Dissertationen von U. Himmelmann, Der römische Vicus von Eisenberg I: die Häu-
    ser 7 und 8 sowie die dazwischenliegende Straßenparzelle, Diss. Heidelberg 2005 (abrufbar unter:
    http://nbn-resolving.de/urn/resolver.pl?urn=urn:nbn:de:bsz:16-opus-68973); Th. Kreckel, Der römi-
    sche Vicus von Eisenberg II: die Baubefunde auf der Parzelle von Haus 5, Diss. Mannheim 2004 (ab-
    rufbar unter: http://nbn-resolving.de/urn/resolver.pl?urn=urn:nbn:de:bsz:180-madoc-13020).

römischen Vicus von Eisenberg, in dem sich zahlreiche Weihinschriften für verschiedene Gottheiten fanden.[5]

Ein herausragendes Beispiel für die enge Verknüpfung von religiöser Stiftungsmotivation, militärischem Hintergrund und wirtschaftlicher Komponente liefert nun eine bereits 1903 entdeckte Inschrift auf einem Weihealtar, der aus rotem Sandstein gefertigt und im Burgus verbaut gefunden wurde. Nach Autopsie des Steines am 21. Januar 2009 teile ich die Lesungen und Ergänzungen von H. Hirte[6] sowie von Th. Kreckel[7] wie folgt:

1	[deo] ME[rcurio]	*Gesims*
2	DEFENSOR(i) S(acrum)	
3	MAXIMIN(us? ius?) V(eteranus?)	
4	L(…) FELICIO V(eteranus?)	
5	L(...) oder T(...) LEONTIVS	
6	D(ecurio? edicaverunt?) P(ro) S(e) E(t) S(uis)	
7	V(otum) S(olverunt) L(ibentes) M(erito)	

Übersetzung:
Dem Gott Merkur
Defensor geweiht.
Maximin(us? ius?), der Veteran (?),
L(…) Felicio, der Veteran (?),
L(…) Leontius,
(der Decurio? / haben geweiht?) haben für sich und die Ihrigen
das Gelübde gerne und nach Gebühr eingelöst.

Wie die Ergänzungen und zahlreichen, mit Fragezeichen versehenen Abkürzungsauflösungen zeigen, ist die Lesung dieser zudem noch nachgemalten Inschrift auf einem an verschiedenen Stellen bestoßenen Altar von 45 cm Höhe, 30–22 cm Breite und 14–10 cm Tiefe mit einigen Schwierigkeiten behaftet.[8] Zunächst ist die Ergänzung des Götterhauptnamens aufgrund des stark bestoßenen Gesimses mehr als un-

---

5 Da viele dieser Weihungen im valentinianischen Burgus verbaut oder in unmittelbarer Nähe gefunden wurden, hat man auf einen Kultbezirk geschlossen, der jedoch noch nicht lokalisiert worden ist. Vgl. dazu W. Spickermann, Germania Superior. Religionsgeschichte des römischen Germanien I (Religion der Römischen Provinzen 2), Tübingen 2003, 442 f.

6 H. Hirte, Römische Steindenkmäler der Pfalz. Denkmäler des Götterkultes, 3 Bde., Diss. Mannheim 1995, I 101, II 416 f. (mit der älteren Literatur).

7 Kreckel, Der römische Vicus von Eisenberg II (wie Anm. 4), 431–433.

8 Vgl. dazu den Kommentar von Hirte, Römische Steindenkmäler der Pfalz (wie Anm. 6), II 416 f., sowie Kreckel, Der römische Vicus von Eisenberg II (wie Anm. 4), 431–433. Ältere Lesungen finden sich u.a. in CIL XIII 11697 bzw. vorher in AE 1905, 60 und werden bei Hirte (a.a.O.) und Kreckel (a.a.O.) aufgeführt und diskutiert.

sicher. Obgleich durchaus als alternative Lesung an eine einheimischen Gottheit ge-
dacht werden darf[9], sollte die von A. v. Domaszewski vorgeschlagene Ergänzung zu
[*deo*] *ME*[*rcurio*] trotz ihrer Singularität nicht von Anfang an verworfen werden,
was sich im weiteren Verlauf der Analyse (hoffentlich) erweisen wird. Neben einer
Weihung für den keltischen Gott Belenus[10] ist der Beiname *Defensor* nämlich
durchaus auch für römische Gottheiten belegt, wie Weihungen für Iuppiter oder
Hercules zeigen[11], wobei dieser Beiname nicht als dauerhaftes oder gar systemati-
sches Epitheton auftaucht, sondern situationsbedingten Einsatz fand.[12]

Ebenso auffällig wie diffizil ist die Nomenklatur der Weihenden: Während die
älteren Lesungen vor MAXIMIN(us? ius?) in Zeile 3 ein [u]L (für Ulpius), ein [f]L
(für Flavius) bzw. ein L mit vorheriger Haste lesen wollten, ist auf dem Stein weder
das L noch gar ein weiterer, ihm vorangehender Buchstabe zu erkennen. Das L vor
FELICIO in Zeile 4 ist sicher zu lesen, allerdings scheint ein ebenfalls in der älteren
Lesung ergänztes [u] oder [f] vor dem L keinen Platz zu haben. Das L vor LEON-
TIVS in Zeile 5 könnte ebenso als T gelesen werden. Insgesamt fällt bei allen drei
Stiftern die (für uns) unzureichende Benennung auf, da wir entweder das für Römer
(und Latiner) gebräuchliche dreigliedrige Namenssystem oder eine eingliedrige
peregrine Nennung mit Filiation erwarten würden. Nun sind mit Ausnahme von
MAXIMIN(us? ius?), das als nomen gentile wie cognomen gedeutet werden kann,
die Namen FELICIO und LEONTIVS nicht als Gentilnamen, sondern nur als
cognomina belegt13, so daß man hier entweder die vorangestellten Buchstaben L in
Zeile 4 (bei FELICIO) sowie L bzw. T in Zeile 5 (bei Leontius) als abgekürzte Gentilnamen auffassen müßte, oder eine durchaus mögliche Nennung nur durch cognomina annimmt, den jeweiligen Buchstaben am Zeilenanfang zum jeweiligen V am
Zeilenende zieht und dann zu V(eteranus) | L(egionis) auflösen müsste.14 Eine
entsprechende Funktionsangabe für den drittgenannten Stifter Leontius hatte am

---

  9 Vgl. dazu Hirte, Römische Steindenkmäler (wie Anm. 6), II 416.
 10 AE 1895, 39 (Aquileia).
 11 Für Iuppiter: AE 1904, 188 (Krizevec); AE 1964, 8 (Aquileia); AE 1977, 272 (Tridentum); InscrAqu
    1, 245 (?) (Aquileia); Hispania Epigraphica 4, 247 (Salvatierra de Santiago); ILS 3021 (= CIL III
    1590 = III 8024) (Romula). Für Hercules: ILAlg 2.3, 8793 (Uzelis); ILS 3439 (= CIL VI 308) (Ro-
    ma); ILS 3466 (= CIL VI 309) (Roma); CIL VI 333 (Roma); ILS 2103 (= CIL VI 210 = CIL XI
    *521) (Roma); AE 1993, 1338 (Alba Iulia).
 12 Vgl. dazu Hirte, Römische Steindenkmäler (wie Anm. 6), I 101.
 13 Für Maximin(us) als *cognomen* in den germanischen Provinzen vgl. A. Kakoschke, Die Personenna-
    men in den zwei germanischen Provinzen. Ein Katalog, Bd. 2.2: Cognomina Maccaus–Zyascelis,
    Rahden/Westf. 2008, 105 f. (CN 1998). Für Felicio als häufiges *cognomen* vgl. allgemein I. Kajanto,
    The Latin Cognomina (Commentationes humanarum litterarum 36,2), Helsinki 1965, 273 (s.v.); für
    die beiden germanischen Provinzen speziell A. Kakoschke, Die Personennamen in den zwei germani-
    schen Provinzen. Ein Katalog, Bd. 2.1: Cognomina Abaius–Lysias, Rahden/Westf. 2007, 343 f. (CN
    1283). Für das ebenfalls öfter belegte Leontius als *cognomen* in den germanischen Provinzen vgl.
    Kakoschke, a.a.O., 457 f. (CN 1711).
 14 Vgl. dazu auch die Überlegungen von Kreckel, Der römische Vicus von Eisenberg II (wie Anm. 4),
    433.

Ende der Zeile 5 keinen Platz mehr. Insofern könnte das D zu Beginn der folgenden Zeile durchaus als D(ecurio) gedeutet werden, wobei eine militärische oder zivil-administrative Funktion nicht näher differenziert werden kann. Eine Lesung als D(edicaverunt) ist jedoch ebenfalls möglich, bietet jedoch in Bezug auf das Na-menssystem weitaus mehr Schwierigkeiten

Der Altar für Merkur Defensor im Kontext des römischen Vicus von Eisenberg

Abgesehen von und unter Vorbehalt der zahlreichen Schwierigkeiten, welche die Ergänzungen der Inschrift, v.a. der Gottheit am Anfang, ebenso wie das nicht dem üblichen Schema entsprechende Namenssystem der angesprochenen Stifter damit bieten, dokumentiert diese Inschrift exemplarisch die enge Verquickung von militä-rischen, religiösen und wirtschaftlichen Komponenten im Vicus. Daß nämlich Vete-ranen nach Beendigung ihrer Dienstzeit ihr Auskommen als Experten für militä-risch-logistische Arbeiten, z.B. als Handwerker, in unmittelbarer Nähe von sta-tionierten Truppen(teilen) hatten, ist für das gesamte *Imperium Romanum* breit bezeugt[15] und auch hier, mit den o.g. Einschränkungen, anzunehmen. Entscheidend für die Anlage des schon in vorrömischer Zeit besiedelten Vicus in einem kleinen Kesselbereich des Eisbachtals waren nämlich die in unmittelbarer Umgebung vor-handenen metallischen Bodenschätze, die sich im Erzrevier Göllheim sowie im unmittelbar an den Vicus anschließenden Erzrevier Stumpfwald konzentrierten. Der Abbau dieser für militärische Zwecke dringend benötigten Bodenschätze sowie deren Verarbeitung erfolgte, nach einer ersten Verortverarbeitung in den Revieren (bis in die claudische Zeit?), eben im Vicus Eisenberg, wovon die zahlreich gefun-denen Eisenschlacken sowie drei Schmelzöfen zeugen.[16] Möglicherweise gehört in den Eisenproduktionszusammenhang auch eine Weihung an den Gott Silvanus.[17] In der langen Kette der Eisenverarbeitung könnten also die o.g. Veteranen Maxi-

---

15 Eine umfassende Untersuchung zu den Veteranen und ihren wirtschaftlichen Tätigkeiten bildet nach wie vor ein Desiderat. Zu einigen Ansätzen vgl. L. Wierschowski, Soldaten und Veteranen der Prin-zipatszeit im Handel und Transportgewerbe, MBAH 1, 1982, 31–48; neuerdings den instruktiven Aufsatz von G. Wesch-Klein, Recruits and Veterans, in: P. Erdkamp (Hrsg.), A Companion to the Roman Army, Oxford 2007, 435–450 (mit weiterführender, speziellerer Literatur); für den Osten des Imperium Romanum siehe noch O. Stoll, „Entlassungsweihungen" aus Bostra und die *honesta missio*. Epigraphische Reflexe eines römischen Heereszeremoniells, JRGZ 49, 2002, 235–280, bes. 275–278; speziell für Ägypten Fr. Mitthof, Soldaten und Veteranen in der Gesellschaft des römischen Ägypten (1.–2. Jh. n.Chr.), in: G. Alföldy/Br. Dobson/W. Eck (Hrsg.), Kaiser, Heer und Gesellschaft in der Römischen Kaiserzeit. Gedenkschrift für E. Birley (HABES 31), Stuttgart 2000, 377–405; vgl. eben-so oben Anm. 3 sowie unten Anm. 25 f.

16 Vgl. dazu Th. Kreckel/H. Bernhard, Das römische Eisenberg als Zentrum der Metallverarbeitung, in: H. Bernhard u.a., Der römische Vicus von Eisenberg (wie Anm. 4), 211–222. Eine früher postulierte Buntmetall- oder Edelmetallverarbeitung ist demnach nicht eindeutig belegt. Zum Erzrevier Göllheim vgl. H. Bernhard, Von den Hofgruppen der Bandkeramiker zur Hofstatt des Franken Gilo – Archäo-logische Funde und Befunde zur Vor- und Frühgeschichte des Göllheimer Raumes, in: K. Scherer (Hrsg.), Göllheim. Beiträge zur Ortsgeschichte I, Göllheim 2006, 11–50, bes. 23–26, 39 f.

17 CIL XIII 6146.

min(us? ius?) und Felicio ihren (Arbeits-)platz, bspw. als Schmiede für Waffen, gefunden haben, Fähigkeiten, die sie mitunter in der Armee erlernt hatten.

Allein dies erklärt zwar die (wirtschaftliche) Notwendigkeit solcher ‚Experten‘, jedoch nicht ihre Anwesenheit im Vicus Eisenberg an sich. Hier spielten militärisch-logistische und strategische Erwägungen, die bei der Sicherung und Versorgung der Militärgrenze sicherlich im Vordergrund standen, eine entscheidende Rolle. Außerordentlich günstig gestaltete sich nämlich die Lage des in spätaugusteischer/frühtiberischer Zeit angelegten Vicus im südlichen Hinterland der *Civitas Vangionum* mit der Hauptstadt *Borbetomagus* (Worms). Die Entfernung zum Hauptort *Borbetomagus*, aber auch zum ebenfalls als Mittelzentrum angelegten *Altiaium* (Alzey) betrug jeweils rund eine Tagesreise. Die Verbindung zu diesen Orten war über den direkten Anschluß des Vicus an die von Ost nach West verlaufende, schon in vorrömischer Zeit gut frequentierte Fernstraße Worms-Metz sowie über eine nördlich verlaufende Nebenstraße (über Kerzenheim-Göllheim) mit Anschluß an die Fernstraße Mainz-Metz gegeben. Der Vicus fügte sich somit insgesamt in das offensichtlich planvoll angelegte Netz von größeren Zentralorten im späteren Germania Superior, die sowohl in Verbindung untereinander standen als auch den zahlreichen neu angelegten, umliegenden Gutshöfen (*villae rusticae*) die Möglichkeit boten, ihre Erzeugnisse in zentraler Nähe umzuschlagen. So sind denn auch zahlreiche dieser *villae rusticae* im Umland des Eisenberger Vicus bekannt, jedoch bis auf wenige Ausnahmen noch nicht systematisch erforscht.

Wenn sich im regionalen Mittelzentrum Eisenberg also eine militärstrategisch bedeutsame Infrastruktur und für militärische Zwecke dringend benötigte Bodenschätze sowie deren Verarbeitung in einzigartiger Weise zusammenfügten, verwundert es nicht, daß das Militär den Vicus im gesamten Alltag prägte. Davon zeugt zunächst einmal die Götterweihung, die L. Valerius Sera, Soldat der XXII. Legion, für Mars vornahm.[18] Während dies ‚nur‘ die Präsenz eines Soldaten der Mainzer Hauslegion bezeugt, zeigt eine auf einer Bronzetafel überlieferte Weihung an Mars Loucetius und Victoria Nemetona durch den Beneficiarier (?) des Legaten, M. (Aurelius) Senillus Severus, am 22. April 221 n.Chr. sehr deutlich die militärstrategische Bedeutung von Eisenberg.[19] Wenn die Ergänzung seiner Funktion als Beneficiarier richtig ist, könnte M. (Aurelius) Senillus Severus nämlich Überwachungsaufgaben in Bezug auf die durch Eisenberg führende Fernstraße übernommen haben und das in der Nähe des Fundortes ausgegrabene Haus 5 möglicherweise als Benefi-

---

18 AE 1941, 82.

19 Der Text der zuerst bei Kreckel, Der römische Vicus von Eisenberg II (wie Anm. 4), 423 f., vollständig publizierten Inschrift (gefunden um 1930) lautet:
    [in honorem d(omus)] D(ivinae) MARTI LOV|[cetio et] VICTORIAE NEME|[tonae] M(arcus) (aurelius) SENILLVS SEVE|[rus b(ene)f(iciarius) l]EGATI VRNAM CVM | PEDIBVS ET PHIALA | EX [vo]TO POSVIT L(aetus) L(ibens) M(erito) | [grat]IO ET SELEVCO CO(n)S(ulibus) | X KAL(endas) MAIAS.

ciarierstation gedeutet werden.[20] Auch die im 4. Jh. n.Chr erfolgte Anlage des Burgus als Teil der valentinianischen Verteidigungskonzeption legt in diesem Zusammenhang beredtes Zeugnis ab.[21]

Insofern könnten auch die beiden Veteranen Maximin(us? ius?) und Felicio zunächst in ihrer aktiven Dienstzeit im Vicus stationiert gewesen sein oder ihn zumindest gekannt haben und hätten sich nach ihrer Entlassung dort angesiedelt, um im Umfeld des Militärs weiterhin ihr (wirtschaftliches) Auskommen zu haben. Wenn die Funktion des drittgenannten Stifters Leontius tatsächlich mit dem *D* in Zeile 6 als aktiver militärischer *D(ecurio)* ausgedrückt wäre, würde die enge Verbindung von Veteranen zu ihrer ehemaligen Einheit sogar noch offensichtlicher. Eine Verbindung der Veteranen und des (aktiven Soldaten?) Leontius über den militärischen Kontext hinaus, etwa aufgrund eines keltischen Namens, läßt sich jedenfalls nicht erweisen[22], während bei anderen Weihungen durchaus eine keltische Herkunft angenommen werden darf.[23]

Durchaus in diesem Kontext zu erklären ist denn auch die Weihung an Merkur Defensor. Hier spiegelt sich sowohl die – oftmals von der Forschung zugunsten einer eher undifferenzierten ‚Hauptgott'-Funktion verneinte – wirtschaftliche Komponente des in Germanien und auch in Eisenberg sehr häufig verehrten, ‚einheimischen' Gottes[24] als auch der militärische Auftrag, den das römische Heer in der ge-

20 Zur speziellen Deutung von Haus 5 als Beneficiarierstation vgl. Spickermann, Germania Superior (wie Anm. 5), 442 f.; allgemein als Forumsgebäude spricht Haus 5 Kreckel, Der römische Vicus von Eisenberg II (wie Anm. 4), bes. 86–99, an. Zur Funktionenvielfalt der Beneficiarier vgl. die Studie von J. Ott, Die Beneficiarier. Untersuchungen zu ihrer Stellung innerhalb der Rangordnung des Römische Heeres und zu ihrer Funktion (Historia-Einzelschrift 92), Stuttgart 1995, bes. 87–110 (für die *stationes*); siehe dazu auch die kritischen Bemerkungen von O. Stoll, Die Benefiziarier – Rangordnung und Funktion. Einige Bemerkungen zur neueren Forschung, Laverna 8, 1997, 93–112, ND in: Ders., Römisches Heer und Gesellschaft (wie Anm. 3), 280–299. Siehe ebenso J. Nelis-Clément, Les beneficiarii. Militaires et administrateurs au service de l'Empire (Ier s.a.C.–VI s.p.C) (Ausonius-publications 5), Bordeaux 2000, bes. 217–220 (für die *stationes*).
21 Zum spätantiken Burgus in Eisenberg siehe H. Bernhard, Der spätrömische Burgus, in: Ders. u.a., Der römische Vicus von Eisenberg (wie Anm. 4), 137–148. Zu den allgemeinen politischen und militärischen Entwicklungen der valentinianischen Zeit vgl. O. Stoll, Die Zeit Valentinians I. (364–375 n.Chr.), in: Alzey und Umgebung in römischer Zeit (wie Anm. 1), 64–73; speziell zur valentinianischen Rheinverteidigung siehe P. Haupt, Die Rolle des Kastells Alzey in der valentinianischen Rheinverteidigung, in: Alzey und Umgebung in römischer Zeit (wie Anm. 1), 74–78.
22 Vgl. dazu Kreckel, Der römische Vicus von Eisenberg II (wie Anm. 4), 432 f.
23 Vgl. dazu zusammenfassend Th. Kreckel/H. Bernhard, Der Götterhimmel über dem römischen Eisenberg und die Namen römischer [sic!] Einwohner, in: Bernhard u.a., Der römische Vicus von Eisenberg (wie Anm. 4), 195–210, bes. 209 f.
24 Siehe dazu Caes. bell. Gall. 6,17,1 und Tac. Germ. 9,1. Vgl. die vielen inschriftlichen und ikonographischen Belege bei M.J. Klein, „Von den Göttern verehren sie am meisten Merkur". Heiligtümer, Götterbilder und Inschriften aus Obergermanien und Raetien, in: Ders. (Hrsg.), Die Römer und ihr Erbe. Fortschritt durch Innovation und Integration, Mainz 2003, 107–128. Zum mythologischen Hintergrund siehe nur H. Hunger, Lexikon der griechischen und römischen Mythologie, Wien [8]1988, s. v. Hermes 222–227. In Eisenberg sind zwei inschriftliche Weihungen für Merkur (eine davon zusammen mit Rosmerta) belegt, darüber hinaus wurde in Haus 2 eine kleine Bronzefigur von Merkur ge-

samten Grenzregion bereits vor dem großangelegten valentinianischen Verteidigungsriegel wahrnahm. Die Kombination dieser beiden Elemente deutet insofern auch auf die doppelte Funktion der beiden stiftenden Veteranen, die einerseits nun als wirtschaftlich tätige *vicani*, andererseits als ehemalige (und jederzeit wieder reaktivierbare) Soldaten in der Weihung auftraten. Die Weihung entspricht dann genau der wichtigen Mediatoren-Funktion der Veteranen, die diese in wirtschaftlicher, religiöser und sozialer Hinsicht zwischen Stadt bzw. Siedlung und Garnison wahrnahmen. Daß sie in diesem Zusammenhang den ‚einheimischen‘ Gott Merkur mit ihrem (ehemaligen) Schutzauftrag als Epitheton verbanden, verwundert dann nicht mehr, zumal diese Akkulturations- und Transkulturationsprozesse auch andernorts greifbar sind.[25] Inwiefern im Vicus von Eisenberg eine (systematische) Ansiedlung dieser Veteranen sowie die Ausübung dieser Mediationsfunktion seitens der Militärführung bewußt initiiert wurde, kann im einzelnen nicht mehr nachvollzogen werden. Daß jedoch die Veteranen selbst ein enormes Interesse am Verbleib in ihrer zur ‚Heimat‘ gewordenen Stationierungsprovinz, oftmals sogar ganz in der Nähe ihres konkreten Truppenstandortes, hatten, erweisen die (meist inschriftlichen) Quellen sehr deutlich.[26]

Ob sich darüber hinaus das *Defensor* auf eine unmittelbare Krisen- und Verteidigungssituation, bspw. auf die aus Brandspuren geschlossenen Germanenangriffe um 260/275 n.Chr., bezieht, ist nicht zu entscheiden, da der Altar nur grob ins 2. oder 3. Jh. n.Chr. datiert werden kann.[27] Die durchaus nachweisbare Situationsbedingtheit für die Titulierung anderer Gottheiten als *Defensor* u.ä., die ebenfalls nicht dauerhaft oder systematisch mit diesem Beinamen in Weihungen benannt werden, lassen jedoch eine solche Deutung durchaus zu.

Bei allen Unsicherheiten im Detail stellt der Eisenberger Altar für Merkur Defensor also ein wichtiges Zeugnis für die Erforschung wirtschaftlicher, militärischer, religiöser und sozialer Kontakte und Transformationsprozesse zwischen Militärpersonal und Einheimischen bzw. einfallenden Feinden dar. Daß dieser Weihestein jedoch erst durch die Einbettung in die konkrete topographische Situation des Fund-

---

funden. Ebenso fanden sich ein weiteres Relief mit Merkur und Rosmerta sowie zwei Viergöttersteine mit einer Merkurdarstellung. Zu den Funden siehe Kreckel/Bernhard, in: Bernhard u.a., Der römische Vicus von Eisenberg (wie Anm. 4), 197 f. (Nr. 5), 203 (Nr. 17), 206 f. (Nr. 20, 21, 23), 208 (Nr. 32).

25 Für den Osten des *Imperium Romanum* vgl. nur die umfassende Studie von Stoll, Zwischen Integration und Abgrenzung (wie Anm. 3), passim, bes. jedoch 434–437.

26 Zur ursprünglichen Herkunft von Militärs und ihrer ‚Militärfamilien‘, zu ihrem Siedlungsverhalten, besonders auch der Veteranen, und den dadurch ausgelösten Transformationsprozessen in den nördlichen Grenzprovinzen vgl. jetzt umfassend O. Stoll, Legionäre, Frauen, Militärfamilien. Untersuchungen zur Bevölkerungsstruktur und Bevölkerungsentwicklung in den Grenzprovinzen des Imperium Romanum, JRGZ 53, 2006, 217–344, bes. auch seine theoretischen Überlegungen 228–230.

27 Siehe dazu Kreckel, Der römische Vicus von Eisenberg II (wie Anm. 4), 433. Laut Kakoschke, Die Personennamen (wie Anm. 13) 2.1, 343 (CN 1283), 457 (CN 1711); 2.2, 105 (CN 1998), kommt der Name Leontius im 3.–6. Jh. n.Chr. vor, der Name Felicio v.a. im 2./3. Jh. n.Chr, ebenso der Name Maximinus.

gebietes zu uns ,spricht', sollte Mahnung genug an alle altertumswissenschaftlichen Disziplinen sein, die wenigen vorhandenen Quellen nicht unabhängig voneinander auszuwerten, sondern diese interdisziplinär zu kombinieren. Dadurch wird im Detail und in der Gesamtsicht eine (noch zu schreibende) Wirtschafts- und Sozialge-schichte des obergermanischen Hinterlandes profitieren.

Wer war Feind, wer war Partner Roms in der Kontaktzone Rhein – Main – Lahn während der caesarisch-augusteischen Germanienpolitik? Fragen zu Informationsdivergenzen zwischen kaiserzeitlicher Geographie, Historiographie und römischer Außenpolitik

Peter Kehne – Hannover

Die Begegnung des *Imperium Romanum* mit den in der Antike zwischen Rhein, Main und Lahn ansässigen Stämmen war bereits Gegenstand zahlreicher Untersuchungen und übergreifender Darstellungen. Dabei standen in der Forschung lange Zeit zwei Probleme im Vordergrund: Erstens die Identifizierung der Stämme und die Bestimmung der Ethnizität der im genannten Gebiet seit Caesars Rheinüberquerungen einheimischen oder zugewanderten Bevölkerung.[1] Entsprechende Bemühungen

---

[1] S. Gutenbrunner, Die Stammesgliederung der rheinischen Germanen. Beitr. zur Gesch. der deutschen Sprache und Literatur 60, 1936, 350–370; auch in: E. Schwarz (Hrsg.), Zur germanischen Stammeskunde. Aufsätze zum neuen Forschungsstand (Wege der Forsch. 249), Darmstadt 1972, 67–86; L. Schmidt, Geschichte der deutschen Stämme bis zum Ausgang der Völkerwanderung: Die Westgermanen, München ²1938–1940; einbändiger ND, München 1970, 345 ff., vgl. 128 ff.; E. Schwarz, Germanische Stammeskunde, Heidelberg 1956, bes. 144 ff.; R. Hachmann/G. Kossack/H. Kuhn, Völker zwischen Germanen und Kelten. Schriftquellen, Bodenfunde und Namengut zur Geschichte des nördlichen Westdeutschlands um Christi Geburt, Neumünster 1962, bes. 36 f., 57 f.; R. Wenskus, Stammesbildung und Verfassung. Das Werden der frühmittelalterlichen gentes, Köln, Graz ²1977, 570 ff.; R. Nierhaus, Das swebische Gräberfeld von Diersheim. Studien zur Geschichte der Germanen am Oberrhein vom Gallischen Krieg bis zur alemannischen Landnahme, Berlin 1966, 224 ff.; E. Demougeot, La formation de l'Europe et les invasions barbares I: Des origines germaniques à l'avènement de Dioclétien, Paris 1969, 64 ff., 86 ff.; C. M. Wells, The German Policy of Augustus. An Examination of the Archaeological Evidence, Oxford 1972, 14 ff.; H. v. Petrikovits, Altertum. Rheinische Geschichte I 1, hrsg. v. F. Petri/G. Droege, Düsseldorf 1978, 57 ff.; J. Werner, Spätes Keltentum zwischen Rom und Germanien. Gesammelte Aufsätze zur Spätlatènezeit, München 1979, bes. 21–27; H.-G. Simon, Eroberung und Verzicht. Die römische Politik in Germanien zwischen 12 v.Chr. und 16 n.Chr., in: D. Baatz/F.-R. Herrmann (Hrsg.), Die Römer in Hessen, Stuttgart 1982, 52 ff.; H. Bernhard, Die römische Geschichte in Rheinland-Pfalz, in: H. Cüppers (Hrsg.), Die Römer in Rheinland-Pfalz, Stuttgart 1990, 47 ff.; R. Wolters, Römische Eroberung und Herrschaftsorganisation in Gallien und Germanien. Zur Entstehung und Bedeutung der sogenannten Klientel-Randstaaten, Diss. Bochum 1990, 135 ff.; G. Lenz-Bernhard/H. Bernhard, Das Oberrheingebiet zwischen Caesars Gallischem Krieg und der flavischen Okkupation (58 v.–73 n.Chr.). Eine siedlungsgeschichtliche Studie, Speyer 1992, 11 ff., die in ih-

suchten Antworten auf die zunächst naheliegende Frage: Kelten oder Germanen?
Dann suchte man dem programmatischen Ansatz von Rolf Hachmann, Georg Kossack und Hans Kuhn folgend methodisch zunächst weit förderlicher „Völker zwischen Germanen und Kelten".[2] Mittlerweile konzentriert man sich auf das archäolo-

rem Forschungsüberblick auch die Theorien von „Germanen im keltischen Gewande" behandeln;
S. Rieckhoff, Süddeutschland im Spannungsfeld von Kelten, Germanen und Römern, Trier 1995;
A. Haffner u. a., Kelten, Germanen, Römer im Mittelgebirgsraum zwischen Luxemburg und Thüringen. Ein Schwerpunktprogramm der Deutschen Forschungsgemeinschaft, ArchNachrBl 1, 1996,
70–77; K. Peschel, Frühgermanische Bodenfunde zwischen Werra und Rhein und die Stammesfrage, Ber. Komm. Arch. Landesforsch. Hessen 4, 1996/97, 19–36; D. Timpe, Germanen, Germania, Germanische Altertumskunde I. Geschichte, A. Germanen, historisch (§ 1–3); jetzt in: H. Beck
et al. (Hrsg.), Die Germanen. Studienausgabe. RGA² Germanen, Germania, Germanische Altertumskunde, Berlin 1998, 2–35, bes. 13 ff.; R. Müller, Archäologie, A. Sachkultur (§ 20), ebd. 129–
137; H. Steuer, Archäologie, B. Ursprung und Ausbreitung der Germanen (§ 21), ebd. 138–147
jeweils mit einer Fülle weiterer Literatur. Vgl. Th. Fischer, Die Römer in Deutschland, Stuttgart
1999, 8 ff.; M. Todd, The Northern Barbarians, 100 B.C.–A.D. 300, Oxford ²1987, 29 ff., vgl. 5 ff.
und 9 ff.; Ders., Die Germanen. Von den frühen Stammesverbänden zu den Erben des West-
römischen Reiches, Stuttgart 2000, 9 ff., 25 ff. und Ders., The Germanic peoples and Germanic so-
ciety, CAH ²XII, Cambridge 2005, 440–460.
Zum archäologischen Sachstand siehe ferner G. Wolff, Die südliche Wetterau in vor- und frühgeschichtlicher Zeit, Frankfurt/M. 1913; H. Schönberger, Die Spätlatènezeit in der Wetterau, Saal-
burg-Jahrb. 11, 1952, 21–130; R. v. Uslar, Die archäologischen Fundgruppen und die germanischen Stammesgebiete vornehmlich aus der Zeit um Christi Geburt, Hist. Jahrb. 71, 1952, 1–36;
auch in: E. Schwarz (Hrsg.), Zur germanischen Stammeskunde (s.o.) 146–201, hier 151 ff., 167 ff.,
185 ff.; W. Niemeyer, Die Stammessitze der Chatten nach Bodenfunden und antiker Überlieferung,
insbesondere bei Cl. Ptolemäus, Zeitschr. Ver. Hess. Gesch. 65/66, 1954/55, 11–42; K. Peschel,
Frühgermanische Bodenfunde zwischen Saale und Werra und die Stammesfrage, in: Beiträge zur
Ur- und Frühgeschichte 1. Festschrift W. Coblenz (Arbeits- und Forschungsberichte zur sächsischen
Bodendenkmalpflege, Bh. 16), Berlin 1981, 623–663, bes. 632 ff. mit den Abb.; A. Becker, Rom
und die Chatten, Darmstadt/Marburg 1992, 54 ff.; O.-H. Frey, Die frühen Chatten. Zu den ältesten
germanischen Funden aus Hessen nördlich des Mains, Archäologische Informationen 18, 1995,
195–199; F. Maier, Das nordmainische Hessen im Randbereich der Oppida-Kultur, Ber. Komm.
Arch. Landesforsch. Hessen 4, 1996/97, 9–18; M. Seidel, Frühe Germanen am unteren Main. Bemerkungen zu neuen Zeugnissen der Przeworsk-Kultur aus Oberhessen, Germania 74, 1996, 238–
247 und besonders natürlich dessen immens nützlicher Forschungsbericht: Die jüngere Latènezeit
und ältere Römische Kaiserzeit in der Wetterau, Fundber. Hessen 34/35, 1994/95 (Wiesbaden
2000) 1–355, bes. 94 ff.; A. Wigg, Germanen und Römer im Gießener Lahntal von augusteischer
Zeit bis zum 3. Jahrhundert, in: Cl. Bridger u. a. (Hrsg.), Römer und Germanen – Nachbarn über
Jahrhunderte. Beiträge der gemeinsamen Sitzung der Arbeitsgemeinschaften „Römische Archäologie" und „Römische Kaiserzeit im Barbaricum" auf dem 2. Deutschen Archäologen-Kongreß,
Leipzig, 30.9.–4.10.1996 (BAR Int. Ser. 678), Oxford 1997, 59–65; vgl. P. Kehne, RGA² 19, 2001,
322 Abb. 26 s. v. Markomannis; M. Meyer, Migration und Adaption – ein differenziertes Modell
zur Erklärung der latènezeitlichen Przeworsk-Funde in Deutschland, Alt-Thüringen 38, 2005, 203–
212 mit weiterer Lit. Eine lediglich populärwissenschaftliche Darstellung bieten J. Kneipp/M. Seidel, Die Chatten. Ein germanischer Stamm im Spiegel der archäologischen Funde, in: D. Rohde
u.a. (Hrsg.), Hessen in der Antike. Die Chatten vom Zeitalter der Römer bis zur Alltagskultur der
Gegenwart, Kassel 2006, 37 ff. Vgl. ferner die in den nachfolgenden Anm. zum Germanen-Thema
angeführte Literatur.

2   Hachmann/Kossack/Kuhn (wie Anm. 1), 133: „Hiermit ist die Alternative Kelten oder Germanen,

gisch inzwischen wohl eindeutig nachgewiesene teilweise Nebeneinander von Kelten und Germanen.[3]

Zweitens ging es Teilen der Forschung um die Ausdeutung der wenigen für die Geschichte der römisch-germanischen Begegnungen in diesem geographischen Raum zur Verfügung stehenden antiken Schriftquellen und ihren Bezug zu dortigen archäologischen Befunden, besonders im Hinblick auf eine Rekonstruktion der offensiven römischen Feldzüge in augusteischer Zeit.[4] Aber zur Beurteilung der ge-

lange ein böser Hemmschuh der Forschung, überwunden.“

[3] In Ergänzung zu der oben bereits genannten Literatur – vor allem Meyer, Migration und Adaption (wie Anm. 1); Seidel, Frühe Germanen (wie Anm. 1) und Seidel, Latènezeit (wie Anm. 1) – siehe zu dieser Übergangsphase noch allgemein Th. Völling, Frühgermanische Expansion und einheimische Bevölkerung – Überlegungen am Beispiel des großromstedtzeitlichen Gräberfeldes von Aubstadt im Grabfeldgau, in: Beiträge zur keltisch-germanischen Besiedlung im Mittelgebirgsraum. Internationales Kolloquium 15. bis 17. Mai 1990 in Weimar, Stuttgart/Weimar 1992, 153–157 und Ders., Germanien an der Zeitenwende. Studien zum Kulturwandel beim Übergang von der vorrömischen Eisenzeit zur älteren römischen Kaiserzeit in der Germania Magna (Diss. München 1992/93; posthum) hrsg. v. H. Baitinger et al., Oxford 2005.

[4] Hierzu speziell u. a. G. Wolff, Die Geschichte der römischen Okkupation in der Wetterau und im Maingebiet, Ann. Ver. Nassau. Altkde. 31, 1901, 1–25; Ders., Die Eroberung und Sicherung der Wetterau durch die Römer, Mitt. Oberhess. Geschver. 12, 1903, 1–22; Ders., Die geographischen Voraussetzungen der Chattenzüge des Germanicus, Zeitschr. Ver. Hess. Gesch. 50, 1917, 53–123; Fr. Koepp, Die Römer in Deutschland, Bielefeld/Leipzig ³1926, 10 ff., bes. 19 ff.; Schmidt, Westgermanen (wie Anm. 1), 128 ff., 153 ff., 345 ff., 395 ff.; J. Klose, Roms Klientel-Randstaaten am Rhein und an der Donau. Beiträge zu ihrer Geschichte und rechtlichen Stellung im 1. und 2. Jh. n.Chr., Diss. Breslau 1934, 53 ff., vgl. 58 f., 67 f.; K. Christ, Nero Claudius Drusus, Masch. Diss. Tübingen 1953, 52 ff.; D. Timpe, Zur Geschichte und Überlieferung der Okkupation Germaniens unter Augustus, Saeculum 18, 1967, 278–293; [als gekürzte Fassung] auch in: Ders., Römisch-germanische Begegnung in der späten Republik und frühen Kaiserzeit. Voraussetzungen – Konfrontationen – Wirkungen. Gesammelte Studien, Leipzig 2006, 191–215; Demougeot, La formation de l'Europe (wie Anm. 1), 102 ff.; D. Timpe, Zur Geschichte der Rheingrenze zwischen Caesar und Drusus, in: Monumentum Chiloniense. Studien zur augusteischen Zeit. Festschr. E. Burck, Amsterdam 1975, 124–147; auch in: Ders., Römisch-germanische Begegnung (s.o.) 147–170; Wells, German Policy (wie Anm. 1), 93 ff., 138 ff., 149 ff., 222–233; v. Petrikovits, Altertum (wie Anm. 1), 51 f., 53 ff.; K. Christ, Zur Geschichte des hessischen Raumes in der römischen Kaiserzeit, in: Aus Geschichte und ihren Hilfswissenschaften. Festschr. W. Heine, Marburg 1979, 529–543, bes. 533 ff.; Simon, Eroberung und Verzicht (wie Anm. 1), 38 ff.; Ch.-M. Ternes, Die Provincia Germania Superior im Bilde der jüngeren Forschung (mit Beiträgen von R. Chevallier). ANRW II 5.2, 1976, 721–1260; Dies., Römisches Deutschland. Aspekte seiner Geschichte und Kultur, Stuttgart 1986, bes. 50 ff., 53 ff.; P. Moeller, RGA² 6, 1986, 204–215 s. v. Drusus; W. Will, Römische ‚Klientel-Randstaaten‘ am Rhein? Bonner Jahrb. 187, 1987, 1–61, hier 55 ff.; Wolters, Römische Eroberung (wie Anm. 1), 165 ff., 264 ff.; Bernhard, Römer in Rheinland-Pfalz (wie Anm. 1), 42 ff., 52 ff.; Becker, Rom und die Chatten (wie Anm. 1), 87 ff., 125 ff.; P. Kehne, RGA² 11 (1998) 438–448 s. v. Germanicus; Timpe, Germanen (wie Anm. 1), 35 ff.; P. Kehne, Limitierte Offensiven: Drusus, Tiberius und die Germanienpolitik im Dienste des augusteischen Prinzipats, in: J. Spielvogel (Hrsg.), Res publica reperta. Zur Verfassung und Gesellschaft der römischen Republik und des frühen Prinzipats. Festschrift für Jochen Bleicken zum 75. Geburtstag, Stuttgart 2002, 297–321, bes. 305 ff.; Fischer, Römer in Deutschland (wie Anm. 1), 18 ff.; P. Kehne, RGA² 28 (2005) 179–182 s. v. Sentius Saturninus. Symptomatisch für diesbezüglich überhand nehmende Publikationsredundanz ist D. Baatz, *Rhenus*

nannten Probleme und zur Beantwortung der Frage, welche Stämme beziehungsweise Stammesteile jeweils Feind oder Partner der römischen Germanienpolitik
waren, wäre natürlich auch die Beantwortung folgender Fragen sehr hilfreich:

1. Welche ethnischen Benennungen gebrauchte die Fachliteratur der römischen
   Kaiserzeit für die im hessischen Raum siedelnden Kelten und Germanen?
2. Welcher Stammesgruppe ordnete die kaiserzeitliche Fachliteratur die im hessischen Raum siedelnden Germanen zu?
3. Welche Stammesnamen kannte die kaiserzeitliche Fachliteratur für die in der
   frühen Kaiserzeit im hessischen Raum siedelnden Kelten und Germanen?
4. Wie war das Verhältnis zwischen den in augusteischer Zeit im hessischen Raum
   lebenden Kelten und Germanen beschaffen?
5. Welche politischen und völkerrechtlichen Verhältnisse herrschten zwischen dem
   Imperium Romanum und den im hessischen Raum lebenden Kelten oder Germanen? Und wie sollten wir diese benennen?

Fest stehen dürfte in diesem Zusammenhang zunächst einmal Folgendes: Wie die
Externen der Kontaktzone Rhein–Main–Lahn das Römische Reich sahen und
bewerteten, bleibt uns völlig unbekannt. Ebenso wenig besitzen wir verlässliche
Zeugnisse dafür, wie die in caesarisch-augusteischer Zeit in der hier behandelten
Region Lebenden sich selbst ethnisch verstanden.[5] Das ethnische Differenzierungs-
und Begriffsbildungsvermögen antiker Ethnographen/Geographen von Poseidonios
bis Ptolemaios war ohnehin wenig ausgeprägt und kannte, laut Dieter Timpe, keine

transeundus est – Rom überschreitet den Rhein. Antike Schriftquellen und archäologische Spuren-
suche in Hessen, Ber. Komm. Arch. Landesforsch. Hessen 4, 1996/97, 37–52, wo über wiederholte
Quellenreferate, Versatzstücke oder längst Altbekanntes hinaus nichts Neues kommt. Abgesehen
von der Verwirrung, dass Baatz offenbar nicht einmal in der Lage ist, das aus Caesar (Gall. 4,16,1)
verabsolutierte lateinische Zitat richtig zu übersetzen, ist hier zu beobachten, dass– was in etlichen
archäologischen Arbeiten immer häufiger vorkommt – wichtige Forschungspositionen der Alten
Geschichte überhaupt nicht mehr zur Kenntnis genommen werden. – Systematisierende Übersichten zur augusteischen Germanienpolitik nennt unten Anm. 27.

5   Dieser Befund wurde jüngst teilweise erneut durch eine weitreichende Analyse des Inschriften-
     materials bestätigt: A. Kakoschke, Ortsfremde in den römischen Provinzen Germania inferior und
     Germania superior anhand der Inschriften des 1. bis 3. Jahrhunderts n.Chr. (Osnabrücker For-
     schungen zu Altertum und Antike-Rezeption 5), Möhnesee 2002 und Ders., ‚Germanen' in der
     Fremde. Eine Untersuchung zur Mobilität aus den römischen Provinzen Germania inferior und
     Germania superior anhand der Inschriften des 1. bis 3. Jahrhunderts n.Chr. (Osnabrücker Forschun-
     gen zu Altertum und Antike-Rezeption 8), Möhnesee 2004, bes. 223–262 (siehe dazu die Rez. von
     P. Kehne, HZ 285, 2007, 167–168), wobei in 25 Fällen nicht zwischen Germanen aus den Provin-
     zen und dem freien Germanien zu unterscheiden ist und unsicher bleibt, ob *Germanus* etc. wirklich
     immer eine Eigenbezeichnung oder lediglich die der Nachwelt ist oder nur als Verständniskatego-
     rie für die antiken Leser gewählt wurde. Dem entspricht der (epigraphische) Befund einer syste-
     matischen Untersuchung zum Aufenthalt von Fremden, u. a. Germanen, in Rom durch D. Noy,
     Foreigners at Rome. Citizens and Strangers, London/Swansea 2000, bes. 212 ff. und das regional
     gegliederte Herkunftsverzeichnis, ebd. 303 ff. Ebenso ergebnislos bleibt für unsere Region eine
     Analyse von Stammesbezeichnungen für einige europäische Provinzen: B. Lörincz/F. Redö
     (Hrsg.), Onomasticon provinciarum Europae Latinarum I–IV, Budapest 1994–2002.

verbindlichen wissenschaftlichen Kriterien.[6] Der Rhein als strikte ethnische Grenze zwischen Kelten und Germanen ist ja bekanntermaßen eine ‚politische Erfindung‘ Caesars,[7] um jede weitere germanische Landnahme in Gallien militärisch unterbinden zu können, während sein Germanen-Bild,[8] das rasch stereotype Züge annahm, nach Auffassung von Reinhard Wenskus[9] und Gerhard Dobesch[10] soziokulturell wohl (auch) auf gallisch-druidischen Vorstellungen von ‚Barbaren‘ basierte.[11] Schließlich ringen wir auch bei diesem Problem stets mit den jeweiligen Besonderheiten des antiken Informationsfilters, der über alle literarischen Gattungsgrenzen hinweg als gemeinsames Charakteristikum die Topik des stereotypen antiken Barbarenbildes[12] aufweist. Denn, wie Gerold Walser schon so treffend

---

6   D. Timpe, Ethnologische Begriffsbildung in der Antike, in: H. Beck (Hrsg.), Germanenprobleme in heutiger Sicht, Berlin 1986, 22–40, auch in: Ders., Römisch-germanische Begegnung (wie Anm. 4), 19–41 mit der relevanten Lit.; Ders., Germanen (wie Anm. 1), 3 f.; vgl. allgemein und zur germanischen Ethnographie insbesondere: G. Walser, Caesar und die Germanen. Studien zur politischen Tendenz römischer Feldzugsberichte, Wiesbaden 1956, bes. 52 ff.; A.A. Lund, Zum Germanenbild der Römer. Eine Einführung in die antike Ethnographie, Heidelberg 1990 und D. Timpe, Die *Germania* des Tacitus. Germanische Ethnographie und römische Zeitgeschichte, in: H. Schneider (Hrsg.), Feindliche Nachbarn. Rom und die Germanen, Köln u. a. 2008, 167–200, bes. 170 ff.

7   Siehe dazu u. a. Caes. Gall. 4,16,4: *populi Romani imperium Rhenum finire.* Zur Interpretation siehe u. a. Walser, Caesar und die Germanen (wie Anm. 6), 37 ff., 87 f., 93 f.; D. Timpe, Caesars Gallischer Krieg und das Problem des römischen Imperialismus, Historia 14, 1965, 189–214, bes. 208 f.; K. Christ, Caesar und Ariovist, Chiron 4, 1974, 251–292; Timpe, Germanen (wie Anm. 1), 8 ff.; vgl. G.A. Lehmann, Zum Zeitalter der römischen Okkupation Germaniens: neue Interpretationen und Quellenfunde, Boreas 12, 1989, 207–230, hier 209 f. mit weiterer Lit. in Anm. 10. Die gänzliche „‚Erfindung‘ von ethnischen Unterschieden“, um den sich als markanteste Landmarke und aus zahlreichen Gründen ohnehin als optimale Ostgrenze für die neue Provinz *Gallia Comata* anbietenden Rhein zur Grenze des *Imperium Romanum* zu erklären, bezweifelt allerdings zu Recht H. Gesche, Caesar, Darmstadt 1976, 97. – Zur Existenz der *Germani Cisrhenani* bei Caesar: H. v. Petrikovits, Germani Cisrhenani, in: Beck, Germanenprobleme (wie Anm. 6), 88–106.

8   F. Frahm, Die Entwicklung des Suebenbegriffs in der antiken Literatur, Klio 23, 1929, 181–210, hier 189 ff.; zur Entwicklung des antiken Keltenbegriffs bereits ebd. 182 ff. Vgl. dazu u. a. B. Kremer, Das Bild der Kelten bis in die augusteische Zeit. Studien zur Instrumentalisierung eines antiken Feindbildes bei griechischen und römischen Autoren, Diss. Stuttgart 1994 und die unten in Anm. 12 (bes. Günnewig, Bild der Germanen) sowie die Anm. 19 zum Suebenbegriff genannte Lit.

9   R. Wenskus, Über die Möglichkeit eines allgemeinen interdisziplinären Germanenbegriffs, in: Beck, Germanenprobleme (wie Anm. 6), bes. 10–16.

10 G. Dobesch, Zur Ausbreitung des Germanennamens, in: Pro Arte Antiqua. Festschrift H. Kenner, Wien/Berlin 1983, 77–99; vgl. Ders., Forschungsreferat zur Germania des Tacitus: Dieter Timpe, Romano-Germanica. Gesammelte Studien zur Germania des Tacitus, Tyche 13, 1998, 61–105, hier 70 ff.

11 Vgl. Lehmann, Zeitalter (wie Anm. 7), 210 mit weiterer Literatur ebd. in Anm. 11.

12 Umfassend Y.A. Dauge, Le Barbare. Recherches sur la conception romaine de la barbarie et de civilisation, Bruxelles 1981, 1 ff., 53 ff. (Antike allg.), 13 ff., 18 ff., 20 ff., 36 f., 132 ff., 381 ff. (röm. Sichtweise), 55 ff. („barbarologie historique“). Speziell: A. Alföldi, Die ethische Grenzscheide am römischen Limes, Schweizer Beitr. z. Allg. Gesch. 8, 1950, 37–50; J. Rüger, Barbarus. Wort und Begriff bei Cicero, Livius, Caesar, Diss. Göttingen 1966; K. Christ, Germanendarstel-

formulierte, wurden Fremdvölker „nicht um ihrer selbst willen als selbständige geschichtliche Größen dargestellt, sondern als Folie für das Römische. Auf dem Hintergrund des kriegerischen Barbarenvolkes heben sich die Taten des römischen Feldherrn und der Legionen deutlich ab; der Hintergrund selbst aber bleibt verschwommene Kulisse."[13] Wir haben zu fragen, wie weit die antike Geo- bzw. Ethnographie diesen Hintergrund überhaupt ausleuchten. Festzustehen scheint für die Spätlatène- und die frühe Kaiserzeit, wie Walser ebenso prägnant formulierte, „das völlige Fehlen jedes Nationalgefühls auf der germanischen Seite."[14] Jedenfalls

lung und Zeitverständnis bei Tacitus, Historia 14, 1965, 62–73, bes. 141 ff.; G. Walser, Rom, das Reich und die fremden Völker in der Geschichtsschreibung der frühen Kaiserzeit. Studien zur Glaubwürdigkeit des Tacitus, Basel 1951, 67 ff.; A.N. Sherwin-White, Racial Prejudice in Imperial Rome, Cambridge 1967, 33–61; K. v. See, Der Germane als Barbar, Jahrb f. internat. Germanistik 13.1, 1981, 42–72; A. Städele, Tacitus und die Barbaren, in: P. Neukam (Hrsg.), Reflexionen antiker Kulturen, München 1986, 123–143; T. Wiedemann, Between men and beasts: barbarians in Ammianus Marcellinus, in: I.S. Moxon/J.D. Smart/A.J. Woodman (Hrsg.), Studies in Greek and Roman Historical Writing, Cambridge u. a. 1986, 189–201; K. Sallmann, Reserved for eternal punishment, AJPh 108, 1987, 108–128; Lund, Zum Germanenbild der Römer (wie Anm. 6), 3 ff., 60 ff. Zur misslungenen Dissertation von Chr. Trzaska-Richter, Furor Teutonicus (1991) siehe die Besprechungen von Wolters (Klio 76, 1994, 506 f.) und Kehne (Germania 75, 1997, 278 Anm. 75). Weiteres findet sich u. a. bei D. Timpe, Die Germanen und die *fata imperii*, in: Festschr. A. Lippold, Würzburg 1993, 223–245; auch in: Ders., Romano–Germanica, Stuttgart/Leipzig 1995, 203–228, bes. 213 ff. und 227; V. Losemann, DNP 2, 1997, 439–443 s v. Barbaren; W. Pohl, Barbarenbilder seit Tacitus, in: H. Friesinger/J. Tejral/A. Stuppner (Hrsg.), Markomannenkriege – Ursachen und Wirkungen. VI. Internationales Symposium „Grundprobleme der frühgeschichtlichen Entwicklung im nördlichen Mitteldonaugebiet", Wien 23.–26. Nov. 1993, Brno 1994, 59–64; Ders., Die Germanen (Enzyklopädie deutscher Geschichte 57), München 2000, 4 f.; B. Günnewig, Das Bild der Germanen und Britannier. Untersuchungen zur Sichtweise von fremden Völkern in antiker Literatur und moderner Forschung, Frankfurt/M. 1998, bes. 298 ff., 327 ff., vgl. 177 ff., 309 ff.; Dies., Cassius Dio und die fremden Völker des nördlichen und nordöstlichen Raumes. Orbis Terrarum 6, 2000, 139–154; J. P. Heather, The barbarian in late antiquity: image, reality, and transformation, in: R. Miles (Hrsg.), Constructing Identities in Late Antiquity, London/New York 1999, 234–257; D. Timpe, Rom und die Barbaren des Nordens, in: Die Begegnung mit dem Fremden, Stuttgart/Leipzig 1996, 34–50; auch in: Ders., Römisch-germanische Begegnung (wie Anm. 4), 42–62; Ders., Der Barbar als Nachbar, in: Chr. Wulf (Hrsg.), Ideologie – Sport – Außenseiter. Aktuelle Aspekte einer Beschäftigung mit der antiken Gesellschaft, Innsbruck 2000, 203–230; einen gegenteiligen und damit höchst förderlichen Forschungsansatz verfolgt A. Goltz, Gelehrte Barbaren? Antike Bildung und germanische Oberschicht in der Spätantike, in: Festschr. A. Demandt, Köln/Wien/Weimar 2002, 297–316.

13 G. Walser, Die römische Überlieferung vom staatlichen und kulturellen Zustande der Barbaria, in: Carnuntina. Ergebnisse der Forschung über die Grenzprovinzen des römischen Reiches. Vorträge beim internationalen Kongreß der Altertumsforscher, Carnuntum 1955, Graz/Köln 1956, 195–201, hier 200.

14 Walser, Caesar und die Germanen (wie Anm. 6), 92; vgl. Ed. Norden, Die germanische Urgeschichte in Tacitus Germania, Darmstadt [4]1959, 423 ff. und Gesche, Caesar (wie Anm. 7), 98. Zur Selbst- und Fremdbenennung (bzw. -wahrnehmung) der *Germani* siehe u. a. D. Timpe, Der Namensatz der taciteischen Germania, Chiron 23, 1993, 322–352, bes. 324, 327 ff. [auch in: Ders., Romano-Germanica. Gesammelte Studien zur Germania des Tacitus, Stuttgart/Leipzig 1995, 61–92, bes. 62, 65 ff.] und vgl. oben die Anm. 9 und 10.

hätten diejenigen die Beweislast, die eine bewusste Identität bzw. Selbst-
wahrnehmung aller oder auch nur der meisten zwischen Rhein und Elbe siedelnden
Stämme als ‚Germanen' behaupten wollten. Ebenfalls längst bekannt und seit 1929
hinreichend erörtert ist der teilweise anachronistische Terminologiegebrauch:
Keltike für *Germania* und *Keltoi* für *Germani* in der griechisch verfassten
Historiographie der römischen Kaiserzeit, insbesondere in der *Historia Rhomaiké*
des Cassius Dio.[15] Dasselbe gilt für die geographisch-ethnographische Trennung
von *Keltike* (d. h. Gallien, aber auch das Voralpenland) und *Germania* bzw.
Keltoi/Galatai und *ethnê Germanika* bei Dionysios von Halikarnassos,[16] Diodor[17]
und Strabo.[18]

Wie aber ist nun der spezielle Befund für die Rhein–Main–Lahn Zone? Dass die
Stammeslandschaften nicht stereotyp sind, ist hinlänglich bekannt. Aber woraus
resultieren konkret die zum Teil gravierenden Abweichungen in den von Caesar,
Diodor, Strabo, Plinius, Tacitus und Ptolemaios vermittelten siedlungsgeographi-
schen Bildern der jeweiligen Stammesverteilung? Greifen wir hier bloß unterschiedliche Informationslagen? Oder greifen wir hierin Resultate von durch römische
Aktivitäten ausgelösten politisch-militärischen Vorgängen? Oder spiegelt dies
rechtsrheinische Migrationen oder gar dortige politische Veränderungen wider? Die
kaiserzeitliche Spezialliteratur kannte selbstverständlich beides, sowohl Wande-
rungsbewegungen und Vertreibungen als auch (in geringerem Maße) Unterwer-
fungsvorgänge in den Vorfeldzonen. Aber bezüglich etwaiger Überschichtungsphä-
nomene sind wir bereits auf Interpolationen unserer Quellenangaben, auf Analogie-
bildungen oder auf bloße Vermutungen angewiesen. Auch hinsichtlich der
Transrhenani hatten Reichsbewohner offenbar – ebenso wenig wie wir – verbindliche Begriffe für ethnische Misch- oder Zwischenstufen im Sinne der oben bereits
erwähnten „Völker zwischen Germanen und Kelten". Ein gleichfalls viel debattier-
tes Phänomen sind Mehrfachbenennungen für dieselben Personalverbände: Einmal
begegnen sie uns als politische Stammeseinheiten, ein andermal als Kultgemein-
schaften oder wie die Mannusstämme sogar als Produkte einer (angeblichen) völkischen Genealogie. An endlosen Diskussionen fehlt es dazu nicht, eher schon an
präzisen Quelleninformationen, die solche akribischen Analysen überhaupt gestatten.[19]

---

15   Frahm (wie Anm. 8), 186 f. Dazu und zum Folgenden: Norden, Urgeschichte (wie Anm. 14),
     101 f.; Walser, Caesar und die Germanen (wie Anm. 6), 88 ff.
16   Dion. Hal. ant. 14,1,3–4 = Exc. Ambr.
17   Diod. 5,25,4; 5,32,1.
18   Strab. 7,1,1–3 (*ethnê Germanika*); 7,3,1 (*Germania*).
19   Siehe zu letzterem u. a. die exemplarischen Ausführungen von K. Tausend, Lugier – Vandilier –
     Vandalen, Tyche 12, 1997, 229–236. Vergleichbares gilt für die Abgrenzung von Alemannen und
     Sueben: H. Keller, Alamannen und Sueben nach den Schriftquellen des 3. bis 7. Jahrhunderts,
     Frühmittelalterliche Studien 23, 1989, 89–111. Und Vergleichbares gilt schon für die Bestimmung
     dessen, was man seit Caesar unter Sueben verstand und wer bzw. was sie wirklich waren; siehe

Wenn wir uns also bezüglich der Ethnizität und der westgermanischen Stammesterritorien häufig in Unkenntnis und Aporie befinden, stellt sich neben der vordergründigen Frage, ob der antike Quellenfilter eine solche Differenzierung überhaupt zulässt, doch eine ganz andere Frage: Haben wir, die wir uns mit antiken Stammestafeln, Ethnogenesen und Bevölkerungswechseln im germanischen Raum beschäftigenden Altertumswissenschaftler – um die Vor- und Frühgeschichte, die Alte Geschichte und die Archäologie einmal wieder auf einem Feld zusammenzuführen – vielleicht bislang falsche Fragen gestellt? Ich möchte mich an dieses Problem vorsichtig mittels einer ganzen Reihe weiterer und hoffentlich weiterführender Fragen herantasten. Eine davon ist die Leitfrage dieses Beitrages: Wer ist jeweils Feind, wer jeweils Partner der römischen Außenpolitik in Germanien? Denn wenn wir schon nicht wissen, und womöglich gar nicht wissen können, wer ethnisch was war und wo genau siedelte, kann der Althistoriker für einige ,internationale Beziehungen' zumindest annähernd sagen, wie die germanischen und römischen Akteure miteinander umgingen.

Beginnen wir auch hierfür zunächst mit zwei unscheinbaren, aber in diesem Kontext durchaus relevanten Fragen: Kannte die reichsrömische Fachliteratur die oder zumindest die meisten der in einem bestimmten grenznahen geographischen Raum siedelnden Stämme? Zumindest auf den ersten Blick fällt die Antwort, wie eine summarische Völkertafel[20] (Abb. 1) zeigt, für den hier interessierenden

---

dazu u. a. E. Obermeier, Die Sueben in der antiken Literatur. Begriff und räumliche Verteilung von Strabon und Caesar bis Ptolemaeus, Masch. Diss. Göttingen 1948; Wenskus, Stammesbildung (wie Anm. 1), 255 ff.; R. Seyer, Die Sueben – antike Überlieferung und archäologische Quellen, in: Festschr. W. Hartke, Ost-Berlin 1983, 33–36; K. Peschel, Anfänge germanischer Besiedlung im Mittelgebirgsraum: Sueben – Hermunduren – Markomannen, Berlin 1978; Ders., Die Sueben in Ethnographie und Archäologie, Klio 60, 1978, 259–309; L. Rübekeil, Suebica. Völkername und Ethnos, Innsbruck 1992; Ders./R. Scharf/H. Castritius, RGA² 30, 2005, s. v. Sweben, bes. § 7 (zum Begriff) jeweils mit einer Fülle an weiterer Literatur; exemplarisch für die zahlreichen diesbezüglichen Studien zu Vorstellungen einzelner antiker Autoren siehe D. Timpe, Der Suebenbegriff bei Tacitus, in: Ders., Römisch-germanische Begegnung (wie Anm. 4), 358–399 mit einem Forschungsüberblick ebd., 359 ff. mit Anm. 2 ff. – Zu den germanischen Mannus-Stämmen findet sich das Wesentliche bei Wenskus, Stammesbildung (wie Anm. 1), 234 ff.; D. Timpe, Die Söhne des Mannus, Chiron 21, 1991, 69–125 (auch in: Ders., Romano-Germanica [wie Anm. 14], 1–60) und R. Wolters, RGA² 19, 2001, 234–237 s. v. Mannusstämme sowie den RGA²-Artikeln s. v. Ingwäonen, Istwäonen und Erminonen. – Zu germanischen Kultverbänden wie Nerthus, Tanfana und anderen siehe bes. Wenskus, Stammesbildung (wie Anm. 1), 246 ff.; Timpe, Tacitus' Germania als religionsgeschichtliche Quelle, in: H. Beck/D. Ellmers/K. Schier (Hrsg.), Germanische Religionsgeschichte. Quellen und Quellenprobleme (RGA-Ergänzungsband 5), Berlin 1992, 434–485, hier 460 ff. (auch in: Ders., Romano-Germanica [wie Anm. 14], 93–143, hier 118 ff.) und H. Castritius, RGA² 17, 2001, 459–463 s. v. Kultverbände. – Die ausführlichste moderne Typologie zu „neuen Formen der Stammesbildung" in der Römer- und Völkerwanderungszeit stammt bekanntlich von Wenskus, Stammesbildung (wie Anm. 1), 429 ff. Vgl. dazu die vorzügliche Übersicht und die kritischen Ergänzungen von H. Castritius, RGA² 29, 2005, 508–515 s. v. Stammesbildung, Ethnogenese (mit weiterer Literatur).

20 Vgl. J.M. Watterich, Die Germanen des Rheins. Ihr Kampf mit Rom und der Bundesgedanke,

Untersuchungsraum eindeutig positiv aus – wenn auch die chronologische Fixierung der von antiken Geographen vermittelten Bilder längst nicht immer präzise möglich ist.[21] Bei der ältesten uns erhaltenen geographischen Skizze des linksrheinischen Germaniens aus der Feder Strabons (Strab. 7,1,3) ist zwar mit der Übernahme anachronistischer Informationen aus der geographischen Fachliteratur und wahrscheinlich auch mit Angaben aus Agrippas vielbehandelter Weltkarte[22] zu rechnen. Des weiteren aber damit, dass Strabons Völkertafel aufgrund der zeitgenössischen römischen Feldzüge in diesem Gebiet, die einen erheblichen Zuwachs an geo- und ethnographischem Wissen brachten, zumindest partiell einen relativ aktuellen Kenntnisstand widerspiegelt.

Ob daraus zu folgern ist, dass die römische Militärstrategie und somit die vor Ort befehligenden Generale sämtliche in ihrem Operationsgebiet ansässigen Stämme und Stammesteile kannten und ob die militärische Feindaufklärung noch über den in geographischen Werken dokumentierten Kenntnisstand hinausreichte, können wir aufgrund des Verlustes von mindestens 99 % des römischen Archivmaterials wohl nie mehr ermitteln. Die viel wichtigere, in diesem Kontext bislang jedoch noch nie gestellte Frage ist m. E. eine ganz andere: Kannte auch die römische Diplomatie zu jedem Zeitpunkt jeden einzelnen der in einem bestimmten grenznahen geographischen Raum siedelnden Stämme? Oder, noch eingehender und zugleich pointierter gefragt: Interessierte sich die zentral gelenkte augusteische Außenpolitik überhaupt immer für alle in einem bestimmten grenznahen geographischen Raum siedelnden Stämme? Und genau hier liegt m.E. für den auf dieser Tagung behandelten Untersuchungsgegenstand ein oder sogar vielleicht das Problem, mit dem sich die Altertumsforschung bislang nicht ausreichend beschäftigt hat.

Da die in geographischen Werken genannten Stämme sehr wahrscheinlich in römischen Generalstabskarten, Itineraren – die Fülle an diesbezüglichen Informationen zu Germanien bezeugt u. a. Ptolemaios' *Geographia* – und damit auch in römi-

---

Leipzig 1872; ND Essen 1997, 33 ff.; Gutenbrunner, Stammesgliederung (wie Anm. 1), 78 f.; Niemeyer, Stammessitze der Chatten (wie Anm. 1), 28 ff. insbesondere zu Ptolemaios und K. Tausend, Caesars germanische Reiter, Historia 37, 1988, 491–497, hier 494, der hier (wohl fälschlich) eine Ausdehnung der Chatten zum Rhein hin annimmt.

21 Zur vorcaesarischen Ethnographie Germaniens: Norden, Urgeschichte (wie Anm. 14), 59 ff.; Walser, Caesar und die Germanen (wie Anm. 6), 55 ff.

22 A. Klotz, Die geographischen Commentarii des Agrippa und ihre Überreste, Klio 25, 1931, 38–58; 386–466; K. Lennartz, Zwischeneuropa in den geographischen Vorstellungen und der Kriegführung der Römer in der Zeit von Caesar bis Marcus Aurelius, Bonn 1969, 11 ff.; R. Syme, Military geography at Rome, Classical Antiquity 7, 1988, 227–251, hier 238; D. Timpe, RGA² 7, 1989, 307–389 s. v. Entdeckungsgeschichte, bes. 356 f.; J. B. Harley/D. Woodward (Hrsg.), The History of Cartography I: Cartography in Prehistoric, Ancient and Medieval Europe and the Mediterranean, Chicago/London 1987, 207 ff.; Cl. Nicolet, Space, Geography, and Politics in the Early Roman Empire, Ann Arbor 1991, 95 ff.; K. Brodersen, Terra Cognita. Studien zur römischen Raumauffassung, Hildesheim/Zürich 1995, 268 ff., 275 ff.; J. Engels, Augusteische Oikumenegeographie und Universalhistorie im Werk Strabons von Amaseia, Stuttgart 1999, 359 ff.

schen Archiven verzeichnet gewesen sein dürften, müsste die Antwort eigentlich zwingend positiv ausfallen. Jedoch versagen uns unsere historiographischen Quellen hier die dringend benötigten Detailinformationen und damit exakte Beweise. Offenkundig ist diesbezüglich nur, dass die Berichte kaiserzeitlicher Historiker uns die in geo- und ethnographischen Werken bisweilen gebotene Detailfülle zu rechtsrheinischen Stämmen meist verweigern. Man vergleiche allein die gravierenden Unterschiede zwischen Strab. 7,1,4 und Tac. ann. 2,41 bezüglich der am 26. Mai 17 n.Chr. im Triumph des Germanicus mitgeführten ‚Germanen‘ und zu den dabei als besiegt bezeichneten Stämmen. Beispiele für solche lediglich summarischen Abhandlungen wichtiger diplomatischer Aktionen unter bezeichnender Nicht-Benennung der externen Verhandlungspartner finden sich z. B. auch bei Caesar (Gall. 2,35,1–2 und 4,18,3). Und diese je nach literarischem Genre höchst unterschiedliche Behandlung desselben Gegenstandsbereiches gilt selbst dort, wo es sich bei dem Verfasser der geo-/ethnographischen *Germania* und der historischen *Annales* um ein und denselben Autor, nämlich Tacitus handelt, der die in der (sehr wahrscheinlich früher publizierten) *Germania* behandelten Usipeter und Tubanten in seinen Annalen im Kontext der Germanicusfeldzüge nur einmal (ann. 1,51,2), die Chamaver, Chasuarier, Dulgubnier, Foser, Tenkterer etc. überhaupt nicht erwähnt – ganz zu schweigen von den in den Resten seines Annalenwerkes nirgendwo genannten *Reudigni*, *Aviones*, *Anglii*, *Varini*, *Eudoses*, *Suardones* und *Nuitones* (vgl. Tac. Germ. 40,2).

Warum verhält sich das eigentlich so? Greifen wir in diesem Fall wirklich die historische Bedeutungslosigkeit der Nichterwähnten? Oder fassen wir vielmehr eine Eigenart der kaiserzeitlichen Historiographie? Das bekannte Stilgesetz etwa, den Leser nicht mit antiquarischen und daher unnötigen Details zu behelligen und zu Gunsten der literarischen Komposition beispielsweise auf geographische Präzision, ermüdende Aufzählungen von Orts- und Stammesnamen zu verzichten, die dem stadtrömischen Publikum wahrscheinlich ohnehin ebenso nichtssagend wie egal waren (siehe beispielsweise die symptomatischen, vermutlich an offiziellen Verlautbarungen orientierten Kürzungen in Tac. ann. 2,18,2 und ann. 2,41,2). Oder reflektiert die zu beobachtende Informationsdivergenz etwa einen Wesenszug römischer Außenpolitik in Germanien? Um letzteres beantworten zu können, müssen wir danach fragen, welche Informationen über die rechtsrheinischen *exterrae* bzw. *externae gentes* die römische Germanienpolitik wirklich interessierte. Mit Sicherheit dürfen wir eines vermuten: Freunde und Feinde des *Imperium Romanum*. Sodann erscheinen nützliche Kenntnisse über interne Parteiungen wahrscheinlich, über dortige Entscheidungsträger, Ansprechpartner und Vereinbarungsgaranten, intergentile Abkommen und Konflikte, die Entwicklung auswärtiger Beziehungen zu Rom und die machtpolitischen Verhältnisse im Vorfeld der Reichsgrenzen, um nur einiges aufzuzählen. Nun ist hier nicht der Ort, intensiver auf die Geschichte der römischen Außenpolitik gegenüber den Stämmen auf dem Territorium des heutigen

Hessen bzw. in der Kontaktzone Rhein – Main – Lahn einzugehen. Dazu wären Karl Christ,[23] Hans-Günther Simon[24] und Armin Becker[25] viel eher berufen, weil sie solche regionalspezifischen Untersuchungen längst angestellt und vorgelegt haben.[26] Ein knapper Überblick über die wichtigsten grenzübergreifenden und damit ‚internationalen' Kontakte des *Imperium Romanum* zu den *exterrae gentes* zwischen Rhein, Main und Lahn[27] mag daher hier genügen:

Der erste römische Vorstoß über den Rhein mit größerer politischer Wirkung auf die Kontaktzone zwischen Rhein, Main und Lahn erfolgte bekanntlich unter Caesar. Seine zweite Kurzinvasion Germaniens 53 v.Chr., die mit einem Brückenschlag wiederum ins Ubier-Gebiet[28] – aber wegen der geplanten Stoßrichtung auf die Sueben „oberhalb",[29] d. h. südlich der Rheinübergangsstelle des Jahres 55 v.Chr. – begann,[30] war nicht mehr als eine ephemere militärische Machtdemonstration. Denn

---

23   Christ, Gesch. des hess. Raumes (wie Anm. 4), 530 ff.
24   Simon, Eroberung und Verzicht (wie Anm. 1), 38 ff.; Ders., Die Zeit der Defensive. Die römische Grenzpolitik zwischen 16 und 69 n.Chr., in: Baatz/Herrmann, Römer in Hessen (wie Anm. 1), 58–65.
25   Becker, Chatten (wie Anm. 1), passim.
26   Symptomatisch für das höchst bedauerliche und wissenschaftlich schädliche Auseinanderklaffen von Provinzialrömischer Archäologie und Alter Geschichte ist der Abriss „Frührömische Truppenbewegungen in der hessischen Senke und die einheimische Bevölkerung" von Seidel, Wetterau (wie Anm. 1), 108 ff., der (für Historiker übrigens terminologisch irreführend keineswegs Ereignisse unter Romulus oder Ancus Marcius meint) nur noch Beiträge anderer Archäologen zitiert und die eigentlich hierfür relevante althistorische Forschung durchgängig ignoriert, was konsequenterweise zu grotesken Fehleinschätzungen römischer Außenpolitik führt.
27   Systematisierende Übersichten über die Erforschung der augusteischen Germanienpolitik geben u.a. W.A. Oldfather/H.V. Canter, The Defeat of Varus and the German Frontier Policy of Augustus, Urbana 1915; ND Chicago 1967, 9–21 (die älteren Positionen), 82 ff. (die neue Sichtweise); K. Christ, Zur augusteischen Germanienpolitik, Chiron 7, 1977, 149–205, bes. 151 ff., 183 ff., 198 ff., 200 ff.; J. Bleicken, Augustus. Eine Biographie, Berlin 1998; ND 2000, 754 ff.; J. Deininger, Germaniam pacare. Zur neueren Diskussion über die Strategie des Augustus gegenüber Germanien, Chiron 30, 2000, 749–773, bes. 749 ff., 768 ff.; Kehne, Limitierte Offensiven (wie Anm. 4), 297 ff.
28   Caes. Gall. 6,29,2. – Dass er auch 55 v.Chr. von dort aus seinen Vorstoß gegen die Sugambrer startete, berichtet Caesar zwar nicht ausdrücklich; verrät dies aber in der Notiz seines Rückzugs: *se in fines Ubiorum recepit* (Gall. 4,19,1).
29   Caes. Gall. 6,10,4–5.
30   Zu Caesars Germanien-Invasionen und dortigen diplomatischen Tätigkeiten s. u. a. Th. Mommsen, Römische Geschichte, Bd. 5, Berlin [12]1920, 268 f., 278; Watterich (wie Anm. 20), 5 ff., 29 ff., 33, 80 ff.; Aug. v. Göler, Caesars gallischer Krieg und Theile seines Bürgerkriegs nebst Anhängen über das römische Kriegswesen und über römische Daten, Bd. 1, Tübingen [2]1880, 122 ff., 214 ff.; Schmidt, Westgermanen (wie Anm. 1), 395 f., 430; M. Gelzer, Caesar, Wiesbaden [6]1960, 117, 131; Demougeot, La formation de l'Europe (wie Anm. 1), 63; J. Szidat, Caesars diplomatische Tätigkeit im Gallischen Krieg, Wiesbaden 1970, bes. 67 ff., 83 f.; D. Timpe, Rechtsformen der römischen Außenpolitik bei Caesar, Chiron 2, 1972, 277–295; Gesche, Caesar (wie Anm. 7), 96 ff., 266 f. mit weiterer Lit.; H. Heinen, Trier und das Trevererland in röm. Zeit, Trier 1986, 24 f.; D. Roman/Y. Roman, Histoire de la Gaule (VIe s. av. J.-C.–Ier s. ap. J.-C.). Une confrontation culturelle, Paris 1997, 434 ff., 442; Y. Le Bohec, César chef de guerre. César stratège et tacticien,

offenkundig kam Caesar nicht über das Ubier-Gebiet, in dem er sich verschanzt
hatte,[31] hinaus. Und anscheinend verspürte er keine Neigung, den sich Richtung
Bacenis silva absetzenden Sueben[32] tiefer nach Germanien hinein zu folgen. Militärisch war dieses Unterfangen, das zudem einmal mehr Caesars bisweilen (wenn
nicht sogar notorisch) mangelhafte logistische Vorsorge offenbarte,[33] ein weit
größerer Fehlschlag als die Strafexpedition gegen die Sugambrer 55 v.Chr.,[34] als
Caesar den eigentlichen Gegner zwar auch nicht stellen,[35] aber immerhin dessen
Land verwüsten konnte.[36] Auch außenpolitisch blieb die rechtsrheinische Expedition
von 53 v.Chr. hinter dem 55 v.Chr. Erreichten zurück, als Caesar sowohl diplomatische Kontakte als auch Unterwerfungen angeblich mehrerer, namentlich jedoch
nicht genannter rechtsrheinischer Stämme[37] und vor allem die bedingungslose
Kapitulation (*deditio*) der Ubier entgegen nehmen konnte.[38] Deren *legatos miserant,
amicitiam fecerant, obsides dederant* in Caesars eher euphemistischem und die
juristischen Fakten nur andeutendem Bericht (Caes. Gall. 4,16,5)[39] wird von ihm für
den solcherart zugleich an Vorhergehendes erinnerten Leser erst zum Jahre
53 v.Chr. staats- und völkerrechtlich präzisiert: *Ubii qui ante obsides dederant atque
in deditionem venerant* (Caes. Gall. 6,9,6).[40] Diese Stelle ist philologisch und nach
Dieter Timpes[41] systematischer Analyse von Caesars Rechtsformengebrauch und
seinem Nachweis, „auch ... Partner, die der römischen Eroberung keinen Widerstand
entgegensetzten oder von Anfang an das Bündnis und die Freundschaft mit Rom
suchten [...] vollziehen die Dedition, die damit [...] zur unabdingbaren Voraus-

Monaco/Paris 2001, 216 ff., 234 f.

31   Caes. Gall. 6,10,2.
32   Caes. Gall. 6,9,3. Zu deren hessischen Siedlungsgebieten in caesarischer und augusteischer Zeit
      siehe die Lit. in Anm. 1, bes. Seidel, Latènezeit, 94 ff., 109 ff., 111 ff., 121 Abb. 16.
33   Vgl. Caes. Gall. 6,10,2 und 6,29,1. Lit. dazu bei P. Kehne, Zur Logistik des römischen Heeres von
      der mittleren Republik bis zum Ende der hohen Kaiserzeit (241 v.Chr.–235 n.Chr.): Forschungen
      und Tendenzen, MGZ 63, 2004, 115–151, bes. 122 f., 135 ff.
34   Ungeachtet des mageren Ergebnisses gegen die Hauptfeinde (Sugambrer und Sueben) propagiert
      Caes. Gall. 4,19,4 einen vollen Erfolg mit der Realisierung aller seiner drei Invasionsziele, nämlich
      den Germanen Furcht einzujagen, die Sugambrer zu bestrafen und die Ubier aus ihrer Bedrängnis
      durch die Sueben zu befreien. Zur berechtigten Kritik an Caesars Erfolg: Gesche (wie Anm. 7), 98.
35   Caes. Gall. 4,18,4.
36   Caes. Gall. 4,19,1.
37   Caes. Gall. 4,18,3. Vgl. zu ähnlichen Vorgängen im Jahre 57 v.Chr.: Gall. 2,35,1–2. Es läge nahe,
      in ihnen Feinde der momentanen Feinde Roms, also der Usipeter, Tenkterer, Sugambrer und Sue-
      ben zu sehen, womit u. a. Mattiaker, Chatten, Cherusker (?), Bataver (?), Brukterer (?) in Frage
      kämen.
38   Caes. Gall. 4,18,3.
39   Caes. Gall. 4,16,5: *Ubii autem, qui uni ex Transrhenanis ad Caesarem legatos miserant, amicitiam
      fecerant, obsides dederant*, baten anschließend (wiederholt) um Hilfe gegen die Sueben; nach
      Caes. Gall. 4,16,7 befanden sie sich dann in der *amicitia populi Romani*.
40   Wobei auch hier der rechtlogische Zwischenschritt einer förmlichen völkerrechtlichen Wieder-
      herstellung (*restitutio*) ausgelassen wird.
41   Timpe, Rechtsformen (wie Anm. 30), 288.

setzung für politische *amicitia* wird", völkerrechtlich nur in diesem Sinne zu verstehen. Zumal man, da Geiselstellung bei der bloßen Herstellung eines völkerrechtlichen Freundschaftsverhältnisses (*amicitia*) höchst ungewöhnlich wäre, gemäß den grundlegenden Arbeiten von Alfred Heuß, Werner Dahlheim, Dietmar Kienast und Karl-Heinz Ziegler das *amicitiam facere* in Caesars Kurzfassung in dem seit der Ostexpansion im 2. Jahrhundert geläufigen und gemeinverständlichen Sinne einer prägnanten Kontraktion der völkerrechtlichen Vorgänge der *deditio*, der anschließenden *restitutio* und der daraus resultierenden internationalen *amicitia* aufzufassen hat, wobei das *obsides dare* hier den entscheidenden Hinweis auf die Dedition liefert.[42] Es handelt sich also bei dem von Caesar zum Jahre 53 v.Chr. notierten Sachverhalt um eine an den Vorgang des Jahres 55 v.Chr. erinnernde und ihn dabei spezifizierende Anknüpfung; keineswegs um eine erneute Dedition der Ubier oder deren erstmalige 53 v.Chr. ‚vor dem Brückenschlag', wie Johannes Heinrichs[43] fälschlich meint, der daraus ohne Kenntnis der hier relevanten völkerrechtlichen Literatur eine Fülle falscher Schlüsse zieht und Spekulationen anhäuft, um seine auf einem (verschiedenartig auslegbaren) numismatischen Befund basierende These von einer angeblichen Beteiligung der Ubier am Ambiorix-Aufstand des Jahres 54 v.Chr. zu stützen.[44]

Im Jahre 53 v.Chr. jedenfalls kam Caesar weder militärisch noch außenpolitisch über den Status quo ante hinaus. Wie die Sueben und Ubier dieses ‚Versagen' aufnahmen, ist nicht auszumachen. Erstere mögen durch ihren ‚Rückzug' in den Augen der von ihnen abhängigen Stämme an Ansehen verloren haben, konnten für sich aber verbuchen, Caesar getrotzt zu haben und seiner Bestrafung für ihre Intervention im Treverer-Aufstand entgangen zu sein. Ihnen gegenüber hatten die Ubier somit kurzfristig vielleicht einen besseren Stand; zum einen, weil sie Roms Militärmaschinerie immerhin zweimal, wenn auch ohne dauerhaften Erfolg, zu ihren Gunsten gegen ihre Feinde mobilisiert hatten und zum anderen, weil am Zugang der nur teilweise abgebauten Rheinbrücke vorübergehend immerhin 12 Kohorten unter dem Kommando von C. Volcacius Tullus ad hoc zum Einsatz bereit standen.[45] Zumindest für die restliche Dauer von Caesars gallischer Statthalterschaft vermerken die *Commentarii* keine weiteren Störungen mehr – wenngleich diesem *argumentum e silentio* freilich keine wirkliche Gewissheit bringende Bedeutung zukommt. Wahrscheinlich dürften die Ubier von Caesars und damit Roms sehr limitiertem Engagement zur

---

42 Vgl. Timpe, Rechtsformen (wie Anm. 30); P. Kehne, Formen römischer Außenpolitik in der Kaiserzeit. Die auswärtige Praxis im Nordgrenzenbereich als Einwirkung auf das Vorfeld, Mikrofilm Diss. Hannover 1989, 298 f. und die unten in den Anm. 76, 81 und 133 genannte Völkerrechtsliteratur.

43 J. Heinrichs, RGA² 31, 2006, 358 s. v. Ubier (§ 2. Historisch).

44 J. Heinrichs, Zur Verwicklung ubischer Gruppen in den Ambiorix-Aufstand d. J. 54 v.Chr. Eburonische und ubische Münzen im Hortfund Fraire-2, ZPE 127, 1999, 275–293, bleibt darin jedenfalls für seine Behauptung jedweden Beweis schuldig.

45 Caes. Gall. 6,29,3.

Verteidigung der rechtsrheinischen *amici populi Romani* wenig begeistert gewesen sein. Alleine schon deshalb mögen sie von weiteren Hilfegesuchen Abstand genommen haben, zumal letztlich sie jedes Mal den Großteil der Verpflegung für Caesars im Effekt mindestens fragwürdige Machtdemonstrationen aufbringen mussten.

Von den übrigen mit Stämmen rechts des Rheins etablierten ‚internationalen Beziehungen'[46] Roms ist in den *Commentarii* gleichfalls nicht mehr die Rede, mit Ausnahme der Tatsache, dass Caesar 52 v.Chr. *trans Rhenum in Germaniam mittit ad eas civitates, quas superioribus annis pacaverat, equitesque ab his arcessit et levis armaturae pedites* (Caes. Gall. 7,65,4). Der Plural *eae civitates* deutet immerhin an, dass dies noch für andere Stämme als die Ubier galt; und die Formulierung „in (den) vorangehenden Jahre" fasst wenigstens die Vorgänge aus 55 und 53 v.Chr. zusammen. Da Caesar offenbar keine politisch-diplomatischen Lösungen mit Sugambrern und Sueben anstrebte, blieben deren Machtbereiche vorerst jedenfalls frei vom römischen Einfluss.

Die nächste deutlich erkennbare, unmittelbare Einflussnahme Roms in der Rhein-Lahn-Zone erfolgte unserem Wissen nach unter M. Vipsanius Agrippa, der als zweiter Römer 39/38 v.Chr. mit einem Heer über den Rhein setzte.[47] Dieter Timpe[48] vermutet hierfür ähnliche Motive wie bei Caesar, nämlich die Einschüchterung rechtsrheinischer Germanen, insbesondere der Sueben. Auch eine Reaktion auf germanische Einfälle[49] oder ein abermaliges Hilfegesuch der Ubier sind vorstellbar. Allerdings lässt sich die Gegend dieses dritten römischen Vorstoßes nach Germanien nicht ermitteln. Wie wir aus anderen Quellen erfahren, nahm Agrippa erneut eine formale Dedition[50] der Ubier entgegen, ohne dass daraus auf einen Krieg mit

---

46   Siehe oben Anm. 37.
47   Dio 48,49,2–3; dazu E. Ritterling, Fasti des römischen Deutschland unter dem Prinzipat, mit Beiträgen von E. Groag, hrsg. v. E. Stein (Beiträge zur Verwaltungs- und Heeresgeschichte von Gallien und Germanien II), Wien 1932, 2; Timpe, Rheingrenze (Röm.-germ. Begegnung) (wie Anm. 4), 152 f.; vgl. Ders., Germanen (wie Anm. 1), 32 ff.; J.-M. Roddaz, Marcus Agrippa, Rom 1984, 70 ff., 384 ff.; Wolters, Röm. Eroberung (wie Anm. 1), 140; Ders., Die Römer in Germanien, München 2000, 24 ff.; W. Eck, Köln in römischer Zeit. Geschichte einer Stadt im Rahmen des Imperium Romanum, Köln o.J. [2004], 47. – Dio 48,49,3 bezeugt ebenfalls Octavians Angebot an Agrippa, für diesen Erfolg triumphieren zu dürfen, was dieser jedoch ablehnte, wenn die Nachricht Dio 51,21,5, dass Octavian am 13. August 29 v.Chr. (auch) über Germanen und Gallier triumphierte (Agrippa nahm am insgesamt dreitägigen Triumph Octavians übrigens an herausragender Stelle teil), zutrifft; skeptisch dazu M. Reinhold, From Republic to Principate. An Historical Commentary on Cassius Dio's *Roman History* Books 49–52 (36–29 B.C.), Atlanta 1987, 156 f. – Mit Dios Notiz einer von M. Vinicius (25 v.Chr.?) östlich des Rheins erfolgreich durchgeführten Strafexpedition ist wenig anzufangen, da Dio 53,26,4 weder die Gegner benennt noch eine Lokalisierung ermöglicht. Die Stelle (vgl. Dio 53,26,5) ist überhaupt dubios und eine Verwechslung mit Vorgängen aus dem Jahre 13 (vgl. Vell. 2,96,2) oder den Jahren 1–3 n.Chr. (vgl. Vell. 2,104,2) wäre nicht verwunderlich.
48   Timpe, Rheingrenze (wie Anm. 4), 130 bzw. Röm.-germ. Begegnung (wie Anm. 4), 153.
49   Von Sueben und Sugambrern?
50   So ist die von Tac. ann. 12,27,1 in diesem Kontext gebrauchte klassische Formel *in fidem accipere* zu verstehen; vgl. Germ. 28,4: Kehne, Formen (wie Anm. 42), 143 f., 293, 298 ff. Demougeot (wie

denselben zu schließen wäre, und bestätigte zugleich die während der Bürgerkriegs-
wirren wahrscheinlich eigenständig erfolgte[51] Migration (eines Teils?) der Ubier auf
das linke Rheinufer.[52] Diese sukzessive Übersiedlungen zunächst in den Raum
Bonn-Neuß setzte sich – da der Druck von Sueben auf die Rheingrenze und damit
auch auf die rechtsrheinischen Ubier weiterhin anhielt, wie vereinzelte Notizen[53]

Anm. 1), 77 setzt eine Unterwerfung als Ergebnis eines raschen Feldzugs an, was die Quellen aber
nicht belegen.

51   Wenig plausibel ist nämlich die These, die nachweislich bedrängten Ubier mögen ausgerechnet die
Zeit mangelnder römischer Kontrolle in den Rheinlanden, in denen damals ja noch keine römi-
schen Truppen stationiert waren, nicht zur ihrer Rettung genutzt haben: So schon H. Schmitz, Die
Übersiedlung der Ubier auf das linke Rheinufer, Klio 34, 1942, 239–263, hier 242; ähnl. Wolters,
Röm. Eroberung (wie Anm. 1), 147.

52   Tac. ann. 12,27,1: *ac forte acciderat, ut eam gentem Rhenum transgressam avus Agrippa in fidem
acciperet*; vgl. Germ. 28,4: *Ubii (...) transgressi olim et experimento fidei super ipsam Rheni ripam
collocati, ut arcerent, non ut custodirentur* und Strab. 4,3,4 p. 194: μετήγαγεν Ἀγρίππας ἑκόντας εἰς
τὴν ἐντὸς τοῦ Ῥήνου im Sinne der Komplettierung des Vorganges (zuzüglich einer Passage über die
Vertreibung rechtsrheinischer Bevölkerung aufgrund des Suebendrucks). Beachtenswert ist, dass
es nicht *transductus*, sondern *transgressus* heißt und somit die Eigeninitiative der Ubier betont: So
schon C. Winkelsesser, De rebus divi Augusti auspiciis in Germania gestis quaestiones selectae,
Diss. Bonn/Detmold 1901, 2; ebenso Schmitz, Übersiedlung (wie Anm. 51), 240 f., der bes. 241 f.
und 246 f. im Sinne der hier favorisierten Rekonstruktion argumentiert. Außerdem lehnt er m. E.
völlig zu Recht die These ab, die Übersiedlung hätte sich unter Agrippa in einem einzigen Akt
vollzogen. Vgl. Wells, German Policy (wie Anm. 1), 93; Kehne, Formen (wie Anm. 42), 299;
H.-E. Joachim, Die Eburonen – Historisches und Archäologie zu einem ausgerotteten Volksstamm
caesarischer Zeit, in: Jülich. Stadt – Territorium – Geschichte, Kleve 2000, 157–170, hier 158 f.
und Chr. B. Rüger, Germania inferior. Untersuchungen zur Territorial- und Verwaltungsgeschichte
Niedergermaniens in der Prinzipatszeit, Köln/Graz 1968, 6; W.A. van Es, Bataven in het Kromme-
Rijngebied?, in: Ders./W. A. M. Hessing (Hrsg.), Romeinen, Friezen en Franken in het hart van
Nederland. Van Traiectum tot Dorestad, 50 v.C.–900 n.C., Utrecht ²1994, 22–35, hier 24; Wolters,
Römische Eroberung (wie Anm. 1), 147. Alles dieses spricht gegen Heinrichs, Verwicklung (wie
Anm. 44), 290 und seine „Vorstellung von römischer Herrschaftsorganisation" und für ein von ihm
entgegen der überzeugenden These von Timpe geleugnetes „desinteressiertes laissez-aller" römischer Germanienpolitik.
Zum nachcaesarischen Beginn der anfänglichen Ubierbesiedlung im Raum Bonn-Neuß aus
archäologischer Sicht siehe M. Gechter, Das ubische Bonn, in: J. Matzerath (Hrsg.), Bonn, Bonn
1989, 33 ff., wo er ubische Bevölkerung im Raum Bonn bereits ca. 30 v.Chr. ansetzt. Darin folgt
ihm H. Galsterer, Von den Eburonen zu den Agrippinensiern. Aspekte der Romanisation am
Rhein, Kölner Jahrb. 23, 1990, 117–126, hier 119 („um 30 v.Chr."). Den Siedlungsbeginn Bonns
datiert M. Gechter, in: H.G. Horn (Hrsg.), Die Römer in Nordrhein-Westfalen, Stuttgart 1987, 364,
„in die Zeit zwischen 30 und 20 v.Chr." Vgl. ferner Ders., Die frühe ubische Landnahme am
Niederrhein, in: Roman Frontier Studies 1989. Proceedings of the XVth International Congress of
Roman Frontier Studies, Exeter 1991; ND 2006, 439–441, hier 440 und Ders., Small towns of the
Ubii and Cugerni/Baetasii civitates (Lower Germany), in: A.E. Brown (Hrsg.), Roman Small
Towns in Eastern England and Beyond, Oxford 1995, 193–203, hier 193 f. mit einer Datierung "to
about 40 B.C." Zur komplementären „Abwanderung rechtsrheinischer Bevölkerungsteile in den
30er/20er Jahren v.Chr." siehe J. Schulze-Forster, Der Dünsberg bei Gießen – keltisches Oppidum
oder germanischer Ringwall? Neue Ergebnisse zur historischen Rolle des Dünsbergs,
hessenArchäologie 2002, 87–90, hier 89 mit weiterer Literatur.

53   Dio 51,20,5; 51,21,6, vgl. 51,22,6 und 54,11,2.

über suebische Einfälle oder Interventionen bezeugen – in der Folgezeit wohl fort und mag mit einem planmäßigen Nachzug bzw. einem römischerseits veranlassten Transfer der restlichen ubischen Stammesteile nun in den Raum Köln in Agrippas' zweiter Statthalterschaft 20/19 v.Chr. abgeschlossen worden sein.[54] Ob Agrippa dabei wiederum den Rhein überquerte, vermerken die Quellen nicht; auszuschließen ist dieses freilich keineswegs.[55]

Römische Waffenfunde auf dem Dünsberg gaben bislang immer zu der Vermutung Anlass, hier wäre, wohl unter Drusus, ein keltisches *oppidum* beziehungsweise eine germanische Höhensiedlung gestürmt worden.[56] Neuere Untersuchungen deu-

54   Vgl. Galsterer, Eburonen (wie Anm. 52), 118; Schmitz, Übersiedlung (wie Anm. 51), 246 f. Will man mit Strab. 4,3,4 (s. o.) einen m. E. noch zusätzlichen einmaligen und zugleich finalen Umsiedlungsakt ansetzen, käme dafür Timpes Ansatz in die zweite Statthalterschaft in Betracht (Rheingrenze [wie Anm. 4] 133, 135, vgl. 130); ähnl. im Prinzip Heinrichs, RGA² 31, 2006, 358 s. v. Ubier, der die seiner These widersprechenden archäologische Forschung leider ausklammert. Für die Spätdatierung der Ansiedlung im Raum Köln schon Galsterer, Eburonen (wie Anm. 52), 119.

55   Siehe Dio 54,11,1–2. – Eher auf das Sugambrergebiet als das Ziel militärischer Aktivitäten Agrippas mag der Umstand hindeuten, dass das älteste römische Legionslager am Rhein *Novaesium*/Neuss war, das spätestens 16 v.Chr. bereits bestand: M. Gechter, Die Anfänge des Niedergermanischen Limes, Bonner Jahrbücher 179, 1979, 1–129, hier 34, 100, 113 ff., Tab. 14 („19/16 v.Chr."); H. Schönberger, Die römischen Truppenlager der frühen und mittleren Kaiserzeit zwischen Nordsee und Inn, Ber. RGK 66, 1985, 321–497, hier 329 f. Chr. Rüger, Eine kleine Garnisonsgeschichte des römischen Neuss, in: Das römische Neuss, Stuttgart 1984, 9–52, hier 13, denkt an eine Gründung zw. 20 und 16 v.Chr. Vgl. Ders., Germany, CAH² 10, 1996, 525; G. Müller, Neuss, in: Römer in Nordrhein-Westfalen (wie Anm. 52), 581 ff. jeweils mit weiterer Lit. Bedauerlicherweise fand der sehr gute Vortrag, „Die augusteisch-tiberischen Lager von Neuss", den Michael Gechter am 11.06.2004 in Osnabrück auf der Tagung „Rom, Germanien und die Ausgrabungen von Kalkriese" hielt, keinen Eingang in den Tagungsband G.A. Lehmann/R. Wiegels (Hrsg.), Römische Präsenz und Herrschaft im Germanien der augusteischen Zeit. Der Fundplatz von Kalkriese im Kontext neuerer Forschungen und Ausgrabungsbefunde. Beiträge zu der Tagung des Fachs Alte Geschichte der Universität Osnabrück und der Kommission „Imperium und Barbaricum" der Göttinger Akademie der Wissenschaften in Osnabrück vom 10. bis 12. Juni 2004, Göttingen 2007. Siehe dazu die Besprechung von P. Kehne, H-Soz-u-Kult 11.08.2008.

56   G. Jacobi, Die Metallfunde vom Dünsberg, Wiesbaden 1977; D. Baatz, Dünsberg, in: Ders./Herrmann, Römer in Hessen (wie Anm. 1), 259–261; Schönberger, Truppenlager (wie Anm. 55), 334 f., 433; R. v. Uslar, RGA² 4, 1981, 177 f. s. v. Burg (§ 21); W. Dehn, RGA² 6, 1986, 260–263 s. v. Dünsberg; Becker, Chatten (wie Anm. 1), 60 f., 198 f.; Chr. Schlott, Zum Ende des spätlatènezeitlichen Oppidums auf dem Dünsberg, Montagnac 1999 jeweils mit spez. Lit. Skepsis bei Schulze-Forster, Dünsberg (wie Anm. 52), 87 ff., wo der Befund differenziert gedeutet wird. Vgl. Ders./H. Schmidt (Hrsg.), Dünsberg. Keltenmetropole an der Lahn, Wetzlar 2001 insbesondere „zum ‚Ende' des keltischen Oppidums auf dem Dünsberg". Allerdings wird sich der Althistoriker fragen, wie archäologische Funde etwas über eine „politische Rolle" oder über einen „historischen ‚Sonderweg'" des Oppidums aussagen können, aber diese Art unwissenschaftlicher Argumentation nimmt in einigen Archäologenkreisen in jüngerer Zeit ja leider stetig zu.
      Das 1985 entdeckte, wohl nur für ganz kurze Zeit belegte, aber nicht eindeutig zu datierende Lager bei Dorlar passt laut S. v. Schnurbein/H.-J. Köhler (Dorlar. Ein augusteisches Römerlager im Lahntal, Germania 72, 1994, 193–203, die 200 f. gegen die „Zeitstufe Dangstetten-Oberaden-Röd-

ten allerdings darauf hin, dass es sich bei der Konzentration von Kleinteilen (auch römischer Waffen) vor dem Tor 4 der Anlage vielleicht nicht um Relikte eines Kampfes – für den es ansonsten keine archäologischen Befunde gibt –, sondern eher um eine bewusste Deponierungen von Waffenfragmenten handeln könnte.[57] Die endgültige Auflassung der Höhensiedlung mag also durchaus im Kontext von Agrippas Neuregelungen rechtsrheinischer Vorfeldverhältnisse 20/19 v.Chr. erfolgt sein, ohne dass damit die Streitfrage, ob Kelten, Ubier oder vollgültige Germanen damals die Herren der Festung waren,[58] beantwortet werden kann.

In den Kontext römischer Interventionen in der ‚Kontaktzone Rhein–Main–Lahn' gehört sodann die dortige, erst zum Jahre 10 v.Chr. überlieferte Lokalisierung der zu diesem Zeitpunkt erstmalig im Licht der antiken Geschichte auftauchenden Chatten.[59] Von Rom – wobei nicht zu entscheiden ist, ob hierfür außenpolitische Aktivitäten von Agrippa (19 v.Chr.), Augustus (nach 16 v.Chr.) oder Drusus (seit 13 v.Chr.) zu veranschlagen sind – bekamen Chatten aus uns unbekanntem Anlass

gen" plädieren und es in den Halternhorizont, den sie mit „7/5 v.Chr. bis 9 n.Chr." allerdings viel zu früh einsetzen und [m. E.] auch zu früh enden lassen, datieren; weitere Literatur ebd. 202 Anm. 26; dazu und zum Besiedlungskontext ferner A. Wigg, Im Schatten des Wetteraulimes, in: Roman Frontier Studies 1995. Proceedings of the XVIth International Congress of Roman Frontier Studies, Oxford 1997, 217–223 mit Abb. 4.1) zeitlich nicht zu einer Eroberung des Dünsbergs durch Drusus. Auch darf dieses Lager m. E. keinesfalls als das ‚Basislage' für irgendeinen Angriff auf den Dünsberg angesehen werden, weil die höchst widrigen Umstände einer viel zu großen Entfernung und vor allem einer fehlenden direkten Sichtverbindung (v. Schnurbein/Köhler, a.a.O. 203) dies m. E. aus militärtaktischen Gründen zwingend ausschließen. Zu Recht weist Fischer, Römer in Deutschland (wie Anm. 1), 27 demgegenüber auf die Lage des Platzes hin, die eine eher allgemeine Kontrollfunktion in der Region gestattete.

57 In diesem Kontext ist es besonders bedauerlich, dass der sehr interessante Vortrag von Jens Schulze-Forster, „Zur Rolle des Dünsbergs als historisch-archäologischer Leitkomplex" keinen Eingang fand in den Kongressband Römische Präsenz und Herrschaft im Germanien der augusteischen Zeit (wie Anm. 55).

58 Schulze-Forster, Dünsberg (wie Anm. 52), 89, wo gegenüber Heinrichs' (wie Anm. 44) Theorie zur Ubierumsiedlung richtig formuliert wird: „Ob der Dünsberg ubisches Territorium oder sogar Hauptort der Ubier war, wird sich archäologisch nicht klären lassen." Zu den anderen ethnischen Ansätzen Schulze-Forster, ebd. 87 f. und die Lit. ebd. 90.

59 Die ältere Literatur findet sich bei Schmidt, Westgermanen (wie Anm. 1), 345 ff. und Klose (wie Anm. 4), 54. Zur Stammesfrage siehe besonders Hachmann/Kossack/Kuhn (wie Anm. 1), 51 f., 58 ff.; Niemeyer, Chatten (wie Anm. 1), 14 ff. zu Siedlungsgrenzen; H. v. Petrikovits, RGA² 4,1981, 379 ff. s. v. Chatten (II. Historisches), bes. 379 f. zu den Schwierigkeiten einer genaueren Festlegung ihrer Siedlungsgebiete; G. Mildenberger, RGA² 4,1981, 385 ff. s. v. Chatten (III. Archäologisches), zu ihren Siedlungsgebieten, bes. Abb. 114–115; Timpe, Rheingrenze (wie Anm. 4), 134 ff. (Röm.-germ. Begegnung [wie Anm. 4], 157 ff.) mit Anm. 30; vgl. Kehne, Formen (wie Anm. 42), 333 f.; Wolters, Römische Eroberung (wie Anm. 1), 142 ff. passim und umfassend Becker, Chatten (wie Anm. 1), passim, jeweils mit der weiterführender Lit. – Seidel, Latènezeit (wie Anm. 1), 109 weist ihnen aufgrund der literarischen Nachricht Dio 55,1,2 (z. T. fälschlich) den „Raum im weiten Umkreis der Mainmündung" zu, während Niemeyer, a.a.O. 15 als „das historische Kerngebiet der Chatten" den Raum Eder – Fulda – Schwalm angibt; ähnl. plädiert Mildenberger, a.a.O. 385 für ein „Kerngebiet um Fritzlar und Kassel".

Siedlungsland in Rheinnähe (Dio 54,36,3).[60] Da, wie Hans-Günther Simon zutreffend urteilt, „eine solche Landanweisung eine gewisse Verfügungsmöglichkeit Roms voraussetzt",[61] ist hinsichtlich des verfügten Raumes wohl am ehesten an rechts des Rheins von Ubiern geräumtes Gebiet zu denken.[62] Vorstellbar ist jedoch auch eine römische Anweisung bzw. Erlaubnis zur Besiedlung jener Gebiete, die die (Rom vermutlich um Schutz bittenden) Mattiaker bei ihrer südwestwärts gerichteten Abwanderung aus dem nordmainischen Hessen geräumt hatten, womit der hessischen Archäologie aus der Verlegenheit (oder Unmöglichkeit) geholfen wäre, vermeintlich zwischenzeitliche chattische Siedlungsgebiete in Rheinnähe archäologisch nachzuweisen.

Neben den Sueben[63] hatte vielleicht auch dieses ursprünglich wohl nordwestgermanische und seit der Mitte des 1. Jahrhunderts v.Chr. nach Hessen gelangte Volk der Chatten die dort ansässige keltische bzw. keltisierte[64] Bevölkerung[65] der Spätlatènezeit, zu der nach dem Zeugnis der Sprache auch die Mattiaker[66] zählten,

60   Dazu Timpe, Rheingrenze (wie Anm. 4), 135 (Röm.-germ. Begegnung [wie Anm. 4], 158) und bes. Becker, Chatten (wie Anm. 1), 97 f., der die häufig vertretene Vermutung einer Überlassung von Siedlungsland ‚zusätzlich' zum angeblichen chattischen ‚Kerngebiet' in Nordhessen (so die ebd. Anm. 51 genannte Lit.) zu Recht zurückwies.

61   H.-G. Simon, Die Funde aus den frühkaiserzeitlichen Lagern Rödgen, Friedberg und Bad Nauheim, in: H. Schönberger/H. G. Simon, Römerlager Rödgen, Berlin 1976, 51–264, hier 249; vgl. Kehne, Formen (wie Anm. 42), 333 f.

62   V. Gardthausen, Augustus und seine Zeit I 1–3, II 1–3, Leipzig 1891–1904; ND Aalen 1964, hier I 3, 1085; Klose (wie Anm. 4), 54 Anm. 156; Schmidt, Westgermanen (wie Anm. 1), 346; Timpe, Rheingrenze (wie Anm. 4), 135; Simon, Funde (wie Anm. 61), 249; Will (wie Anm. 4), 55; Wolters, Röm. Eroberung (wie Anm. 1), 142 f., 148, jeweils mit weiterer Literatur und Lokalisierungsversuchen.

63   Zu deren hessischen Siedlungsgebieten in der 2. Hälfte des 1. Jahrhunderts v.Chr. siehe unter der Literatur in Anm. 1, bes. Seidel, Frühe Germanen (wie Anm. 1) und Seidel, Latènezeit (wie Anm. 1), 94 ff., 109 ff., 111 ff., 115, 121 Abb. 16; dortigen Sueben (ebd. 109) weist er auch aufgrund der literarischen Nachrichten vorwiegend den Raum zwischen Diemel und Ohm zu; ebd. 100 f. zur Überschichtung keltischer Bevölkerung in der Wetterau durch damit politisch vorherrschende Sueben/Elbgermanen bis in augusteische Zeit. Vgl. oben Anm. 3.

64   Zur (möglichen) zivilisatorischen „Latènisierung" rechtsrheinischer Bevölkerung: v. Petrikovits, Altertum (wie Anm. 1), 46.

65   Seidel, Latènezeit (wie Anm. 1), 33 f., 100 f.; Verbreitungskarten zur einheimischen Bevölkerung der Spätlatènezeit im nordmainischen Hessen: Ebd. 107 Abb. 14, 135 ff. Abb. 19–21.

66   Schmidt, Westgermanen (wie Anm. 1), 347 f. (10 v.Chr. zurückgebliebener Teil der Chatten; Siedlungsgebiete zwischen Lahn, Main und dem zwischen Hofheim und Kriftel fließenden Schwarzbach); Klose (wie Anm. 4), 53 ff. mit der ält. Lit.; v. Petrikovits, Chatten (wie Anm. 59), 379; Wolters, Röm. Eroberung (wie Anm. 1), 264 ff. Chr. Rüger, Germany. CAH² 10, 1996, 527, betont völlig zu Recht, sie werden "described by Tacitus as German, but all the traces of their language which we can recognize are Celtic." Seidel, Latènezeit (wie Anm. 1), 117 f. plädiert für deren „in spätaugusteischer Zeit (...) von Rom initiierte, wohl eher noch sanktionierte Ansiedlung" in der Wetterau und darum herum, ohne auch nur den mindesten Beweis für die darin enthaltenen politischen Implikationen beibringen zu können. Gemäß der Communis opinio nimmt Seidel ein durchgängig gutes Verhältnis zu Rom an (ebd. 124, 145) und postuliert in völliger Unkenntnis der völkerrechtlichen Verhältnisse sogar einen Vertragsabschluß, d. h. ein förmliches *foedus* um

überschichtet und/oder Richtung Rhein-Main-Gebiet abgedrängt.[67] Ob die noch in Migration begriffenen Chatten Rom gar um neue Siedlungsplätze baten oder ob sie, ebenfalls dem Suebendruck ausgesetzt, um Schutz ersuchten und ob sich vielleicht erst jetzt ihre Stammesgenese vollzog, lässt sich anhand unserer rudimentären Schriftquellen nicht mehr ermitteln. Dass auch sie zu den von den Sueben abhängigen[68] oder zu den oben erwähnten Stämmen gehörten, die sich Caesar 55 v.Chr. unterordneten, ist weder auszuschließen noch zu beweisen. Die römische Siedlungsanweisung im Vorfeld der Rheingrenze deutet eher auf eine friedliche Form der Erstbegegnung[69] mit der römischen Macht hin; aber auch das ist, wie das Schicksal der Helvetier 58 v.Chr. zeigt, keinesfalls sicher. Die vieldiskutierte Frage nach der Lokalisierung (s. o.) ist schon deshalb sekundär, weil die Chatten diesen Siedlungsraum, der keinesfalls zwingend ein „zusätzlicher"[70] war, ohnehin nur kurze Zeit bewohnten.

7 v.Chr. (ebd. 116 u. 145), ohne sich auch nur im Mindesten des immanenten Widerspruches mit seiner (ebd. 116) gleichfalls geäußerten Ansicht, „daß die Gründung Bad Nauheims [Seidel meint das augusteische Kastell, Anm. des Verf.] bereits im Gefolge des postulierten Vertragsabschlusses mit den Mattikern um das Jahr 7 v.Chr. erfolgte", bewußt zu werden, der in der prinzipiellen Unvereinbarkeit einer dauerhaften Stationierungen römischer Truppen im Territorium eines formal souveränen Völkerrechtssubjekts (in diesem Falle der *gens foederata Mattiacorum*) besteht.
Zur späteren *civitas Mattiacorum*: Schmidt, Westgermanen (wie Anm. 1), 347 f.; D. Baatz, Das Leben im Grenzland des Römerreichs, in: Baatz/Herrmann, Römer in Hessen (wie Anm. 1), 84 ff., 85 Abb. 35 u. 87 Abb. 36; Bernhard, Römer in Rheinland-Pfalz (wie Anm. 1), 111 Abb. 58.

67   Mildenberger, Chatten (wie Anm. 59), 387; Hachmann/Kossack/Kuhn (wie Anm. 1), 51 f., 58 ff.; v. Petrikovits, Chatten (wie Anm. 59), 379 und Timpe, Rheingrenze (wie Anm. 4), 134 ff. (Röm.-germ. Begegnung [wie Anm. 4], 157 ff.) mit Anm. 30; vgl. Kehne, Diss. (wie Anm. 42), 333 f.; Wolters, Röm. Eroberung (wie Anm. 1), 142 ff. passim; Becker, Chatten (wie Anm. 1), passim jeweils mit weiterführender Literatur. Zum Vordringen rhein-weser-germanischer Bevölkerung in die Wetterau in spätaugusteischer Zeit vgl. Seidel, Latènezeit (wie Anm. 1), 117, wobei seine historischen Schlüsse, „daß in spätaugusteischer Zeit eine von Rom initiierte, wohl eher noch sanktionierte Ansiedlung rhein-weser-germanischer Bevölkerungsteile in der Wetterau und ihren Randlandschaften stattgefunden haben dürfte", ebenso spekulativ sind wie seine ethnische Identifikation der Siedler als Mattiaker (ebd. 118). Wenn man Seidels Zirkelschlüsse mit Auflassungsdaten römischer Lager wie Haltern und Bad Nauheim, für die er jeweils ein Ende 9 n.Chr. postuliert, aber nicht beweist (ebd. 116), außer Acht lässt, und die sich in Bad Nauheim überschneidenden Spitzgräben als Relikte kurzfristig belegter (und daher – wie in Haltern-Ost keine erkennbare Innenbebauung aufweisender) Operationslager u. a. der Drusus- und Germanicusfeldzüge begreift (vgl. Schönberger, Truppenlager [wie Anm. 55], 335, 432; Simon, in: Römer in Hessen [wie Anm. 1], 237 f. und J.-S. Kühlborn, Die Ausgrabungen in den frühkaiserzeitlichen Militäranlagen an der Lippe 1995–2004, in: Römische Präsenz und Herrschaft im Germanien [wie Anm. 55], 201–211 jeweils mit weiterer Lit.), passt dazu bestens die Nachricht Tac. ann. 1,56,1: *positoque castello super vestigia paterni praesidii in monte Tauno expeditum exercitum in Chattos rapit* (sc. Germanicus) – zumal das eventuell schon in die Tiberiuszeit gehörende Reiterkastell (?) Friedberg mit dieser Anlage nicht in Verbindung zu bringen ist: Schönberger, Truppenlager (wie Anm. 55), 335 ebenso Simon (a.a.O.), 305 f.
68   So Timpe, Rheingrenze (wie Anm. 4), 134 f. (Röm.-germ. Begegnung [wie Anm. 4], 157 f.).
69   Analogien dazu bei Kehne, Diss. (wie Anm. 42), 293 ff., 329 ff.
70   Mit den berechtigten Einwänden von Becker, Chatten (wie Anm. 1), 97 f. mit Anm. 51 gegen

Die Einordnung der Chatten-Ansiedlung in den Kontext frühaugusteischer Politik im Vorfeld der Rheingrenze wird von der These Dieter Timpes[71] beherrscht, der die Maßnahme in die Jahre 20/19 v.Chr. datiert, somit Agrippa zuschreibt und als Bestandteil „einer allgemeinen Friedensordnung am Rhein" auffasst.[72] Zu bedenken bleibt hierzu allerdings Reinhard Wolters[73] Skepsis, ob der frühen augusteischen Germanienpolitik wirklich (schon) so „klare Raumordnungsvorstellungen" zugrunde lagen. Timpe ist insofern uneingeschränkt Recht zu geben, dass die Chatten spätestens von diesem Augenblick an in einem engeren Verhältnis zu Rom standen,[74] welches sie im Jahre 12 v.Chr. gegen die sugambrischen Kriegspläne opponieren ließ. Ob wir sie aber als vertragsförmliche ‚Bundesgenossen‘, d. h. als echte *foederati* mit einem bilateralen *foedus*, das seit der späten Republik übrigens einen enormen Seltenheitswert[75] hatte, einstufen müssen oder nicht vielmehr nur die seit der mittleren Republik Roms auswärtige Verhältnisse dominierende faktische, titulare, aber vertragslose *societas*[76] anzunehmen haben, deren völkerrechtliches Konstituens die politisch beliebig ausgestaltbare *amicitia populi Romani* war, bleibt gleichfalls ein nicht zu lösendes Problem. Ebenso wenig wie eine Tributpflicht der Chatten nachweisbar ist,[77] sind es der u. a. von Ludwig Schmidt[78] angesetzte ‚Vertrag‘ oder

Schmidt, Westgermanen (wie Anm. 1), 347; Nierhaus, Diersheim (wie Anm. 1), 226; Timpe, Rheingrenze (wie Anm. 4), 135 (Röm.-germ. Begegnung [wie Anm. 4], 158) Anm. 31; Will (wie Anm. 4), 55 mit weiterer Literatur – vorsichtiger äußerte sich Klose (wie Anm. 4), 54.

71 Timpe, Rheingrenze (wie Anm. 4), 132–139 (Röm.-germ. Begegnung 154–162).

72 Timpe, ebd. 137 (bzw. 160).

73 Wolters, Röm. Eroberung (wie Anm. 1), 142 f.

74 Timpe, Rheingrenze (wie Anm. 4), 135 f. (bzw.158 f.).

75 Kehne, Formen (wie Anm. 42), 180 f., 211 ff. zum Ausnahmecharakter regulärer auch Rom völkerrechtlich bindender *foedera*; ebenso Bleicken, Augustus (wie Anm. 27), 582. Vgl. die folgende Anm.

76 Dazu W. Dahlheim, Struktur und Entwicklung des römischen Völkerrechts im 3. und 2. Jahrhundert v.Chr., München 1968, bes. 227 f., 265 ff., 270, 273 f. passim; Ders., Gewalt und Herrschaft, Berlin 1977, bes. 54 f., 110 ff., 186, u. a. zur untechnischen aber im Prinzip richtigen Vorstellung einer in der Antike so freilich nicht bezeichneten *societas sine foedere*; ausführliche Erörterungen dazu auch bei R. Bernhardt, Polis und röm. Herrschaft in der späten Republik (149–31 v.Chr.), Berlin 1985, 79 f.; Kehne, Diss. (wie Anm. 62), 180 f.; vgl. Kehne, 1000 ausgewählte Internationalverträge (Staatsverträge) der griechisch-römischen Antike, DNP 16, 2003, 338–437 s. v. Staatsverträge III, hier 338 f. jeweils mit weiterer Literatur.

77 Timpe, Rheingrenze (wie Anm. 4), 136 f. (bzw. 159 f.). Der Bezug zum per se schon problematischen Schol. in Hor. carm. 4,2,34 [*trahet* (sc. Augustus) *feroces*]: *Quia, antequam caperentur, centuriones Romanos, qui ad stipendia missi erant, tentos crucibus defixerunt* (Pseudacronis scholia in Horatium vetustiora, ed. Keller, Stuttgart 1967, 332, Z. 7–9), bietet keinen zureichenden Beweis, da dort allein Sugambrer gemeint sind, für die als Feinde (!) zwingend ein anderer Status anzusetzen ist.

78 Schmidt, Westgermanen (wie Anm. 1), 144; Timpe, Rheingrenze (wie Anm. 4), 136 (bzw. 159) spricht vom „römisch-chattischen Bündnis". Symptomatisch für die Behandlung durch Archäologen ist Baatz, *Rhenus transeundus est* (wie Anm. 4), 41, der zwar keine althistorisch oder völkerrechtlich relevante Literatur benennen kann, gleichwohl aber über Chatten als *foederati* spekuliert. Demgegenüber hält H. Horn, Foederati. Untersuchungen zur Geschichte ihrer Rechtsstellung im

ihre u. a. von Johannes Klose[79] und Dieter Timpe[80] vermutete Verpflichtung zum aktiven Grenzschutz. Sicher ist m. E. nur, dass die Chatten kurzfristig Objekte der römischen Weisungsdiplomatie waren, gegen die Rom keinen Widerspruch duldete.[81] Keinesfalls jedoch fallen sie unter die ohnehin als unhistorisch und terminologisch verfehlt[82] anzusehende Kategorie sog. Klientel-Randstaaten.

11 v.Chr. wurden die Chatten jedenfalls von den Sugambrern bekriegt, weil sie sich als einzige (?) unter deren Nachbarn einer Beteiligung an deren Kampf gegen die Römer verweigert hatten (Dio 54,33,2). Um die Chatten militärisch effektiver verteidigen oder politisch besser kontrollieren oder überhaupt in Schach halten[83] zu können, errichtete Drusus am Ende des Feldzugsjahres 11 v.Chr.[84] beziehungsweise im Winter 11/10 v.Chr. unmittelbar am Rhein ihretwegen eine Festung,[85] in der m.

Zeitalter der römischen Republik und des frühen Prinzipates, Diss. Frankfurt/M. 1930 die Chatten bemerkenswerterweise (und m. E. völlig zu Recht) nicht für Rom privilegierte Vertragspartner mit förmlichem *foedus*. Und bezeichnenderweise zählt nicht einmal Klose (wie Anm. 4), der ansonsten jedes Internationalverhältnis als ‚Vertragsverhältnis‘ auf der Basis eines sog. Klientelvertrages auffasst, sie zu seinen ‚Klientel-Randstaaten‘.

79 Klose (wie Anm. 4), 54 Anm. 156; zu ähnlichen allgemeinen Spekulationen vgl. u. a. Will (wie Anm. 4), 4.

80 Timpe, Rheingrenze (wie Anm. 4), 135 und 136 [bzw. 158 und 159]: „die Wacht am Rhein" und „Sicherung der Rheingrenze".

81 Deren Effekt war ja eben gerade der, dass die völkerrechtlichen *amici populi Romani* die Pflichten von *socii* hatten und in euphemistischer Weise häufig auch so tituliert wurden: A. Heuß, Die völkerrechtlichen Grundlagen der römischen Außenpolitik in republikanischer Zeit, Leipzig 1933; ND Aalen 1968, 26 f. Anm. 1, vgl. 53 ff. und passim und die oben in den Anm. 42 und 76 sowie die unten in Anm. 133 genannte Literatur.

82 P. Kehne, „Externae gentes" und „regna intra fines" im Nordgrenzenbereich des Imperium Romanum vom 1. bis zum 3. Jahrhundert: Eine Kritik der Klientelrandstaaten-Theorie, Eos 87, 2000, 311–334 und Ders., RGA² 17, 2001, 11–13 s. v. Klientelrandstaaten.

83 Letzteres rückt zumal dann in den Vordergrund, wenn der Dio 54,36,3 für 10 v.Chr. notierte Übertritt der Chatten schon 11 v.Chr. zu befürchten war.

84 Kehne, Limitierte Offensiven (wie Anm. 4), 310 f.

85 Dio 54,33,4: ὥστε τὸν Δροῦσον (...) φρούριόν τί σφισιν (sc. Sugambrer) ἐπιτειχίσαι, καὶ ἕτερον ἐν Χάττοις παρ' αὐτῷ τῷ Ῥήνῳ. Denn entgegen der gängigen Auslegung „im Gebiet der Chatten", siehe unter anderem Goetz/Welwei (wie Anm. 101), 21 und Baatz, *Rhenus transeundus est* (wie Anm. 4), 41, ist hier m. E. kein lokaler Sinn von „ἐν Χάττοις", sondern ein kausaler gemeint: „wegen der Chatten". Mit Simon, Funde (wie Anm. 61), 248 f., darf man also *nicht* „voraussetzen, daß das φρούριον auf *rechtsrheinischem* Boden lag" (S. 248 mit meiner Hervorhebung). Zur Zurückweisung gängiger Identifikationen u. a. mit den Taunus-Lagern siehe ebd. 248 mit Anm. 6. Zu dieser Lokalisierung vgl. RGA 6, 1984, 208 und Kehne, Limitierte Offensiven (wie Anm. 4), 312. Eine dementsprechende Andeutung findet sich schon bei Gardthausen (wie Anm. 62), I 3, 1085. Die ältesten Funde in Mainz sind schließlich nicht früher zu datieren als die aus Oberaden und Rödgen: Schönberger, Truppenlager (wie Anm. 55), 334; Ternes, Provincia Germania Superior (wie Anm. 1), 831 ff., vgl. 1176 ff.; K.-V. Decker/W. Selzer, Mogontiacum: Mainz von der Zeit des Augustus bis zum Ende der römischen Herrschaft, ANRW II 5.1, 1976, 457–559, hier 464 f., 468, 472; Gechter, Anfänge (wie Anm. 55), 34, 116; Baatz, *Rhenus transeundus est* (wie Anm. 4), 48. Ebd. 49 f. mit dem o. g. Forschungsstand des Jahre 1976 (Simon, Funde [wie Anm. 61] 250 f.) auch zur von Simon abgelehnten Alternative des Drusus-Kastells im Taunus, über dessen Überresten (*super vestigia paterni praesidii in monte Tauno*) Germanicus 15 n.Chr. ein *castellum*

E. *Mogontiacum* selbst zu sehen ist. Ob erst diese Maßnahme oder bereits der Angriff der Sugambrer die Chatten zum Koalitionswechsel veranlasst hatte, ist mit
Sicherheit zwar nicht mehr zu entscheiden;[86] wenngleich die Ereignisabfolge wohl
für letzteres spricht. Letztendlich bot die Tatsache, dass die Chatten 10 v.Chr. bereits
„zu den Sugambrern abgefallen und aus ihrem Land, das sie als Siedlungsraum von
den Römern in Empfang genommen hatten, ausgewandert" waren,[87] Drusus einen
willkommenen Anlaß[88] zur Wiederaufnahme des *bellum Germanicum*, das Augustus
im Spätherbst 11 v.Chr. nach Drusus' Beinahe-Niederlage bei Arbalo,[89] den Be-
schlüssen über triumphalische Ehren sowohl für diesen als auch für Tiberius und
zwingend vor der durch *senatus consultum* für 10 v.Chr. verfügten Schließung des
Janustempels bereits offiziell beendet hatte.[90] Jedenfalls waren aus *amici populi
Romani* somit *hostes* geworden; weshalb Drusus die Chatten sowohl 10 als auch
9 v.Chr. bekriegte und ihnen dabei schweren Schaden zufügte.[91]

Beide Jahre sahen ebenfalls Feldzüge gegen die auch in der hier behandelten Region lebenden Sueben,[92] wobei Drusus 9 v.Chr. als *consul ordinarius* persönlich auf
dem Weg durch die gesamte Kontaktzone – die Wetterau, über Rödgen, das Lahntal
aufwärts, dann zur Eder, Fulda, und Werra ziehend, über Hedemünden dann wohl
zur Leine, Elbe, Saale und aus logistischen Gründen m. E. über Hedemünden wieder
zurück[93] – Krieg führte und seinen *spolia opima* m. E. in der Absicht nachjagte,
diese zum Abschluss seines bereits gewährten kleinen Triumphes am 1. Januar

anlegte: Tac. ann. 1,56,1.

86   Simon, Funde (wie Anm. 61), 249.

87   Dio 54,36,3: πρὸς γὰρ τοὺς Συγάμβρους μετέστησαν, καὶ τῆς χώρας αὐτῶν, ἣν οἰκεῖν παρὰ τῶν
     Ῥωμαίων εἰλήφεσαν, ἐξανέστησαν.

88   Kehne, Limitierte Offensiven (wie Anm. 4), 313. Der Grund für die Aufhebung des von Augustus
     für 10 v.Chr. arrangierten ‚Reichsfriedens', in dem im Frühjahr 10 v.Chr. die feierliche *dedicatio*
     des Augustus-Roma-Altars in *Lugdunum* im Beisein von Augustus und Tiberius erfolgte, die beide
     zu diesem Zwecke nach Gallien gereist waren (Dio 54,36,3), war nicht der Übertritt der Chatten,
     sondern ein Einfall von Dakern nach Pannonien und eine Tribut-Revolte von Dalmatern (Dio
     54,36,2; vgl. Mon. Anc. 13 mit dem Kommentar ad loc., in: Res gestae divi Augusti. Das
     Monumentum Ancyranum², hrsg. und erkl. v. H. Volkmann, Berlin 1964), die Tiberius von Gallien
     aus wieder ins Feld riefen (Dio 54,36,3).

89   Kehne, Limitierte Offensiven (wie Anm. 4), 311.

90   Kehne, Limitierte Offensiven (wie Anm. 4), 311 f. mit weit. Lit.

91   Dio 54,36,3; 55,1,2; vgl. Flor. 2,30,22; Oros. hist. 6,21,15; Epit. Caes. 1,7.

92   Dio 55,1,2; vgl. Consol. ad Liviam 17. 312; Flor. 2,30,24; Oros. hist. 6,21,16; Epit. Caes. 1,7; vgl.
     Suet. Aug. 21,1. – Oros. hist. 6,21,15 ist von der Vernichtung der Markomannen die Rede; dazu
     P. Kehne, RGA² 19, 2001, 290–302 s. v. Markomannen (§ 1: Historisches), bes. 291 f.; Ders.,
     RGA² 19, 2001, 321–324 s. v. Markomannis; Ders., RGA² 19, 2001, 258 s. v. Marbod. – Zum
     archäologischen Nachweis von Sueben-Siedlungen siehe oben Anm. 63.

93   Dazu insbesondere P. Kehne, Zur Strategie und Logistik römischer Vorstöße in die *Germania*: Die
     Tiberiusfeldzüge der Jahre 4 und 5 n.Chr. In: Rom auf dem Wege nach Germanien. Geostrategie,
     Vormarschtrassen und Logistik. Internationales Colloquium in Delbrück-Anreppen vom 4. bis
     6. November 2004 (Bodenaltertümer Westfalens 45), Mainz 2008, 253–301, bes. 287, vgl. 255 und
     285.

8 v.Chr. für Augustus auf dem Kapitol im Tempel des Iuppiter Feretrius niederzulegen und damit am sinnfälligsten die höchste *gloria bellica* der Kaiserfamilie und die außenpolitische Leistungsfähigkeit des ‚neuen Regimes' vor Augen zu führen.[94]

Die von Drusus nicht erledigte Aufgabe, die Stammeslandschaft zwischen Rhein und Elbe zu befrieden, (außen)politisch zu ordnen und die neuen staats- oder völkerrechtliche Verhältnisse zu Rom zu fixieren, fiel nun Tiberius zu, der ohne Verluste für die ihm anvertraute Heeresmacht als Sieger (angeblich) alle Teile Germaniens (*victor omnes partes Germaniae*) durchquerend *sic perdomuit eam, ut in formam paene stipendiariae redigeret provinciae* (Vell. Pat. 2,97,4). Die Konsequenz war das von Aufidius Bassus formulierte Ergebnis einer allgemeinen Dedition angeblich aller germanischen Stämme zwischen Rhein und Elbe: *inter Albim et Rhenum Germani omnes Tiberio Neroni dediti* (Cassiod. chron. a. u. c. 746).[95] Allerdings weigerte sich Augustus, der in Gallien über die Modalitäten der künftigen Friedensverhältnisse entschied, ohne die Sugambrer mit den übrigen Friedensgesandtschaften Abkommen zu treffen (Dio 55,6,2). Den notorischen Störfaktor Sugambrer schaltete er durch seine völkerrechtswidrige Verhaftung und Vergeiselung der sugambrischen Friedensgesandtschaft[96] *ex tunc* zumindest eine zeitlang aus (Dio 55,6,3). Eine über diese politische Unterwerfung hinausgehende Okkupation oder Provinzialisierung des rechtsrheinischen Germaniens hatte Augustus damals also noch nicht beabsichtigt,[97] wie auch die Räumung sämtlicher in die Drususzeit datierter rechtsrheinischer Lager beweist.[98] Anders als früher vielfach vermutet wurde, greifen wir hier also mit

---

94 P. Kehne, Augustus und ‚seine' *spolia opima*: Hoffnungen auf den Triumph des Nero Claudius Drusus?, in: Althistorisches Kolloquium aus Anlaß des 70. Geburtstages von Jochen Bleicken, Stuttgart 1998, 187–211; vgl. Ders., Limitierte Offensiven (wie Anm. 4), 312 f.

95 Vgl. Suet. Aug. 21,1. Siehe diesbezüglich meine These (Kehne, Limitierte Offensiven [wie Anm. 4], 314 mit Anm. 122), hier habe vielleicht die offizielle Begründung für Tiberius' Triumph am 1. Januar 7 v.Chr. als Vorlage gedient und der Propagandaanteil in dieser ‚Erfolgsmeldung' möge – man vgl. mit Verweisen auf Tac. ann. 2,41,2; ann. 2,22,1 und Tac. ann. 2 Siar. frgm. 1, Z. 13–14 – davor warnen, das *inter Albim et Rhenum* oder die *Germani omnes* absolut zu nehmen. Zum Vorgang selbst Wolters, Germanien (wie Anm. 47), 603 und P. Kehne, RGA² 30, 2005, 559–562, hier 560 s. v. Tiberius.

96 Kehne, Formen (wie Anm. 42), 115; Ders., RGA² 11, 1998, 459; s. v. Gesandtschaft (§ 1. Römische Zeit); Ders., RGA² 19, 2001, 104–105 s. v. Maelo, hier 104.

97 Simon, Eroberung und Verzicht (wie Anm. 1), 47; Kehne, Limitierte Offensiven (wie Anm. 4), 314 f. mit weiterer Literatur; ebs. K.-W. Welwei, Probleme römischer Grenzsicherung am Beispiel der Germanienpolitik des Augustus, in: Rom, Germanien und die Ausgrabungen von Kalkriese, Osnabrück 1999, 675–688 und Wolters, Germanien im Jahre 8 v.Chr., ebd. 591–635, bes. 592 f. sowie die Literatur oben in Anm. 4.

98 Simon, Eroberung und Verzicht (wie Anm. 1), 47; RGA² 6, 1986, 212 f. s. v. Drusus; Lehmann, Zeitalter (wie Anm. 7), 221; Wolters, Germanien (wie Anm. 47), 592 f.; J.-S. Kühlborn, Zur Geschichte des Lagers Oberaden, in: Ders. u. a. (Hrsg.), Das Römerlager in Oberaden III. Die Ausgrabungen im nordwestlichen Lagerbereich und weitere Baustellenuntersuchungen der Jahre 1962–1988 (Bodenaltertümer Westfalens 27), Münster 1992, 122–133, hier 131 ff. jeweils zur Räumung von Oberaden, Rödgen, Dangstetten. Archäologisch fassbar setzen Augsburg-Oberhausen, Haltern und andere rechtsrheinische Lager erst deutlich später ein: J.-S. Kühlborn, Germaniam pacavi –

den weiträumigen Feldzügen und der Unterwerfung von germanischen Stämmen bis hin zur Elbe keinen radikalen Richtungswechsel in der römischen Germanienpolitik, sondern eine erheblich intensivierte Außenpolitik traditioneller republikanischer Art mit dem Ziel der Sicherung Galliens über die Kontrolle eines zudem erheblich bevölkerungsdezimierten Vorfeldes östlich der Rheingrenze.[99] Für die bis dato feindlichen Stämme der Kontaktzone Rhein–Main–Lahn bedeutete dies, dass sie zunächst *dediticii* waren und dann völkerrechtlich zu *amici populi Romani* restituiert wurden, in Einzelfällen womöglich – wie die Cherusker 4 n.Chr. – sogar ein *foedus* erhielten.

Bevor er am selben Tag sein zweites Konsulat antrat, triumphierte Tiberius am 1. Januar 7 v.Chr. *ex Germania*.[100] Für das Regime war es allerdings peinlich, dass kurz darauf gewisse „Unruhen"[101] in Germanien entstanden, die Tiberius eiligst

Germanien habe ich befriedet. Archäologische Stätten augusteischer Okkupation, Münster 1995, 21, 98 (evt. „erst in der Zeit um Christi Geburt"); vgl. Ders., RGA² 18, 2001, 498–502 s. v. Lippelager; Ders., Ausgrabungen (wie Anm. 67), 201–211. Haltern ersetzt somit nicht direkt Oberaden; und in diesem Kontext sei eindringlich vor dem methodischen Fehler gewarnt, aus dem bislang einzigen weder stratigraphisch noch vom Kontext her eindeutig präzisierbaren dendrochronologischen Datum (4/3 v.Chr.) aus Waldgirmes (A. Becker, Neue Aspekte zur Chronologie der augusteischen Germanienpolitik. Wirtschaftliche, topographische und politische Standortfaktoren einer urbanen römischen Siedlung in Waldgirmes, MBAH 24.2, 2005, 161–174, hier 163) Analogien für Haltern abzuleiten! Sicher ist hingegen, dass eine durchgängige römische Bebauung von Waldgirmes seit der Druzuszeit nicht belegt werden kann. Vgl. hierzu auch die vorzüglichen Berichte von Becker, Lahnau-Waldgirmes. Eine augusteische Stadtgründung in Hessen, Historia 52, 2003, 337–350 und Ders., Lahnau-Waldgirmes. Eine römische Stadtgründung im Lahntal aus der Zeit um Christi Geburt, in: Römische Präsenz (wie Anm. 55), 321–330. Zum druzuszeitlichen Hedemünden: K. Grote, Stützpunkt der römischen Expansionspolitik: Das Römerlager bei Hedemünden an der Werra. Ein Vorbericht, Göttinger Jahrb. 52, 2004, 5–12; Ders., Römerlager Hedemünden. Vor 2000 Jahren: Römer an der Werra. Ein herausragendes archäologisches Kulturdenkmal und seine Funde. Begleitband zur Ausstellung des Landkreises Göttingen (Sydekum-Schriften zur Geschichte der Stadt Münden 34), Hann. Münden 2005 und Ders., Neue Forschungen und Funde im augusteischen Römerlager bei Hedemünden (Werra), Göttinger Jahrb. 54, 2006, 5–19.

99   Vgl. Kehne, Limitierte Offensiven (wie Anm. 4), 315; Ders., Die Eroberung Galliens, die zeitweilige Unterwerfung Germaniens, die Grenzen des *Imperium Romanum* und seine Beziehungen zu germanischen *gentes* im letzten Jahrzehnt der Forschung, Germania 75, 1997, 265–284, hier 273–276 und Welwei, Grenzsicherung (wie Anm. 97), 680 ff. Vgl. Wolters, Germanien im Jahre 8 v.Chr. (wie Anm. 97). Wenn dieser demgegenüber jetzt (R. Wolters, Die Schlacht im Teutoburger Wald. Arminius, Varus und das römische Germanien, München 2008, 74) die Annahme vertritt, „schon viele Jahre vor der Ankunft des Varus von Germanien als einer ‚Provinz' sprechen" zu dürfen, sei diese im territorialen Sinne hier bezweifelt. Vgl. dazu die Besprechung von Kehne: H-Soz-u-Kult vom 08.12.2008. – Zum Ausnahmefall des Cherusker-*foedus* Kehne, Staatsverträge (wie Anm. 76), 408, Nr. 756 und P. Kehne, Zur Lokalisierung, Organisation und Geschichte des Cheruskerstammes, in: M. Zelle (Hrsg.), Terra incognita? Die nördlichen Mittelgebirge im Spannungsfeld römischer und germanischer Politik um Christi Geburt. Koll. im Lippischen Landesmuseum Detmold vom 17.6.–19.6.2004, Mainz 2008, 9–29, hier 19 f.

100   Kehne, Tiberius (wie Anm. 95), 560 mit den Quellenbelegen.

101   So das gängige Verständnis von Dio 55,8,3: Καὶ οὐ πολλῷ ὕστερον κινηθέντων τινῶν ἐν τῇ Γερμανίᾳ ἐξωρμήθη, z. B. in den Übers. von O. Veh, Cassius Dio, Römische Geschichte 4, Zürich/München 1986, 201 sowie von H.-W. Goetz/K.-W. Welwei (Hrsg.), Altes Germanien. Auszüge aus den antiken Quellen über die Germanen und ihre Beziehungen zum Römischen Reich. Quellen der Alten

dorthin zurückriefen (Dio 55,8,3). Deren Ursachen und Träger wurden bislang nicht zufriedenstellend erklärt bzw. benannt.[102] Sie sind aber, wenn man die originäre Bedeutung von Dios Partizip Aorist passiv – „weil irgendwelche bewegt wurden" bzw. „in Bewegung gerieten" – im Sinne von „irgendwelche (Bevölkerungs-)Bewegungen" versteht, m. E. am einfachsten mit der Abwanderung von Markomannen und anderen Suebengruppen unter Marbods Führung nach Böhmen (*Boiohaemum*) zu erklären.[103] Die u. a. von Reinhard Wolters, Dieter Timpe, Sabine Rieckhoff und Volker Losemann vertretene Annahme, Marbods Wanderung und Neuansiedlung sei von Rom ‚gebilligt' oder sogar aktiv ‚initiiert' worden, ist weder zu belegen noch überhaupt plausibel zu machen.[104] Sinnvoller ist nach wie vor die Annahme einer, durch die bezeugte Vernichtungsstrategie unter Drusus und durch die Deportationen von Sueben für Marbod naheliegenden, Absetzbewegung bzw. Flucht gemäß der eindeutigen Aussage des Zeitzeugen Strabon (7,1,3 p. 290 C). Auch an anderer Stelle versteht Strabon (7,1,4 p. 291 C) den Vorgang ähnlich. Und Velleius Paterculus (2,108,2) betont sogar gleich zweimal das Moment des *refugere*![105] Während

Geschichte bis zum Jahre 238 n.Chr. (Freiherr vom Stein-Gedächtnisausgabe: Ausgewählte Quellen zur deutschen Geschichte des Mittelalters 1a) 2, Darmstadt 1995, 33.

102 Indifferent äußern sich u. a. Gardthausen (wie Anm. 62), I 3, 1091; Wells, German Policy (wie Anm. 1), 138; K.-W. Welwei, Römische Weltherrschaftsideologie und augusteische Germanienpolitik, Gymnasium 93, 1986, 118–137, hier 130 f.; Wolters, Röm. Eroberung (wie Anm. 1), 174 Anm. 181; Becker, Chatten (wie Anm. 1), 162 und Goetz/Welwei (wie Anm. 101), 33 Anm. 81. Während D. Timpe, Drusus' Umkehr an der Elbe, RhM 110, 1967, 289–306, hier 298 mit Anm. 25 (mit einem Nachtrag [2005] auch in: Ders., RGB [wie Anm. 4], 171–190, hier 180 mit Anm. 25 u. ebd. 189 zur Erledigung aller Bezüge auf die angebliche, aber inzwischen widerlegte Zerstörung des Legionslagers Oberaden durch die Sugambrer); Ders., Okkupation Germaniens (wie Anm. 4), 279 mit Anm. 7 [als gekürzte Fassung auch in: Ders., RGB (wie Anm. 4), 191–215, hier 191 mit Anm. 6]; Simon, Eroberung und Verzicht (wie Anm. 1), 46, Lehmann, Zeitalter (wie Anm. 7), 220 mit Anm. 45 und Kühlborn, Oberaden (wie Anm. 98), 130 Anm. 501 das Problem umgehen.

103 Die Migration in die *Hercynia silva* (P. Kehne, RGA² 14, 2000, 398–401 s. v., hier 399) bezeugen Strab. 7,1,3 p. 290; Vell. 2,108,2: *in interiora refugiens incinctos Hercynia silua campos*; Tac. ann. 2,45,3; vgl. Plin. nat. 3,146 (*deserta Boiorum*). Dazu u. a. Gardthausen (wie Anm. 62), I 3, 1153 f.; Schmidt, Westgermanen (wie Anm. 1), 145, 154 f.; Lennartz (wie Anm. 22), 25 ff.; Timpe, Okkupation (wie Anm. 4), 291; Becker, Chatten (wie Anm. 1), 12 f., 153 ff., 161 f.; P. Kehne/J. Tejral, RGA² 19, 2001, 293 f., 302 f. s. v. Markomannen und die in nachfolgender Anm. zitierte Lit.– Zu den Vorgängen in Böhmen bislang am überzeugendsten V. Salač, Zur ältesten germanischen Besiedlung Böhmens, in: Kelten, Germanen, Römer im Mitteldonaugebiet, Brno 1995, 145–176, bes. 152 ff.

104 Wolters, Röm. Eroberung (wie Anm. 1), 180; Ders., Germanien (wie Anm. 47), 606; D. Timpe, in: M. Pietsch/D. Timpe/L. Wamser, Das augusteische Truppenlager Marktbreit. Bisherige archäologische Befunde und historische Erwägungen, BerRGK 72, 1991, 263–324, hier 315; Ders., Germanen (wie Anm. 1), 218; Ders., Römische Geostrategie im Germanien der Okkupationszeit, in: Ders., Röm.-germ. Begegnung (wie Anm. 4), 265–317, 288 mit Anm. 45; V. Losemann, DNP 7, 1991, 941 s. v. Maroboduus und Rieckhoff, Süddeutschland (wie Anm. 1), 201 f., deren Vorstellung (ebd. 201) einer direkten Ansiedlung durch L. Domitius Ahenobarbus (dazu RGA² 5, 1984, 602–604 s. v. Domitius) allerdings ebenso spekulativ ist.

105 Zur außenpolitischen Einstufung als Vertreibung oder gegen Rom gerichtete suebische Absetzbewegung: Kehne, Formen (wie Anm. 42), 103. Ausführlich dazu jetzt P. Kehne, RGA² 19, 2001,

die zwischen dem *terminus post quem* im Jahre 8 v.Chr. und dem *terminus ante quem* im Jahre 4 n.Chr. nicht präzise datierbare,[106] ohne zwingenden Beweis jedoch gemeinhin in diesen Kontext gerückte Deportation eines Großteils des Sugambrer-stammes[107] die hier interessierende Region nicht betraf, sind die gleichfalls in den Quellen berichteten Zwangsumsiedlungen von Sueben hier wahrscheinlich räumlich und zeitlich einschlägig.[108] In den in abgelegenen Regionen des hessischen Gegen-standsbereiches archäologisch ausmachbaren Enklaven ‚ostgermanischer‘ Ansied-lungen[109] mag man (übersehene?) Reste der in augusteischer Zeit vertriebenen oder deportierten Sueben sehen. Jedenfalls war spätestens mit dem unter M. Vinicius (1 n.Chr.) ausgebrochenen „unmäßig großen Krieg" (*immensum bellum*: Vell. Pat. 2,104,2), den erst Tiberius 5 n.Chr. beenden konnte, die Sueben- und Sugam-brergefahr für die Rheingrenze endgültig beseitigt. Dass der nördliche Teil der Kontaktzone Rhein – Main – Lahn nicht auch zum Kriegsschauplatz des *immensum bellum* gehörte, ist anhand der bislang nicht genau zu datierenden[110] Befunde von Lahnau-Waldgirmes nämlich keinesfalls auszuschließen. Im Gegenteil könnte die eindeutig ermittelte Mehrphasigkeit von Innenbebauungen[111] der befestigten Anlage

---

259 s. v. Marbod und Ders., RGA² 19, 2001, 321–324 s. v. Markomannis mit weiterer Lit.

106   Vgl. Kehne, Tiberius (wie Anm. 95), 560 und Ders., Strategie und Logistik (wie Anm. 93), 257.

107   Dazu u. a. Timpe, Umkehr (wie Anm. 102), 298 (bzw. Röm.-germ. Begegnung [wie Anm. 4] 180); Kehne, Formen (wie Anm. 42), 103, 486; Ders., Eroberung (wie Anm. 97), 273; Wolters, Röm. Eroberung (wie Anm. 1), 175 ff.; Ders., Germanien (wie Anm. 47), 604 f.; E.S. Gruen, The expansion of the empire under Augustus, CAH² X, 1996, 147–197, hier 182; Kehne, Maelo (wie Anm. 96), 104 f.; vgl. Ders., Markomannen (wie Anm. 92), 292 f. und Ders., Marbod (wie Anm. 92), 258 f. jeweils mit weiterer Lit. – Zum Phänomen antiker Massendeportationen jetzt systematisierend: P. Kehne, Kollektive Zwangsumsiedlungen als Mittel der Außen- und Sicher-heitspolitik bei Persern, Griechen, Römern, Karthagern, Sassaniden und Byzantinern – Prolego–mena zu einer Typisierung völkerrechtlich relevanter Deportationsfälle, in: E. Olshausen/H. Sonn–abend (Hrsg.), Stuttgarter Kolloquium zur Historischen Geographie des Altertums 8, 2002: „Troianer sind wir gewesen" – Migration in der antiken Welt (Geographica Historica 21), Stuttgart 2006, 229–243, hier 242 f. mit Anm. 63–64.

108   Suet. Tib. 9,2, vgl. Aug. 21,1; Strab. 7,1,3; Eutr. 7,9,1; Oros. hist. 6,21,24. Dazu ebenfalls die in Anm. 107 zitierte Lit. – Die Ansiedlung von Sueben/Ostgermanen im Raum Groß Gerau, an der Neckarmündung und bei Diersheim gehört nicht in diesen Kontext, sondern nach den Fundanaly-sen von Nierhaus, Diersheim (wie Anm. 1), bes. 184 ff. und 230 ff.; RGA 5, 1984, 421 s. v. Diers-heim; Lenz-Bernhard/Bernhard (wie Anm. 1), 275 ff., 301 ff., 322 f.; vgl. H. Bernhard, Mi-litärstationen und frühröm. Besiedlung in augusteisch-tiberianischer Zeit am nördlichen Oberrhein, in: Front. Stud. 13 (1986) 105–121, bes. 110 ff.; Ders., Römer in Rheinland-Pfalz (wie Anm. 1), 59, 57 Abb. 25; vgl. Rieckhoff, Süddeutschland (wie Anm. 1), 109; Fischer, Römer in Deutschland (wie Anm. 1), 54; Rüger, Germany (wie Anm. 55), 527 in die spätaugusteisch-tiberische und clau-dische Zeit.

109   Siehe oben Anm. 3.

110   Ob das dendrochronologisch für 4/3 v.Chr. ermittelte Datum eines Waldgirmes-Brunnens (vgl. oben Anm. 98 und A. Becker in diesem Band) zur ältesten Schicht der befestigten oder zu einer früheren, nur kurzfristig belegten Militäranlage gehört, ist bislang nicht hinreichend geklärt.

111   Siehe die oben in Anm. 98 genannte Lit. Die hier angesprochene mehrphasige Innenbebauung meint nicht die inzwischen ermittelte Zweiphasigkeit der Gesamtanlage, die jetzt einen Germani-

gerade einen solchen Hiat kurz nach der Zeitwende bedeuten. Auch die römische Anlage bei Bad Nauheim wurde schon mit dem *immensum bellum* in Verbindung gebracht,[112] was insofern Sinn machen würde, als dieses halternzeitliche Lager teilweise die einheimische, keltisch-germanische Siedlung und Saline überbaute, was gegen die dort ansässige Bevölkerung als Strafaktion gewertet werden kann, die historisch sowohl in dieser Zeit als auch nach der Varusniederlage Sinn macht. Spätestens ab dem Jahre 5 n.Chr. stand die hier behandelte Region unter dauernder römischer Militärkontrolle, ohne dass zwischen völkerrechtlichen und staatsrechtlichen Verhältnissen in dieser ‚Provinz im Okkupationszustand' zu unterscheiden wäre, wenngleich die historische Plausibilität sowie das Faktum einer zivil geprägten Anlage in Waldgirmes eher für letztere sprechen.

Bis 9 vielleicht sogar bis 10 n.Chr. dürfte in dieser Gegend Frieden geherrscht haben. Jedoch lässt – wie u. a. bereits Ludwig Schmidt[113] und Harald von Petrikovits[114] erkannten – eine Notiz bei Tacitus[115] wahrscheinlich die Schlussfolgerung zu, dass aus der hier betrachteten Region zumindest Chatten irgendwie an der *clades Variana* beteiligt waren. Bestärkt wird diese Interpretation durch die Intensität des Gewalteinsatzes, mit dem der Germanicus-Krieg 15 und 16 n.Chr. gegen die Chatten geführt wurde. Immerhin bewahrt der taciteische Bericht Nachrichten von mindestens vier Feldzügen[116] in dieser Region:

– 1. Phase des Frühjahrsfeldzugs 15 n.Chr. mit 4 Legionen und 10.000 Mann Auxiliartruppen des *exercitus Germanicus superior* und gegebenenfalls weiterer rechtsrheinischer *tumultuariae catervae* unter Germanicus' Führung[117] über Bad Nauheim[118] gegen einen der Hauptkriegsgegner[119] Roms in Germanien, die

cus-Horizont auszuweisen scheint (siehe dazu A. Becker in diesem Band).

112 Seidel, Latènezeit (wie Anm. 1), 115 f. Zum Befund mehrerer sich hier teilweise überschneidender Lagerreste siehe oben Anm. 67.

113 L. Schmidt, Zum Untergang der varianischen Legionen, Philologische Wochenschrift 14 (8. April), 1933, 396–398, hier 398; Ders., Die varianischen Legionsadler, Jahrb. d. Braunschweig. Geschichtsvereins 7, 1935, 137–138, hier 138; Ders., Westgermanen (wie Anm. 1), 101 mit Anm. 4.

114 v. Petrikovits, Chatten (wie Anm. 59), 381.

115 Tac. ann. 12,27,3 (zum Jahre 50): *quosdam e clade Variana quadragensium post annum servitio exemerant.*

116 Was erste Vergeltungsschläge unter Tiberius und Germanicus in den Jahren 10–13 n.Chr. nicht ausschließt. Vgl. P. Kehne, Zur Datierung von Fundmünzen aus Kalkriese und zur Verlegung des Enddatums des Halterner Hauptlagers in die Zeit der Germanienkriege unter Tiberius und Germanicus, in: R. Wiegels (Hrsg.), Die Fundmünzen von Kalkriese und die frühkaiserzeitliche Münzprägung, Möhnesee 2000, 47–79, hier 61 ff.

117 Flankiert durch einen Vorstoß des etwa gleichstark gerüsteten *exercitus Germanicus inferior* unter A. Caecina Severus gegen die Cherusker: Tac. ann. 1,56,1. 5. Dazu Kehne, Germanicus (wie Anm. 4), 441 f. Zum Statthalter Caecina (cos. suff. 1 v.Chr.): W. Eck, Die Statthalter der germanischen Provinzen vom 1.–3. Jahrhundert, Köln 1985, 107–109.

118 Oder Friedberg? Siehe Anm. 61 und 67.

119 Schon diesen Teil des Feldzuges als „indirekte Unterstützung des Segestes (zu) deuten", so Becker, Chatten (wie Anm. 1), 201, ist unnötig und widerspricht m. E. den Prinzipien des römischen Rachekrieges nach der *clades Variana*, die ein separates Vorgehen auch gegen diesen Gegner erfor-

Chatten. Dabei wurden vom schnellen römischen Vormarsch überraschte
Bevölkerungsteile gefangen oder niedergemetzelt, gegen erheblichen feindlichen
Widerstand die Eder überbrückt, der chattische Hauptort *Mattium* erobert,
anschließend niedergebrannt und von der Bevölkerung verlassene Dörfer
gebrandschatzt sowie flaches Land verwüstet.[120] Die von Chatten angestrengten
Friedensverhandlungen führten zu keinem allgemein verbindlichen Erfolg;
wenngleich ein Teil der Bevölkerung, wohl um der Vernichtung zu entgehen, zu
Germanicus überlief.[121]

– 2. Phase des Frühjahrsfeldzugs 15 n.Chr., in der noch einmal dieselben Gegenden, dieses Mal wohl weitgehend kampflos (über Hedemünden?) bis ins südliche
Niedersachsen hinein durchquert wurden, wo Segestes und sein Anhang aus der
Belagerung durch die Arminius-Fraktion befreit und in gesichertes Rheingebiet
evakuiert wurden.[122]

– Frühjahrsfeldzug 16 n.Chr. des *exercitus Germanicus superior* unter dem *legatus
Augusti pro praetore* C. Silius Largus.[123] Obwohl dessen Unternehmen im taciteischen Bericht im Schatten des gleichzeitigen Entsatzes des Lippekastells Aliso
durch Germanicus steht, erfahren wir immerhin so viel, dass Silius die Gefan-
gennahme der Frau und Tochter des Chattenfürsten (*princeps Chattorum*) Arpus
gelang. Dieses setzt sehr wahrscheinlich einen abermaligen Einbruch in die zentralen chattischen Siedlungsgebiete und deren Verheerung – daher auch die im
Kontext erwähnte Beute – voraus.[124]

– Abermaliger Feldzug gegen die Chatten im Spätherbst 16 n.Chr. mit angeblich
30.000 Mann Infanterie und 3.000 Kavalleristen unter Silius Largus[125] – ohne

derten, was denn auch in den zwei weiteren Unternehmungen gegen die Chatten im Jahre 16 zum
Ausdruck kommt, die nicht durch innergermanische Parteiungen oder deren Zwistigkeiten veranlasst wurden.

120   Tac. ann. 1,56.
121   Tac. ann. 1,56,3–4: *temptatis frustra condicionibus pacis, cum quidam ad Germanicum perfugis-
sent* (sc. Chatti), *reliqui omissis pagis vicisque in silvas disperguntur. Caesar* (sc. Germanicus) *in-
censo Mattio – id genti caput – aperta populatus vertit ad Rhenum* (...). Dazu Becker, Chatten (wie
Anm. 1), 196 ff. und Kehne, Germanicus (wie Anm. 4), 441 f. Nichts verlautet darüber, ob diese
Bevölkerung – die eventuell als *dediticii* angesehen, keinesfalls aber mit den längst zuvor vermutlich friedlich angeschlossenen Mattiakern gleichgesetzt werden darf (s. o.) – vor Ort verblieb oder
verpflanzt wurde. Wird letzteres angenommen, läge es vielleicht nahe in ihnen germanische Siedler
der späteren *civitas Taunensium* zu sehen, die sich räumlich nordöstlich an die Gebiete der Mattiaker anschloss; vgl. oben Anm. 66.
122   Tac. ann. 1,57–58. Dazu Becker, Chatten (wie Anm. 1), 200 f. und Kehne, Germanicus (wie Anm.
4), 442.
123   Tac. ann. 2,7,1–2. Dazu Becker, Chatten (wie Anm. 1) und Kehne, Germanicus (wie Anm. 4), 443
jeweils mit weiterer Lit. Zum Statthalter C. Silius A. Caecina Largus (cos. ord. 13 n.Chr.): Eck,
Statthalter (wie Anm. 117), 3–6.
124   Wenn nicht schon im Jahre 15 wurde eventuell jetzt der, laut Strab. 7,1,4 p. 292C, im Triumph des
Germanicus zur Schau gestellte Chattenpriester, Libes, gefangen. P. Kehne, RGA² 18, 2001, 344
s. v. Libes.
125   Tac. ann. 2,25,1; vgl. Becker, Chatten (wie Anm. 1), 212 u. Kehne, Germanicus (wie Anm. 4), 442.

dass der kompositionell auf die Abberufung des Germanicus zusteuernde Bericht des Tacitus sich noch mit einer genaueren Meldung diesbezüglicher Erfolge aufhält.

Festzuhalten ist hierzu folglich, dass es in Bezug auf diesen Raum und die Kontaktzone Rhein – Main – Lahn in der frühen Kaiserzeit – vermutlich mit Ausnahme des Verhältnisses zwischen dem Römischen Reich und den *Mattiaci*[126] – keine Gleichförmigkeit gab. Phasen von Frieden und Krieg, Freundschaft und Feindschaft wechselten einander ab. Verlockend wäre das Postulat ‚in Generationsintervallen', aber dazu bietet unsere Quellenlage leider zu wenig verlässliche Informationen. Von der Zeitdauer her dürften der jeweils aktiv geführte Krieg stets eher die kürzere Zeitspanne eingenommen haben, was nicht unbedingt zugleich für den Kriegszustand (Terminus technicus im Lateinischen ebenso wie für den geführten Krieg: *bellum*)[127] gilt. Dieser dauerte z. B. von der Varusniederlage über die Tiberius- und Germanicus-Feldzüge hinaus an – vielleicht sogar bis in claudische Zeit, als die Bitte der Cherusker um Herausgabe des Flavus-Sohnes und Arminius-Neffen, Italicus und dessen Anerkennung als *rex amicus populi Romani vel Caesaris* friedliche Beziehungen zwischen den Cheruskern und dem *Imperium Romanum* entweder schon voraussetzte oder spätestens jetzt wiederbegründete.[128] Personale und ökonomische Kontakte oder einen anderweitig grenzüberschreitenden Verkehr muss der Kriegszustand allerdings nicht strikt unterbunden haben.[129]

Kommen wir in anderer Form zu unserer Zentralfrage zurück: Warum tauchen zahlreiche ‚kleine' Stämme eines bestimmten Gebietes zwar in Völkertafeln, nicht aber in Quellen zur hier behandelten römischen Germanienpolitik auf? Handelte es sich, was sowohl naheliegend als auch plausibel wäre, bei solchen geo- und ethnographischen Detailnachrichten um anachronistische Informationen und damit um spätere oder in augusteischer Zeit längst überholte auswärtige Verhältnisse? Oder haben wir es hier bloß mit einer Besonderheit unseres historiographischen Informationsfilters zu tun? Und wieweit ist dieser womöglich an Erfordernissen und Charakteristika römischer Außenpolitik ausgerichtet?

---

126 Siehe zu den Mattiakern die oben in Anm. 66 angeführte Lit.

127 Vgl. zu *pax* als Friedenszustand u. a. P. Kehne, DNP 9, 2000, 454, s. v. pax.

128 Schmidt, Westgermanen (wie Anm. 1), 122 f.; Wolters, Röm. Eroberung (wie Anm. 1), 257 f.; P. Kehne, RGA² 15, 2000, 542–543 s. v. Italicus; Ders., Cheruskerstamm (wie Anm. 99), 22 f.

129 Vgl. R. Wolters, Zum Waren- und Dienstleistungsaustausch zwischen dem Römischen Reich und dem Freien Germanien in der Zeit des Prinzipats – Eine Bestandsaufnahme, MBAH 9, 1990, 14–44; 10, 1991, 78–132; Ders., Römische Funde in der *Germania magna* und das Problem römisch-germanischer Handelsbeziehungen in der Zeit des Prinzipats, in: G. Franzius (Hrsg.), Aspekte römisch-germanischer Beziehungen in der frühen Kaiserzeit, Espelkamp 1995, 99–117 (dazu P. Kehne, Nachr. Niders. Urgesch. 67, 1998, 185–188) u. ebenfalls sehr förderlich K. Ruffing, Friedliche Beziehung. Der Handel zwischen den römischen Provinzen und Germanien, in: H. Schneider (Hrsg.), Feindliche Nachbarn. Rom und die Germanen, Köln/Weimar/Wien 2008, 153–165.

Von der Hypothese ausgehend, dass Roms Außenpolitik und somit auch die Historiographie primär (nur) die wichtigsten politischen Potenzen im Vorfeld interessierten, mögen folgende vier Fragen gestellt werden: Ist das, was ein bestimmtes Gebiet bevölkert und beherrscht ein ‚Stamm‘?[130] Oder erscheint in der Historiographie (nur) das als ‚Stamm‘, was nennenswerten Kontakt zum *Imperium Romanum* hatte? Greifen abweichende geographische Lokalisierungen eines Stammes in unseren Quellen wirklich eine Migration beziehungsweise eine territoriale Expansion eines Stammes? Oder reflektieren sie lediglich momentane machtpolitische Verhältnisse aus der Sicht Roms? Für unseren konkreten Gegenstandsbereich wäre die nächste damit korrespondierende Frage dann folgende: Hatte Rom eine präzise Vorstellung vom Territorium der Chatten? Oder muss die Frage nicht eher lauten: Interessierte sich römische Außenpolitik überhaupt für das Territorium der Chatten? Und statt danach zu fragen, ob Rom eine präzise Vorstellung vom Ethnos der Mattiaker hatte, sollten wir nicht vielmehr danach fragen, ob sich römische Außenpolitik überhaupt für die Ethnizität der Mattiaker interessierte? Traten solche Territorial- und Ethnosfragen vielleicht weit hinter die oben genannten pragmatischen Gesichtspunkte römischer Außenpolitik zurück? Und richtet sich unser Wissen von der stammesmäßigen Differenzierung einer Gebietsbevölkerung womöglich überwiegend nach dem Zentralisierungsgrad, den die römische Außenpolitik dort herzustellen vermochte?

Wir wissen, dass Roms kaiserzeitliche Außenpolitik mittels Einsatz von Militär, Anerkennung, Bestätigung oder Einsetzung von Herrschern (*reges*), diplomatischen Geschenken und Geldzahlungen, Handelserleichterungen und vielem anderem mehr um Verbesserung und Verstetigung politischer Strukturen im europäischen Vorfeld des Reiches bemüht war.[131] Das konnte – wie beim *regnum Vannianum* – bis zur politischen Institutionalisierung eines Herrschaftsgebildes überhaupt reichen.[132] Ist also vielleicht manches Phänomen einer politischen Stammesgenese – Bataver,

---

130   Zum Problem „der Stamm und die politische Gemeinschaft" (freilich ohne endgültiges Ergebnis) bereits Wenskus, Stammesbildung (wie Anm. 1), 46 ff.; vgl. dazu die sehr förderlichen Ausführungen von M. Springer und H. Steuer, RGA² 29, 2005, 496–508 , bes. 409 f. und 503 f. s. v. Stamm und Staat.

131   Kehne, Formen (wie Anm. 42), 293 ff., 347 ff., 435 ff.; Ders., Das Instrumentarium kaiserzeitlicher Außenpolitik und die Ursachen der Markomannenkriege, in: Markomannenkriege – Ursachen und Wirkungen (wie Anm. 12), 39–50, bes. 43; Ders.: RGA² 11, 1998, 470–474 s. v. Geschenke (§ 2. Historisches). – Speziell zu Fakten und zur Quellenlage für kaiserzeitliche Geldzahlungen: Kehne, Formen (wie Anm. 42), 432 ff. und Ders., Auskünfte antiker Schriftquellen zu Umständen und Größenordnungen des Abflusses römischer Münzen ins *Barbaricum* vom 1.–5. Jahrhundert n.Chr. – Eine Problemskizze, in: Roman Coins outside the Empire. Ways and Phases, Contexts and Functions. Proceedings of the European Science Foundation/SCH Exploratory Workshop, Radziwiłł Palace, Nieborów (Poland), 3–6 september 2005 (Collection Moneta 82), Wetteren 2008, 75–88 mit weiterer Literatur.

132   Kehne, Markomannen (wie Anm. 92), 295 und Ders., RGA² 32, 2006, 69–70 s. v. Vannius mit der Lit.

Mattiaker, Chatten – ähnlich zu sehen? Wahrscheinlich tauchte keiner dieser Stämme plötzlich aus dem Nichts auf, wenngleich unsere Überlieferungslage uns just dieses vermittelt. Neben nie auszuschließenden wirklichen Migrationsformen über größere Distanzen sind angesichts der nur rudimentären politischen Strukturen bei germanischen Randstämmen vordringlich wohl Teilungen und Abspaltungsvorgänge zu vermuten.

Sind für Rom und daher in unseren Quellen etwa alle diejenigen Chatten, die unter der politischen Leitung, Führung bzw. Hegemonie des eigentlichen Chattenstammes oder eines seiner Teile oder gar nur eines einzigen Chattenfürsten Rom gegenüber kollektiv als Freunde oder Feinde handelten? Und brachte umgekehrt jede Schwächung der einheimischen Zentralgewalt in der römischen Germanienpolitik und in unseren diesbezüglichen Quellen nicht nur politische Partikularinteressen wieder zum Vorschein, sondern etwa auch zwischenzeitig überschichtete oder politisch vereinnahmte Ethnien? Kennen wir für die Kontaktzone Rhein–Main–Lahn germanische Stämme also nur, weil sie Freunde oder unmittelbare Feinde Roms waren beziehungsweise feindlich gegen *amici* und *socii* des *Imperium Romanum* agierten und erst dadurch dessen Aufmerksamkeit auf sich zogen?

Welches sind – im Hinblick auf die Ausgangsfrage – nun die grundlegenden völkerrechtlichen Verhältnisse, an denen das *Imperium Romanum* bezüglich frühkaiserzeitlicher Westgermanen interessiert war und denen wir die Details unseres Bildes verdanken? Grundsätzlich bilden *bellum – pax – hospitium – amicitia – societas*, also der Kriegs- und der Friedenszustand, die internationale Gastfreundschaft, das völkerrechtliche Freundschafts- und das völkerrechtliche Bundesgenossenschaftsverhältnis die gesamte völkerrechtliche Bandbreite der internationalen Beziehungen Roms.[133] Und sämtliche der über die Rheingrenze (und später den Limes) hinweg existenten Internationalverhältnisse Roms zu den Stämmen in der *Germania libera* lassen sich unter der einen oder anderen dieser fünf Kategorien subsumieren. Denn irgendwann im Verlauf der ersten drei Jahrhunderte der römischen Kaiserzeit führte Rom mit jedem der dann ‚germanisch' genannten Randstämme des Reiches einmal Krieg. Kommen wir nun konkret auf das Eingangsproblem zurück. Welche Relevanz kam der titelgebenden Frage zu: „Wer ist Feind, wer ist Partner der römischen Außenpolitik in Germanien?" Hatte sie überhaupt Bedeutung für die frühkaiserzeitliche Germanienpolitik? Nach Analyse der auswärtigen Beziehungen muss die Ant-

---

133   Kurze Übersichten über römische Internationalverhältnisse finden sich bei K.-H. Ziegler, Das Völkerrecht der römischen Republik, ANRW I 2, Berlin u. a. 1972, 68–114; Ders., Völkerrechtsgeschichte. Ein Studienbuch, München 1994, 43 ff., 54 ff.; G. Dulckeit/F. Schwarz/W. Waldstein, Römische Rechtsgeschichte, München [8]1989, 135 ff.; P. Kehne, Internationale Beziehungen, in: E. Wirbelauer (Hrsg.), Oldenbourg Geschichte. Lehrbuch Antike, München 2004, 225–236 und Ders., Internationalverträge (Staatsverträge) (wie Anm. 76), 338 ff. jeweils mit weiterer Literatur. Vgl. E.S. Gruen, The Hellenistic World and the Coming of Rome, Berkeley/Los Angeles/London 1986, 13 ff., 54 ff.; A.W. Lintott, Imperium Romanum. Politics and Administration, London/New York 1993, 16 ff.

wort lauten: Teilweise! Für den ersten Teil der Frage ist dieses nahezu als selbstverständlich vorauszusetzen, weil Rom in Germanien seit caesarischer Zeit zweifellos Feinde hatte. Weit schwerer fällt demgegenüber allerdings die Antwort auf die Frage, ob Rom dort auch wirkliche Partner hatte. Zwei Ebenen sind hierbei zu berücksichtigen: Auf der ideologischen Ebene dürften alleine schon der römische Weltherrschaftsanspruch[134] und das römische Superioritätsbewusstsein gegenüber sog. Barbaren[135] einer echten Partnerschaft entgegengestanden haben. Aber auch auf der pragmatischen Ebene ist zu beobachten, dass der römische Staat vermutlich aufgrund seiner wiederholten negativen Erfahrungen mit Vertragsbrüchen germanischer Stämme oder Könige weitgehend darauf verzichtete, *Transrhenani* vertragsförmlich zu aktiven und dauerhaften Leistungen zu verpflichten. Folglich finden wir hier für die Zeit nach der augusteisch-frühtiberischen Offensive kaum Indizien für Tribute, eigenständige Grenzschutzaufgaben oder aktive Heeresfolge. Und anders als an den Ostgrenzen des *Imperium Romanum*, wo die römische Außenpolitik Randkönigreiche, die gegenüber dem Partherreich die Funktion von ‚Pufferstaaten‘ haben konnten, schuf und sicherte, zeigte sie im Bereich der westeuropäischen Grenze gegenüber Germanien bis auf zwei gleich zu nennende Ausnahmen keinerlei Interesse am jeweiligen Bestand eines einzelnen Randstaatengebildes – ganz zu schweigen von der Gewähr militärischer Hilfe zu dessen Verteidigung gegen Übergriffe Dritter, die nun gar nicht ins Konzept römischer Vorfeldpolitik jenseits des Rheins passte.[136] Nur wenn wir die Mattiaker und Bataver ins Kalkül ziehen, scheint die Antwort nach außenpolitischen Partnern auf den ersten Blick positiv auszufallen. Bei näherem Hinsehen stellen wir jedoch Gegenteiliges in Tacitus' *Germania* (Kapitel 29) fest. Denn dort wird der Stamm der Bataver zwar zunächst als zu Rom im Verhältnis der *societas* stehend, explizit aber als (germanischer) Bestandteil des Reiches (*pars Romani imperii*) bezeichnet – was implizit auch für die Mattiaker gilt, wie gleich noch gezeigt werden wird.

---

134 Zum römischen Weltherrschaftsanspruch und zum außenpolitischen Sachverhalt des *maiestas*-Denkens siehe u. a. allgemein H.G. Gundel, Der Begriff Maiestas im politischen Denken der römischen Republik, Historia 12, 1963, 283–320, bes. 289 ff., 296 f.; R.A. Bauman, „Maiestatem populi Romani comiter conservanto", Acta Juridica 1976, 19–36; Gruen, Hellenistic World (wie Anm. 133), 29 ff.; Dulckeit/Schwarz/Waldstein (wie Anm. 133), 138; Kehne, Formen (wie Anm. 42), 36, 45, 48 ff., 181; D. Kienast, Augustus. Prinzeps und Monarch, Darmstadt ³1999, 332 ff.; Ziegler, Völkerrechtsgeschichte (wie Anm. 133), 45, 49, 57, 61. Vgl. auch die sonstige Lit. in der vorherigen Anm.

135 Siehe oben Anm. 12.

136 Kehne, Formen (wie Anm. 42), 463 ff., 511, 514, 516 ff., 520 ff., 524; Ders., Instrumentarium (wie Anm. 131), 42 f., 47; vgl. Ders., „Externae gentes" und „regna intra fines" im Nordgrenzenbereich des Imperium Romanum vom 1. bis zum 3. Jahrhundert: Eine Kritik der Klientelrandstaaten-Theorie, Eos 87, 2000, 311–334, hier bes. 323 ff., 331 ff. Vgl. z. B. auch P. Kehne, RGA² 17, 2001, 11–13 s. v. Klientelrandstaaten.

Wenn Rom unter den *Transrhenani* also wahrscheinlich keine wirklichen außenpolitischen Partner hatte,[137] stellt sich konsequenterweise eine andere Frage: Wollte
Rom in Germanien denn überhaupt wirkliche internationale Partner? Oder waren die
römische Außenpolitik und die „über den Rhein hinaus wirkende Größe des römischen Volkes" (*magnitudo populi Romani ultra Rhenum*, Tac. Germ. 29,2) – der die
individuelle Existenz der politischen Randgebilde in Germanien, wie gesagt, prinzipiell egal zu sein schienen[138] – gemäß ihrer bereits republikanischen Tradition vielleicht eher an einer ganz anderen Frage interessiert? Wenn wir ersteres negieren und
letzteres somit annehmen dürfen, könnte die für Rom entscheidende Frage vielleicht
lauten: Wer in der nicht-provinzialisierten *Germania libera* gehorcht jeweils römischen Anweisungen?

Und bezüglich dieser für das eigentliche Interesse römischer Germanienpolitik
zentralen Frage sind weder die bloße Existenz der oben genannten friedlichen Internationalverhältnisse noch die neuzeitliche und zur Erfassung makropolitischer
Randzonenverhältnisse untaugliche Kategorie ‚Klientel' relevant,[139] sondern allein
die Bereitschaft der Randstaatengebilde zum politischen Gehorsam (*obsequium*).[140]
Denn wie wir ebenfalls aus der bereits angeführten *Germania*-Passage erfahren, war
man in Rom bezüglich germanischer Stämme am Rande des Römischen Reiches
offenbar mehr am Faktum politischen Gehorsams interessiert als an einer (korrek-
ten) völkerrechtlichen Klassifizierung jener Internationalverhältnisse: Denn obwohl
Tacitus den Batavern Tributfreiheit und echte *societas* bescheinigt hat, sieht er den
Stamm der Mattiaker bezeichnenderweise im selben Gehorsamsverhältnis wie den
der Bataver: *est in eodem obsequio et Mattiacorum gens* (Tac. Germ. 29,2). Und für
die auswärtige Politik des Römischen Reiches war das offenbar das Wesentliche.
Denn nur dort, wo römischer Befehl (*imperium*) willfährigen Gehorsam (*obsequium*)
fand, herrschte Rom und existierte wirklich *Imperium Romanum*.

---

137   Kehne, Formen (wie Anm. 42), bes. 524 und Ders., Instrumentarium (wie Anm. 131), 48.
138   Siehe die vorherige Anm.
139   Zur Ablehnung der bereits im Ansatz verfehlten ‚Klientelstaatentheorie' siehe vor allem Kehne,
       Formen (wie Anm. 42), bes. 506 ff., 511 ff.; Ders., Instrumentarium (wie Anm. 131), 39 f.; Ders.,
       Externae gentes (wie Anm. 136), passim und Ders. Klientelrandstaaten (wie Anm. 136), passim.
       Ebenfalls abzulehnen ist die terminologisch ebenso verfehlte und aufgrund ihres offenkundigen
       Anachronismus längst als erledigt betrachtete Annahme von am Rande des *Imperium Romanum*
       gelegenen „Vasallenstaaten", die jüngst bedauerlicherweise von dem ansonsten streckenweise her-
       vorragenden Werk von F. Jacques und J. Scheid (Rom und das Reich in der Hohen Kaiserzeit
       (44 v.Chr.–260 n.Chr.), Bd. 1: Die Struktur des Reiches, Stuttgart/Leipzig 1998, 214 ff. prinzipiell
       und ebd. 224 ff. zu den germanischen Verhältnissen) wieder in die Diskussion eingebracht wurde.
140   Zum zentralen Begriff des Gehorsams (*obsequium*) in der römischen Reichs- und Außenpolitik
       siehe u. a. P. Kehne, DNP 8, 2000, 1036 f. s. v. obsequium; Ders., Formen (wie Anm. 42), 515 f.
       und Ders., Externae gentes (wie Anm. 136), 320, 326 mit Anm. 69, 333 mit Anm. 103.

Methodischer Nachtrag

Nach Maßgabe dieser Ausführungen und aus der darin eingenommenen Perspektive sind etliche, vor allem aus der archäologischen Literatur altbekannte, aber von Archäologen auch im Verlauf der in Marburg abgehaltenen Tagung wiederholt vorgetragene Pauschalisierungen – wie zum Beispiel die von Matthias Seidel für den Übergang von der Spätlatène- zur frühen Römischen Kaiserzeit vorgenommene: „Die Germanen in Hessen waren Rom friedlich gesinnt." – aus althistorischer und ganz allgemein ebenso aus formallogischer und damit wissenschaftlicher Sicht mindestens aus vier Gründen falsch oder im Hinblick auf römisch-germanische Verhältnisse der augusteisch-frühtiberischen Zeit sogar absurd:

1. A priori und schon per se falsch ist in diesem Kontext die Verwendung des bestimmten Artikels ‚die' in Bezug auf Germanen, da damit ‚alle' gemeint wären – was angesichts unserer beschränkten Informationslage (fast) immer eine absolut unzulässige Verallgemeinerung darstellt.

2. Aussagen wie die zitierte sind zudem methodisch zwangsläufig immer falsch, wenn sie sich ‚nur' auf einen (zudem noch äußerst spärlichen) archäologischen Befund stützen, weil das archäologische Material allein (egal ob es reichsrömische Produkte enthält oder nicht) n i e m a l s (eindeutige) Aussagen zu politischen Haltungen oder außenpolitischen Sachverhalten zulässt.

3. In ihrer Absolutheit sachlich unbeweisbar und von althistorischer Seite jedenfalls erheblich in Zweifel zu ziehen sind Aussagen wie die oben zitierte sodann schon deshalb, weil von Rom während des hier relevanten augusteisch-frühtiberischen Zeitraumes im Rhein-Main-Lahn-Gebiet mehrfach Krieg geführt wurde und in diesbezüglichen Schriftquellen als Gegner ausnahmslos ‚Germanen' genannt werden.[141]

4. Hinsichtlich des politischen Aussagegehaltes solcher Pauschalisierungen bleibt abschließend zumindest eines festzuhalten: Wenn die Altertumswissenschaften bezüglich der römisch-germanischen Beziehungen im hessischen Raum vieles nicht wissen, weiß die Alte Geschichte immerhin, dass „die Germanen" dort in augusteischer Zeit politisch nicht existierten und dem entsprechend nicht kollektiv handeln oder sich kollektiv verhalten konnten.

---

141 Drusus kämpfte mindestens 9 v.Chr. im hessischen Raum gegen Sueben und Chatten. Germanicus kämpfte 15 und 16 n.Chr. zumindest gegen Chatten.

Abbildungen

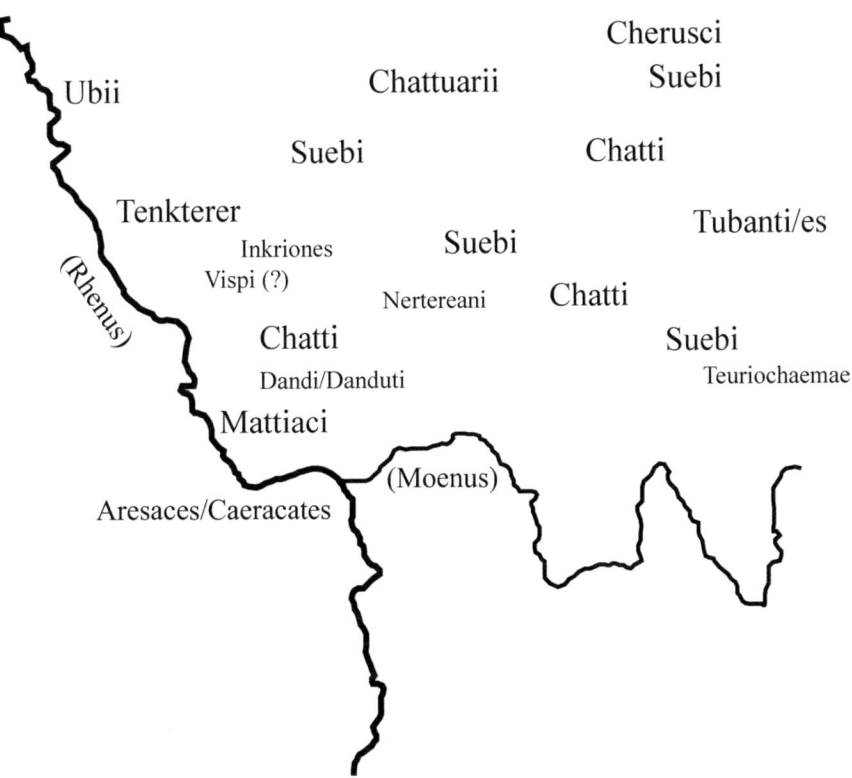

Abb. 1: Summarische Völkertafel.

Regionale Differenzierungen in den augusteischen Germanienfeldzügen[1]

Torsten Mattern – Trier

In der Altertumswissenschaft ist die Tatsache, daß die Germanen keine einheitliche Gruppe darstellten, sondern daß es sich um eine Vielzahl von unabhängigen Stämmen handelte, die sich in ihrer Gesamtheit allenfalls gegenüber anderen Kulturkreisen abgrenzend definieren lassen, allgemein akzeptiert. Der Grund für die Probleme, die mit der Durchsetzung dieser Sicht verbunden waren, lag bekanntlich in der Wirkungsmächtigkeit der römischen Schriftquellen, insbesondere in den Darstellungen Tacitus[2] und Caesars. Letzterer setzte aus innenpolitischen Gründen die Grenze seines Engagements am Rhein, indem er zwischen den linksrheinisch lebenden Galliern und den rechtsrheinischen siedelnden Germanen schied.

Natürlich führte diese caesarische Konzeption Germaniens auch in der Antike nicht dazu, daß Stammesgliederungen übersehen worden wären. Besonders in den Zeiten, als sich das römische Reich in direkter militärischer Konfrontation mit den Germanen befand, wurden die *gentes* sehr wohl differenziert wahrgenommen, auch deswegen, weil Stämme in der Lage waren, unabhängig von anderen zu agieren. Die häufigen innergermanischen Auseinandersetzungen zeigen dies deutlich, so die Angriffe der Sueben gegen die Ubier[3], der Sugambrer gegen die mit Rom verbündeten Chatten im Jahre 11 v.Chr.[4], die ursprünglich miteinander verfeindeten Stämme der Cherusker und Angrivarier[5], die Feindschaft zwischen den Cheruskern und Chatten[6], der Untergang der Ampsivarier[7] oder, als letztes Beispiel, der Krieg zwischen den Hermuduren und Chatten.[8]

---

1   Es handelt sich einen gegenüber der Tagung veränderten Beitrag. Der ursprüngliche Vortrag wurde mit dem Titel „*materies gloriae.* Die Germanenfeldzüge des Tiberius in den Jahren 4–5 n.Chr." in Klio 88, 2006, 446–482 vorgelegt. Den Organisatoren der Tagung und Herausgebern des Bandes danke ich herzlich für die Einladung.
2   Vgl. D. Timpe, Die Germania des Tacitus. Germanische Ethnographie und römische Zeitgeschichte, in: H. Schneider (Hrsg.), Feindliche Nachbarn. Rom und die Germanen, Köln/Weimar/Wien 2008, 167–200 zu ethnographischen Topoi.
3   Caes., Gall. 4,3.
4   Cass. Dio 54,33,1.
5   Tac. ann. 2,19.
6   Tac. ann. 12,28,2.
7   Tac. ann. 13,55 f.
8   Tac. ann. 13,57,1 f.

Bei den Stämmen handelte es sich also um voneinander vollkommen unabhängige und souveräne Gruppen. Überlagert wurde das Agieren der Stämme von den Unternehmungen der ‚Heerkönige'.[9] Dieser Personenkreis, welcher in den römischen Quellen in Absetzung zu den *reges* zumeist als *duces* bezeichnet wird, zeichnete sich durch besondere militärische Führungsqualitäten aus, so daß es ihnen gelang, eine Anhängerschaft (*comitatus*) für einen begrenzten Zeitraum zu sammeln, um gemeinsame Aktionen, zumeist wohl Streifzüge, zu unternehmen.[10] Ihre Legitimation erhielten sie im wesentlichen durch ihren Erfolg, es gelang ihnen aber kaum, längerfristige Gefolgschaften aufzubauen und ihr ‚Heerkönigtum' in eine Stammesherrschaft umzuwandeln, vielleicht war dies auch nicht immer ihr Ziel. Die Aktionen dieser *duces* waren nun nicht auf einzelne Stämme beschränkt, sondern es handelte sich mitunter, jedenfalls bei denen, die bedeutend genug waren, um Erwähnung in den römischen Quellen zu finden, um eine aus verschiedenen Stämmen gemischte Gefolgschaft. Aktionen und Gefolgschaften konnten dabei durchaus bedeutende Ausmaße annehmen, wie dies am Beispiel der Gruppe von Sugambrer, Usipetern und Tenkterer deutlich wird, die 16 v.Chr. sogar die 5. Legion unter Lollius schlagen konnten.[11] Die Gruppe zog sich anschließend über den Rhein zurück, wahrscheinlich, weil es gar nicht in ihrer Absicht lag, sich auf größere Auseinandersetzungen einzulassen, denn ihr Ziel war die Plünderung. Der Verband kämpfte nicht unwillig, vermied aber größere Auseinandersetzungen und zog sich nach Erreichung seiner Ziele, vielleicht auch nur mit Ablauf der vereinbarten Zeit, wieder zurück. Er strebte also eine Inbesitznahme von Land nicht an und schloß Frieden, was in der Panegyrik römischer Quellen auf das Nahen des Augustus zurückgeführt wurde. Am Beispiel dieses Vorfalles wird auch deutlich, daß in der Wahrnehmung das Handeln der Stämme von dem Handeln dieser Gruppen überlagert werden kann. Der Stamm und der Heeresverband eines *dux* werden sich in ihrer grundsätzlichen Haltung dabei nicht unbedingt widersprochen haben, ihre Aktionen konnten durchaus aber unabhängig voneinander sein.

Diese schwierige Befundlage unabhängiger Stämme und von ihnen wiederum unabhängiger Verbände unter der Führung von *duces* ist bekannt, es erstaunt aber, daß in den altertumswissenschaftlichen Disziplinen dennoch immer wieder auch von ‚German(i)enkriegen' gesprochen wird. Niemand käme in Versuchung, einen der makedonischen Kriege der römischen Republik als ‚Griechenkriege' zu charakterisieren. In diesem vollkommen anderen Kulturkreis, sind wir es nämlich gewohnt, in Poleis, Staaten oder Städtebünden zu denken, die wechselweise miteinander Kon-

---

9 Zusammenfassend A. Demandt, Arminius und die frühgermanische Staatenbildung, in: R. Wiegels/W. Woesler (Hrsg.), Arminius und die Varusschlacht. Geschichte – Mythos – Literatur², Paderborn 1999, 187–195; H. Wolfram, RGA 14², 1999, 115–117 s. v. Heerkönigtum; R. Wolters, Germanische Mobilität und römische Außenpolitik, in: Th. Grünewald (Hrsg.), Germania inferior, (RGA Ergb. 28), Berlin/New York 2001, 146–168.

10 B. Bachrach/Ch.R. Bowlus, RGA 14², 1999, 122 s. v. Heerwesen.

11 Cass. Dio 54,20; Suet. Aug. 23; Vell. 2,97,1.

flikte austrugen oder Bündnisse schlossen. Bei den germanischen Stämmen fällt hingegen der methodische Grundsatz der Ausdifferenzierung der Handelnden schwerer. Dies dürfte nicht zuletzt an der niedrigeren Kulturstufe und damit verbunden an der mangelnden Selbstdarstellung in materiellen oder literarischen Hinterlassenschaften liegen. Wir sind bekanntermaßen auf die römischen literarischen Quellen angewiesen, welche ihrerseits über eine ungenügende Trennschärfe (oder Interesse) bei der Differenzierung von Stämmen und Vorgängen verfügte, während die Lageanalysen der römischen Heerführer und ihrer Stäbe verloren sind – auch, weil diese Analysen, Velleius (und Strabon[12]) vielleicht einmal ausgenommen, für die römische Geschichtsschreibung entweder nicht zur Verfügung standen oder im Rahmen der jeweiligen Intention nicht von Interesse waren.[13] In gewisser Weise ist dies erstaunlich, da in den Quellen in der Regel von Verträgen berichtet wird, die mit einzelnen Stämmen abgeschlossen werden, hierin spiegelt sich also die Anerkennung der Geschäftsfähigkeit des Vertragspartners wieder. Insoweit ist also auch die mangelnde moderne Differenzierung nachvollziehbar, weil sie an unsere derzeitigen Erkenntnisgrenzen stößt und auch von dem archäologischen Fundgut kaum eine höhere kulturelle Trennschärfe erwartet werden darf.

Aus diesen Gründen muß aber auch klar sein, daß das Verhältnis der germanischen *gentes* zu den Römern eigentlich stärker differenziert werden muß, und zwar nicht nur chronologisch, sondern auch nach Stämmen, also regional, gegliedert. Ziel des Folgenden soll es nicht sein, auf die Gestaltungsmöglichkeiten der römischen Außenpolitik im Umgange mit Stammesstrukturen einzugehen, denn diese wurden bereits gut und kontrovers diskutiert[14], sondern auf mögliche Konsequenzen für die

---

12 Zu der um Genauigkeit bemühten Darstellung Strabos vgl. R. Wolters, Germanien im Jahre 8 v.Chr., in: W. Schlüter/R. Wiegels (Hrsg.), Rom, Germanien und die Ausgrabungen von Kalkriese, Kongr. Osnabrück 1996, Osnabrück 1999, 604.

13 Zum römischen Kenntnisstand über Stämme und Geographie z.B. D. Flach, Der taciteische Zugang zu der Welt der Germanen, in: Wiegels/Woesler (wie Anm. 9), 143–166; P. Kehne, Geographische und ethnographische Informationen über das nördliche Germanien und die Elberegion, in: R. Busch (Hrsg.), Rom an der Niederelbe, Neumünster 1995, 25–33; D. Timpe, Geographische Faktoren und politische Entscheidungen in der Geschichte der Varuszeit, in: Wiegels/Woesler. (wie Anm. 9), 13–27. – Außerdem zum römischen German(i)enbild: B. Günnewig, Das Bild der Germanen und Britannier. Untersuchungen zur Sichtweise von fremden Völkern in antiker Literatur und moderner wissenschaftlicher Forschung, Frankfurt a.M. 1998; C. Trzaska-Richter, Furor Teutonicus. Das römische Germanenbild in Politik und Propaganda von den Anfängen bis zum 2. Jh. n. Chr. (Bochumer Altertumswissenschaftliches Kolloquium 8), Trier 1991.

14 z.B. P. Kehne, Die Eroberung Galliens, die zeitweilige Unterwerfung Germaniens, die Grenzen des Imperium Romanum und seine Beziehungen zu germanischen gentes im letzten Jahrzehnt der Forschung, Germania 75, 1997, 266–284; P. Kehne, „Externae gentes" und „regna intra fines" im Nordgrenzenbereich des Imperium Romanum vom 1. bis zum 3. Jahrhundert: Eine Kritik der Klientelstaaten-Theorie, Eos 37, 2000, 311–334; W. Will, Römische ‚Klientel-Randstaaten' am Rhein? Eine Bestandaufnahme, BJb 187, 1987, 1–61; R. Wolters, Römische Eroberung und Herrschaftsorganisation in Gallien und Germanien. Zur Entstehung der sogenannten Klientel-Randstaaten, Bochum 1990.

Interpretation archäologischen Fundgutes aufmerksam zu machen. Hierzu seien nur
zwei Beobachtungen angefügt:

   Die einzige Quelle, die uns über das *immensum bellum* des M. Vinicius infor-
miert, ist Velleius Paterculus.[15] Grund und Anlaß des Krieges sind nicht bekannt,
werden aber zumeist in der gescheiterten Einmischung des L. Domitius Ahenobarbus in cheruskische Stammesangelegenheiten gesehen.[16] Das Ausmaß des Konfliktes wird daher begrenzt gewesen sein[17], obwohl es durchaus möglich wäre, daß sich
weitere Stämme den Cheruskern angeschlossen hatten, während von anderen, wie
z.B. den Friesen[18] und Chatten[19], bekannt ist, daß sie Rom treu blieben. Marcus
Vinicius schien die Situation nach Velleius unter Kontrolle gehabt zu haben und
führte den Krieg erfolgreich, so daß ihm vom Senat die Triumphalinsignien verlie-
hen wurden, verbunden mit der Aufstellung einer Statue und einer Ehreninschrift.
Diese Auszeichnung setzt einen entscheidenden Sieg in einem *bellum iustum* voraus
und gab dem Krieg damit einen Abschluß. Bei den 4 n.Chr. folgenden Feldzügen
des Tiberius ist auffällig, daß bedeutende Stämme, wie die Cherusker oder die östlich der Friesen siedelnden Chauken ,in die Obhut des römischen Volkes aufgenommen' wurden[20], erstere sogar, obwohl von ihnen der ursprüngliche Konflikt
ausgegangen war. Wahrscheinlich war die Niederwerfung der Cherusker bereits
durch Vinicius erfolgt, so daß Tiberius nur die förmliche Unterwerfung annehmen
mußte, denn diese Formulierung verweist nicht auf Kämpfe, sondern auf eine Unterwerfung unter militärischem Druck. Jedenfalls ist auffällig, daß die Brukterer und
die Langobarden die einzigen Stämme waren, die Tiberius im Kampf besiegen mußte[21]. Es handelte es sich hierbei wohl um eine Ausweitung des Konfliktes durch

---

15 Vell. 2,104,2. Zu dem Feldzug vgl. Mattern (wie Anm. 1) und P. Kehne, Zur Stategie und Logistik
    römischer Vorstöße in die Germania: Die Tiberiusfeldzüge der Jahre 4 und 5 n. Chr., in; J.-S. Kühl-
    born (Hrsg.), Rom auf dem Wege nach Germanien: Geostrategie, Vormarschstraßen und Logistik
    (BAW 45), Mainz 2008, 253–301.
16 Cass. Dio 55,10.
17 G.A. Lehmann, Zum Zeitalter der römischen Okkupation Germaniens: Neue Interpretationen und
    Quellenfunde, Boreas 12, 1989, 222 bes. Anm. 55 vermutete eine Folge von Einzelaufständen.
18 Bei den Friesen blieben die 8/7 v.Chr. abgeschlossenen Verträge mit Rom bis zu ihrem Aufstand
    28 n.Chr. in Kraft (Tac. ann. 4,72).
19 D. Timpe (Erwägungen zur historischen Einordnung des Lagers, in: M. Pietsch/D. Timpe/L. Wamser,
    Das augusteische Truppenlager Marktbreit, Ber.RGK 72, 1991, 316 ff.) und P. Kehne (Die Eroberung
    Galliens, die zeitweilige Unterwerfung Germaniens, die Grenzen des Imperium Romanum und seine
    Beziehungen zu germanischen gentes im letzten Jahrzehnt der Forschung, Germania 75, 1997, 280)
    vermuteten, daß die Chatten in den Tiberius-Feldzügen der Folgejahre Gegner Roms waren. Doch
    wies R. Wolters (Germanien im Jahre 8 v.Chr., in: W. Schlüter [Hrsg.], Rom, Germanien und die
    Ausgrabungen von Kalkriese, Osnabrück 1999, 617 mit Anm. 93) darauf hin, daß die Chatten von
    Velleius (2,109,5) nur im Zusammenhang mit dem Angriff auf das Markomannenreich genannt wer-
    den und daher als Beschreibung des Aufmarschweges der Legionen des Sentius Saturninus zu verste-
    hen sind. Auch A. Becker, Rom und die Chatten, Darmstadt 1992, 173 erkennt keine Beteiligung der
    Chatten am *immensum bellum*.
20 *recepti Cherusci* (Vell. 2,105,); *receptae Cauchorum nationes* (Vell. 2,106,1).
21 Bei den Brukterern, Caninefates/Chamavi und Attuariern benutzt Velleius das Verb *subiacere*, das

Tiberius, die mit dem eigentlichen Trägern des *immensum bellum*, den Cheruskern, keine ursprüngliche Verbindung mehr besaß. Die Semnonen und Hermuduren wichen dagegen auf das östliche Elbeufer aus und entzogen sich so der Unterwerfung.[22] Daß Velleius zwar weitere besiegte Völker erwähnt, ihre Namen aber nicht kennt – *victae gentes paene nominibus incognitae*[23] – ist Rhetorik, die die große Dimension der tiberischen Erfolge zum Ausdruck bringen soll. Es scheint also, als ob die Mehrzahl der germanischen Stämme weder Willens noch in der Lage waren, sich dem römischen Heer zu stellen. Berücksichtigt man ferner, daß die Schilderung des Feldzuges bei dem tiberischen Gefolgsmann Velleius unter der Notwendigkeit stand, einen für die *auctoritas* des Tiberius notwendigen, überaus großen militärischen Erfolg zu schildern, so reduziert sich das Ausmaß des ursprünglichen Konfliktes weiter. Das Eingreifen des Tiberius kann daher als Ausnutzung der Situation um Ruhm zu erwerben (*materies gloriae*), verstanden werden.[24] Letztlich handelte es sich für Augustus und Tiberius um eine willkommene Gelegenheit, den Krieg, der durch Vinicius bereits abgeschlossen waren, wieder zu intensivieren, um ihn dann in den Feldzug gegen die Markomannen zu überführen, welcher bekanntlich aufgrund des pannonischen Aufstandes abgebrochen werden mußte. Für eine regionale Differenzierung bedeutet dies nun, daß an dem Konflikt zuerst nur einige Stämme beteiligt waren, namentlich die Cherusker, während die übrigen Stämme zunächst weitgehend unbeteiligt waren und wohl erst durch Tiberius einbezogen wurden. Im Sinne der römischen Strategie war dies zweifellos folgerichtig, denn durch die Beschränkung auf einzelne Stammesgebiete wäre ein Flickenteppich aus unterschiedlichen Abhängigkeiten entstanden. In der regionalen Differenzierung drückt sich dann aber auch ein untereinander unabhängiges Handeln von Stämmen aus. Es wäre daher falsch, das *immensum bellum* und die Tiberiusfeldzüge als ,germanisch'-römische Auseinandersetzungen zu verstehen.

Ein weiteres Beispiel für eigenständiges und begrenztes Handeln von einzelnen Gruppen im Konflikt mit Rom ist die germanische Stammeskoalition aus Sueben, Cherusker, bald auch den Chatten, die von den Sugambrern 11–7 v.Chr. angeführt wurde und deren Auseinandersetzung schließlich mit der Umsiedlung der Sugambrer auf linksrheinisches Gebiet endete. Da die Sugambrer den Krieg eröffneten, indem sie den Rhein überschritten, mag vielleicht ihr Antrieb in dem Bestreben gelegen haben, ein Siedlungsgebiet links des Rheines zu finden. Jedenfalls stellte R. Wolters zu Recht die Frage, ob es in der Antike überhaupt möglich war, derartig viele Personen gegen ihren Willen umzusiedeln und vermutet eine einvernehmliche

---

eine anschließende Unterwerfung beinhaltet. Bei den Langobarden wird dagegen das sehr plastische *fracti* benutzt.
22 Vell. 2,107,1–2.
23 Vell. 2,106,1.
24 Mattern (wie Anm. 1).

Regelung.[25] In diesem Falle hat es sich wohl um einen römischen Vernunftfrieden gehandelt, der als Gegenleistung für die sugambrische Unterwerfung Teile der gegnerischen Forderungen erfüllte? Ein Vorbild stellte möglicherweise die Ansiedelung der Ubier im Kölner Raum dar, bei dem ebenfalls ein einzelner Stamm betroffen war, den zudem ein längeres Bündnis mit Rom verband.[26] Stets sind derartige Konflikte mit Rom auf eine benennbare und damit abgrenzbare Anzahl von Stämmen reduziert – schon deswegen ist auch die Velleische Formulierung der *victae gentes paene nominibus incognitae* unglaubwürdig. Zuletzt sei auch darauf verwiesen, daß die Chauken und Friesen, zunächst wohl auch die Usipeter und Angrivarier, im Varuskrieg treu auf Seiten Roms blieben, eine Tatsache, die bei dem großen Erfolg der Aufständischen kaum allein durch eine einzelne römische Vexillation bei den Chauken[27] oder den fraglichen Hinweisen auf eine römische Präsenz durch Militärfunde in Bentumersiel[28] und erklärt werden kann.[29]

Die sich so abzeichnende Fähigkeit zum unabhängigen Handeln, bei der als Entscheidungsgrundlage eigene Stammes- oder Gruppeninteressen im Vordergrund standen, und die daher notwendige regionale Differenzierung kann vielleicht auch durch die Verteilung der römischen Befunde im rechtsrheinischen Germanien illustriert werden. Es ist auffällig, daß sich die große Mehrzahl der bekannten augusteischen Militärstützpunkte oder Marschlager entlang der Lippe konzentriert. Dies kann kaum alleine mit der Rolle der Lippe als Vormarschweg erklärt werden[30], denn eine ähnliche Funktion besaßen auch die Lahn, der Main oder die später als „Hellweg vor dem Santforde" bekannte Trasse, an der sich auch der Fundplatz von Kalkriese befindet. Bei einer entsprechend großräumigen Verteilung der Gegner Roms wäre zu erwarten, daß auch an diesen Vormarschtrassen eine Konzentration militärischer Stutzpunkte vorläge. Gerade im Bereich der Wetterau und der Lahntrasse ist der Befund römischer Militärlager aber erstaunlich schmal.[31] Natürlich ist auch in

---

25 Wolters (wie Anm. 12), 604 f.; Wolters (wie Anm. 9), 162–165. – Als Zwangsmaßnahme dagegen bei P. Kehne, Limitierte Offensiven: Drusus, Tiberius und die Germanienpolitik im Dienste des augusteischen Prinzipats, in: J. Spielvogel (Hrsg.), Res Publica Reperta, FS J. Bleicken, Stuttgart 2002, 314.

26 Dazu W. Eck , Köln in römischer Zeit, (Geschichte der Stadt Köln 1), Köln 2004, 46–62.

27 Tac. ann. 1,38.

28 G. Ulbert, Die römischen Funde von Bentumersiel, Probleme der Küstenforschung im südlichen Nordseegebiet 12, 1977, 33–66.

29 Plin. nat. 25, 21 berichtet von einem *castrum* im Stammesgebiet der Friesen.

30 Zu Vormarsch-, Versorgungs- und ‚Kommunikations'linien vgl. u. a.: D. Timpe, Wegeverhältnisse und römische Okkupation Germaniens, in: H. Jahnkuhn/W. Kimmig/E. Ebel (Hrsg.), Untersuchungen zum Handel der vor- und frühgeschichtlichen Zeit in Mittel und Nordeuropa 5, Göttingen 1989, 83–107; G. Moosbauer/J.-S. Kühlborn/G. Rasbach, Kommunikationslinien, in: R. Wiegels (Hrsg.), Die Varusschlacht. Wendepunkt der Geschichte?, Stuttgart 2007, 44–49; H. Konen, Die Bedeutung und Funktion von Wasserwegen für die römische Heeresversorgung an Rhein und Donau in der frühen Kaiserzeit, in: Kühlborn (wie Anm. 15), 303–322.

31 Vgl. G. Rasbach/A. Becker, Zwischen Mittelrhein und Elbe. Einheimische Siedlungsplätze und römische Präsenz, in: Wiegels (wie Anm. 30), 95–101; A. Becker, Die Wetterau- und die Lahntrasse. Stand der archäologischen Forschungen, in Kühlborn (wie Anm. 15), 37–47.

Zukunft mit der Entdeckung von weiteren Stand- oder Marschlager zu rechnen, die, wie der Fundplatz Hedemünden, unsere Kenntnis erweitern werden, doch scheint es zweifelhaft, ob sich damit das gesamte Verteilungsbild ändern würde. Dies ist umso mehr zu vermuten, da die Standlager und mit ihnen die derzeit bekannte Massierung römischer Truppen fast ausschließlich entlang der Lippe liegen[32], während saisonale Lager auch andernorts, etwa wie in Dorlar, gefunden wurden. Und diese Verteilung gilt erstaunlicherweise in allen Phasen der augusteischen Germanienpolitik, sowohl den Drusus-Feldzügen, wie auch den Tiberius-Feldzügen.[33] Es fällt nicht schwer daraus zu folgern, daß die Truppen deswegen an der Lahn massiert wurden, weil sich in diesem Gebiet auch die Hauptgegner befanden. Wichtiger aber ist der Umkehrschluß, daß nämlich in anderen Regionen keine gleichrangigen Gegner vorhanden waren, die eine derartige Militärpräsenz erforderten.

Die Interpretation der literarischen und archäologischen Quellen bekommt also einen höheren Aussagewert, wenn von einer faktischen Unabhängigkeit jedes Stammes ausgegangen wird, die ihn im Rahmen der jeweiligen Möglichkeiten zu einem von anderen Stämmen unabhängigen Handeln gegenüber Rom befähigte – jedenfalls entspräche diese politische Handlungsfreiheit auch der faktischen räumlichen Mobilität der Stämme, wie sie sich im o.g. Ausweichen der Hermuduren und Semnonen und den Wanderungen der Ubier und Markomannen zeigte. Diese Unabhängigkeit sollte sich umgekehrt auch in der Reaktion Roms auf das Verhalten jedes einzelnen Stammes und nicht einer abstrakten Gesamtheit ‚der Germanen' gegenüber widergespiegelt haben. Als Folgerung wäre mithin zu bedenken, ob eine ungleichmäßige Verteilung römischer Militärstützpunkte nicht diese flexible und variable Situation zeigen könnte. Dies erklärt möglicherweise auch den in seinem weiträumigen Kontext immer noch erklärungsbedürftigen Befund von Waldgirmes. Hierbei geht es nicht um die Tatsache, daß es sich um eine zivile Siedlung mit stark merkantilen Aspekten handelt, die hierzu vorgelegten Grabungsbefunde und ihre Interpretation sind eindeutig, sondern um den Befund, daß es in Zeiten, in denen andernorts großräumige militärische Unternehmungen mit einer hohen Anzahl von Truppen durchgeführt wurden, überhaupt möglich war, derartige Poleis[34] ohne gleichzeitige starke Truppenpräsenz aufzubauen! Auch wenn die zeitweilige Nähe

---

32 Außerdem ist man bei Analysen zwangsläufig immer auf den aktuellen Forschungsstand beschränkt.

33 Die Phase der Vinicius-Feldzüge wird in den schwierig zu datierenden Marschlagern entlang der Lippe zu finden sein, wie sie u.a. in Holsterhausen, Haltern und Anreppen z.T. mehrfach belegt sind. Interessant ist hier die rein zahlenmäßige Aufteilung der bekannten Marschlager auf die Anzahl der Kriegsjahre. Nimmt man nicht an – was natürlich sehr wohl möglich wäre – daß in einem Jahr an einem Platz mehrere Marschlager angelegt wurden, dann dürften bei 10 Kriegsjahren allein in Holsterhausen fast alle Kriegsjahre durch ein Lager repräsentiert sein. Zu Holsterhausen: J.-S. Kühlborn, Die Grabungen in den westfälischen Römerlagern, in: Von Anfang an. Archäologie in Nordrhein-Westfalen, Köln 2005, 119; P. Illisch, Der Münzschatzfund von Dorsten-Holsterhausen, ebd. 369–372; W. Ebel-Zepezauer, Die augusteischen Marschlager in Dorsten-Holsterhausen, Germania 81, 2003, 543–555.

34 Cass. Dio 56,18.

von Truppen im saisonal genutzten Dorlar angenommen wird, bleibt der Kontrast zu den schwer gesicherten Anlagen an der Lippe, der geplante Verwaltungsmittelpunkt Haltern wurde immerhin mit einer halben bis dreiviertel Legion gesichert, doch signifikant. Nachdem nun archäologisch bewiesen ist, daß Cassius Dio mit dem Terminus ‚Polis' als Bezeichnung für eine zivile Siedlung nicht irrte, wie noch verschiedentlich vor der Aufdeckung von Waldgirmes angenommen wurde, gibt es wenig Grund, auch an dem Plural πόλεις zu zweifeln. Vielmehr zeigt die Forschung, daß bei Unverträglichkeit von archäologischen Befunden und historischen Quellen im Regelfall eher von dem Unverständnis der Interpreten und nicht von einem Irrtum der antiken Quelle ausgegangen werden sollte. Man kann also annehmen, daß es ähnliche, vorrangig zivile Anlagen gegeben hat, die wohl eher im Lahn-Main-Bereich als entlang der Lippe zu suchen sind[35].

Eine regional differenzierte Sicht könnte auch den neuen Befunden eines vorchristlichen Gründungsdatums (4/3 v.Chr.) von Waldgirmes Rechnung tragen, ohne daß hieraus zwangsläufig Änderungen für die Chronologie der Lippelager abgeleitet werden müssten.[36] Der typologische Abstand des Fundmaterials des Haltern-Horizontes zu dem des Oberaden-Horizonts bleibt nach derzeitiger Modellbildung immer noch bedenkenswert. Wenn sich die Befunde aus Waldgirmes aber tatsächlich so interpretieren ließen, daß hier ein ‚Emporium' bereits vor der Zeitenwende bestand, dann hat das zwar regional große Folgerungen, könnte aber möglicherweise in seiner Aussagefähigkeit für die Militärlager in der Westfälischen Bucht begrenzt sein. Man könnte hierin vielmehr auch einen Hinweis auf eine regional unterschiedlich intensive römische Durchdringung des rechtrheinischen Raumes erkennen, ggf. auch im Sinne einer regionalen indirekten Herrschaftsausübung. Die Implikationen für die Zeit der Germanicus-Feldzüge wären noch weitreichender: Sollte sich die Interpretation der Ausgräber bestätigen, daß in Waldgirmes auch ein Germanicus-zeitlicher Fundhorizont vorliegt[37], dann wäre davon zwangsläufig wohl auch die Enddatierung des Haltern-Horizontes insgesamt betroffen, wird doch die Einheitlichkeit des Fundmaterials stets betont[38]. Der Befund würde aber darüber hinaus

---

35 Sofern nicht auch der Verwaltungscharakter von Haltern so ausgedrückt werden könnte?
36 Der höhere Anteil älterer Münzen in Haltern gegenüber Waldgirmes muß nicht notwendigerweise chronologische Gründe haben, sondern könnte auch mit einem anderen Modell der Geldversorgung erklärt werden. Davon unabhängig bleibt die Frage, ob es einen römischen Rückzug oder lediglich eine Umstrukturierung der römischen Präsenz mit der Aufgabe strategisch überflüssiger Lager (z.B. Oberaden) gegeben hat, zweifellos spannend und von hoher Bedeutung. Wenngleich es durchaus neue Argumente für eine fortgesetzte Okkupation seit 8 v.Chr. gibt, bliebe dennoch zu beantworten, an welche Orte innerhalb Germaniens die römischen Truppen die Umstrukturierung geführt hat. Derzeit scheint mir das „alte" Klientelstaatenmodell noch die überzeugendere Erklärung zu sein (vgl. R. Wiegels, Von der Niederlage des M. Lollius bis zur Niederlage des Varus, in: Schneider [wie Anm. 2] 59).
37 A. Becker, Lahnau-Waldgirmes und die Feldzüge des Germanicus, Mitteilungen des Oberhessischen Geschichtsvereins 93, 2008, 83–89.
38 A. Becker, Die Römer an der Lahn. Ausgrabungen in Waldgirmes, in: Schneider (wie Anm. 2), 100.

erneut die besondere Situation der Wetterau und des Lahngebietes unterstreichen. Gegenüber der andernorts besonders brutalen Kriegsführung der Jahre 14–16 wäre die Lage an der Lahn und in der Wetterau dann fast idyllisch zu nennen, was freilich erklärungsbedürftig bliebe. Aber auch wenn sich die Germanicus-zeitliche Interpretation der Befunde von Waldgirmes nicht halten ließe, dann bleiben immer noch signifikante Unterschiede der Dislozierung von Truppen innerhalb des traditionell datierten Haltern-Horizontes. Möglicherweise ist die so unterschiedlich stark ausgeprägte militärische Präsenz durch eine gegenüber der westfälischen Bucht anders zusammengesetzten Bevölkerung zu erklären? Ursache könnte die keltische Restbevölkerung sein.

> „Im Rhein-Main-Gebiet, der Wetterau und im Lahntal scheint sich die römische Besatzungsmacht gezielt an den Resten der spätlatènezeitlichen Bevölkerung orientiert zu haben, vermutlich, weil dort immer noch Anknüpfungspunkte für städtische Strukturen und Wirtschaftsformen vorhanden waren."[39]

Die Lösung von einer grobmaschigen Sicht der Auseinandersetzung zu einem Bild, in dem jeder Stamm zu verschiedenen Zeiten unterschiedliche Positionen gegenüber Rom und seinen Nachbarstämmen spielen konnte, würde jedenfalls helfen, durch die Einbeziehung von Regionalitäten die Befunde realitätsnaher zu deuten. Im Kontext mit einer okkasionellen Strategie römischer ‚Germanien'politik erwüchse schon aus einer Berücksichtung derartiger Möglichkeiten eine interessante Diskussion.

---

39 A. Becker/G. Rasbach, „Städte in Germanien": Der Fundplatz Waldgirmes, in: Wiegels (wie Anm. 30), 109, die in Waldgirmes (ebd.) sogar ein gezieltes Kolonisationsprojekt sehen.

Verkehrswege und die wirtschaftliche Nutzung der Ressourcen *in barbarico*

Gabriele Rasbach – Frankfurt

Mit der Entwicklung der althistorischen Wissenschaft in Deutschland und dem Aufkommen des Nationalstaatsgedankens im 19. Jahrhundert bekam die Beschäftigung mit den römischen Kriegszügen in das ‚freie Germanien' eine besondere Bedeutung. Die Wege der römischen Truppen nachzuzeichnen, kann als eine der Wurzeln der Altwegeforschung angesehen werden. Der Altwegeforschung liegen zum einen Kartierungen von Bodendenkmälern zugrunde (Siedlungen und Grabhügeln), zum anderen basiert sie auf der Auswertung von Urkunden und anderen Dokumenten sowie Reiseberichten, die oft in regionalen Archiven verwahrt werden. Ergänzt werden die daraus gewonnenen Informationen heute durch die Anwendung von Geographischen Informationssystemen, die es ermöglichen, den Verlauf von alten Wegen auf Modelberechnungen basierend annähernd zu bestimmen. Grundlage hierfür bilden geographische Daten zu Hangneigungen, klimagünstigen Hangseiten und den historischen Überlieferungen zu Furten und Wegmarken (Wegekreuze).

Man muss davon ausgehen, dass neben der Anlage neuer Wege auch vorrömische Verkehrsverbindungen[1], die uns in Kartierungen vorrömischer Grabhügel und Siedlungen vermittelt werden, bei der Eroberung neuer Gebiete auch von den römischen Truppen benutzt wurden. Die bestehende Infrastruktur einheimischer vorrömischer Prägung verband die Befestigungen auf den Höhen miteinander, bildete, wo es zur Überwindung von Defilés notwendig war, Taldurchgänge, und die dazu notwendigen Furten wurden bis zum Beginn der Mühlenwirtschaft, in manchen Regionen bis zum Beginn des Chausseebaus begangen. Altwege orientierten sich wesentlich an der Ausrichtung der Hänge (Wetterseite, Südseite), den Hangneigungen und an weithin sichtbaren Orientierungspunkten im Gelände (Abb. 1).

Zwei Beschreibungen mögen den Unterschied von Altwegeführungen zu modernen und auch römischen Straßenverläufen verdeutlichen:

> „Diese Straßen waren nicht kunstfertig gebaut und mussten deshalb einen festen dürren Boden suchen, in der Regel die Rücken der Berge. Hier zogen sie meist einsam, die bewohnten Stätten vermeidend, ihren fernen Zielen entgegen."

---

[1] Vom Schanzen von Wegen und Dämmen berichtet u. a. Caes. Gall. 7,58,1.

So beschreibt Georg Landau 1856 diesen Unterschied.[2]

> „Wenn aber ein Gebirge (Höhenzug), das nach beiden Seiten Ausläufer,
> Flachrücken sendet, quer überschritten wurde, dann ziehen die Straßen von
> den anliegenden Thälern oder Niederungen auf den flachsten, wohlausge-
> suchten Ausläufern bis auf den Gebirgsrücken und überschreiten diesen auf
> dem kürzesten Wege, vorausgesetzt, dass sich an dem gegenüberliegenden
> Abhange bald wieder ein günstiger Seitenrücken anlehnt, auf dem die Straße
> bis an den entgegengesetzten Fuß des Gebirges geführt werden konnte. Zeigt
> sich ein solcher günstiger Ausläufer nicht, dann finden wir diese Straße so
> lange auf dem Gebirgsrücken fortgeführt, bis ein derartiger vorkommt. Die
> ältesten römischen Heerstraßen sind demnach nur mit den angeführten Aus-
> nahmen auf dem dominierenden Terrain, häufig auf Wasserscheiden, unter
> möglichster Vermeidung von Thal- und Schluchten-Übergängen (Defilés)
> mit öfters großen Umwegen von einem Militärort zu dem anderen geführt,
> und wo die Straße einen Thalübergang nicht mehr vermeiden konnte, wurde
> ein solcher an den günstigsten Stellen gewählt. Ferner sind die durch die Ter-
> rainverhältnisse bedingten Umwege der Heerstraßen durch gerade geschnit-
> tene Botenwege abgeschnitten."[3]

Diese Beschreibung verdanken wir E. Paulus, der 1859 eine der frühesten Karten
Württembergs erstellte, in der die archäologischen Zeugnisse von Römern und Kelten als Zeiger alter Wege eingetragen sind. Bei seiner Beschreibung unterschied
E. Paulus zwischen „Heerstraßen" und „Botenwegen". Die ausgebauten römischen
„Heerstraßen" in den Provinzen des römischen Reiches veränderten erstmals grundlegend durch die Anlage von Kunststraßen das allein auf naturgegebenen Bedingungen beruhende Wegenetz der vorrömischen Zeit. Beschäftigt man sich mit vor- und
frühgeschichtlichen Fundstätten, muss man dieses so ganz anders verlaufende
Wegenetz stets berücksichtigen.

Einer der am besten untersuchten alten Wege ist der „Goldene Steig" von Pra-
chatiče nach Passau. Historische Quellen berichten, dass man die Strecke von rund
75 km durch das böhmische Mittelgebirge innerhalb einer Woche hin und zurück
bewältigte.[4] Um eine optimale Wegeführung zu nutzen, bevorzugen Hang- oder

---

2 G. Landau, Beiträge zur Geschichte der alten Heer- und Handelsstraßen in Deutschland, Zeitschr. Dt.
   Kulturgesch. 1856, 383–405.
3 E. Paulus, Die Römerstraßen im Allgemeinen mit besonderer Rücksicht auf das römische Zehentland.
   Schr. Württemberg. Alterthums-Ver. 1,4, 1856, 1–31, bes. 8–9; E. Paulus, Generalkarte von Württemberg. 4 Blätter im Maasstab 1:200000. Mit archäologischer Darstellung der römischen und alt-
   germanischen (keltischen) Überreste (Stuttgart 1859) 4 S., 4 Karten.
4 F. Kub/P. Zavřel, Geländeforschungen am Goldenen Steg auf der Strecke Prachatice – Staatsgrenze.
   Arch. Arbeitsgemeinschaft Ostbayern 2, 1992, 123–127; L. Pauli, Salzgewinnung und Salzhandel in
   vor- und frühgeschichtlicher Zeit zwischen Alpen und Mittelgebirge, in: M. Treml/W. Jahn/E. Brock-
   hoff, Salz macht Geschichte, München 1995, 204–211; L. Pauli, Der goldene Steig, in:

Höhenwege die klimatisch günstigen Südhänge und zumeist eine Steigung zwischen 5–10 %, womit eine durchschnittliche Geschwindigkeit von 4–5 km in der Stunde erreicht wird.

Das Bild heutiger Verkehrswege wird hingegen durch Autostraßen und Eisenbahnen geprägt, deren Wegeführung mit mächtigen Brücken und Dämmen eine gerade Streckenführung über natürliche Hindernisse hinweg erlauben. So verlaufen moderne Verkehrsadern entlang von temporär hochwassergefährdeten Flussniederungen und queren breite Täler; ganz andere Wegeführungen mussten Verkehrswege in alter Zeit nehmen.

Neben den auf den Bergen oder entlang der Berghänge verlaufenden Fernwegen (Wasserscheidenwege) bildeten die Flüsse wichtige, wenn auch oft nur saisonal nutzbare Transportwege. Dies fällt besonders ins Auge, wenn man eine Karte der römischen Stationen im rechtsrheinischen Barbaricum betrachtet. An Lippe, Lahn und Main bilden römische Militärlager und zivile Stationen wichtige Versorgungszentren für die Eroberung und Kontrolle der einzelnen Regionen.

Eine wichtige antike Schriftquelle, welche die Vorgehensweise bei der Eroberung und Kontrolle des Landes ausführlich beschreibt, ist Caesars Bericht über den Gallischen Krieg. Die Versorgung großer Truppenverbände mit Getreide war von zentraler Bedeutung.[5] Caesar beschreibt, wie schnell die Legionen, aber auch die einheimischen Truppen – Gallier wie Germanen – oft über weite Strecken hinweg im Gelände agierten. Dies setzt die Kenntnis vorhandener Wegeverbindungen voraus, ohne die ein strategisches schnelles Verschieben von Einheiten und die Logistik zu ihrer Versorgung nicht denkbar sind.[6]

Über die Widrigkeiten des Reisens auf unbefestigten Straßen geben zahlreiche Reiseberichte und Urkunden von der Antike bis in die Neuzeit Auskunft. In seltenen Fällen gelingt es der Archäologie, Spuren historischer Wege und Straßen aufzudecken.[7] So gelang es 2003 südlich von Waldgirmes, die Reste einer alten Straße

---

G. Kossack/G. Ulbert (Hrsg.), Studien zur vor- und Frühgeschichtl. Arch. 1. Festschrift J. Werner (Münchner Beitr. Vor- u- Frühgesch. Ergbd. 1), München 1974.

5   Caes. Gall. 6,22;29. An dieser Stelle geht Caesar auf die unterschiedliche Leben- und Wirtschaftweise zwischen Galliern und Germanen ein. Seine Furcht, wegen mangelnder Getreideversorgung der Truppen in Germanien zu scheitern, lässt Caesar zweiten Zug nach Germanien abbrechen. Aber mehrfach wird von Caesar berichtet, er habe Kriegszüge begonnen, als das Getreide reifte (z. B. gegen Ambiorix 6,9,4).

6   A. Becker, Zur Logistik der augusteischen Germanienfeldzüge, in: P. Kneissl/V. Losemann (Hrsg.), Imperium Romanum. Studien zur Geschichte und Rezeption. Festschrift für Karl Christ, Stuttgart 1998, 41–50

7   W. Mägdefrau, Überregionale Kontakte und Fernhandelsbeziehungen thüringischer Städte im späten Mittelalter, Alt-Thüringen 13, 1975, 230–272; B. Bahn, Alte Wege im Unstrutmündungsgebiet, Jahresschr. Mitteldt. Vorgesch. 56, 1972, 211–235; A. Schürger, Straßennetz im Nordharzvorland, in: Archäologie XXL (Arch. Sachsen-Anhalt 4), Halle/Saale 2006, 189–191. Wegetrasse aus dem 9./10. Jahrhundert.

auszugraben.[8] Das Wegstück war wohl Teil des späteren „Schunkauer Weges“, dessen Verlauf noch im Flurbuch der Gemeinde Waldgirmes aus dem Jahr 1833 eingetragen ist.[9] Die archäologisch untersuchte Wegtrasse zeichnete sich im Boden durch mit Steinen verfüllte Gruben aus, die zur Befestigung bzw. wohl als Unterbau für eine hölzerne Konstruktion dienten. Zwischen den Gruben waren ältere Fahrspuren von Karren und Wagen zu erkennen, aus denen einzelne Scherben geborgen wurden, die chronologisch in das 14. bis 16. Jahrhundert eingeordnet werden können (Abb. 2).

Von Wetzlar kommend, kreuzte der „Schunkauer Weg“ die Lahn bei Wetzlar-Naunheim, um entlang der Bergrücken rechts der Lahn nach Norden zu verlaufen, wo er sich in der Gemarkung Waldgirmes mit der „Alten Marburger Straße“ verband.[10] Eine weitere Straße – die Weinstraße – zog von Mainz aus entlang des Taunusfußes[11] in das Lahntal, um dort über Gießen Richtung Epsdorfer Grund den Weg nach Osten und Norden zu öffnen. Diese Straße kreuzte laut einer Urkunde aus dem Jahr 1656 zwischen Argenstein und Wolfshausen die Lahn, um durch eine in Höhe von Niederweimar belegte Furt das andere Lahnufer zu erreichen und sich mit der nördlich der Lahn verlaufenden „Alten Marburger Straße“ zu verbinden.[12] Von Butzbach an zweigte die so genannte „Marendorfer Straße“ ab, die über den Epsdorfer Grund in den Raum Kassel-Hannoversch Münden führte.[13] Der neu entdeckte römische Fundplatz von Hedemünden, liegt ebenfalls an einer aus historischen Quellen bekannten Furt über die Werra.[14]

Über den Verlauf historisch belegter Altwege geben außerdem Furten wichtige Hinweise. Die zu Waldgirmes nächst gelegenen Lahnfurten liegen westlich bei Wetzlar-Naunheim (in Höhe der Naunheimer Mühle) – dieser Übergang ist saisonal noch heute zu benutzen – sowie östlich bei Lahnau-Dorlar; durch Flussregulierungen wurde die Furt bei Dorlar Anfang des 19. Jahrhunderts zerstört.[15] Als

8 A. Becker/K. Droß, Nicht alle Wege führen nach Rom…, HessenArch. 2003, 151–153.

9 Den Hinweis auf das Flurbuch der Gemeinde Waldgirmes von 1833 verdanke ich Herrn Erwin Schmidt, Waldgirmes (Archiv des Heimatmuseums Waldgirmes).

10 Dieser alte Weg war noch bis in die 70er Jahre des 20. Jahrhunderts als Hohlweg erhalten.

11 Das römische Kastell Butzbach diente auch der Sicherung dieses Weges.

12 G. Landau, Beiträge zur Geschichte der alten Heer- und Handelsstraßen in Deutschland (Hess. Forsch. 1), Kassel/Basel 1958, v.a. 39 Anm. 3 zu Niederweimar: „Im J. 1656 fuhr der Frankfurt-Kasselsche Postwagen zwischen Argenstein und Wolfshausen durch die Lahn.“

13 W. Görich, Taunus-Übergänge und Wetterau-Straßen im Vorland von Frankfurt, Mitt. Ver. Gesch. und Landeskde. Bad Homburg 23, 1954, 3–19; F. Kofler, Alte Strassen in Hessen. Westdt. Zeitschr. Gesch. u. Kunst 15, 1893, 18–44.

14 R. Wegner, Furten, Fähren, Brückenschläge im Raum Hann. Münden (Sydekum-Schr. 23), Hannoversch Münden 1994, 58 Abb. 100 (Ausschnitt aus Schleenstein'scher Karte 1705/15); K. Grote, Das Römerlager im Werratal bei Hedemünden (Ldkr. Göttingen). Ein neu entdeckter Stützpunkt der augusteischen Okkupationsvorstöße im rechtsrheinischen Germanien, Germania 84, 2006, 27–59.

15 W. Brandl, Altstraßen im Bereich des Himbergs, Jahrb. Heimatkundl. Arbeitsgem. Lahntal 10, 1987, 51–56. – Zum röm. Marschlager Dorlar: S v. Schnurbein/H.-J. Köhler, Dorlar. Ein augusteisches Römerlager im Lahntal, Germania 72, 1994, 193–203.

weitere historisch gut belegte Lahnübergänge sind die Furten bei Wetzlar und die Wolfsfurt zwischen Heuchelheim und Klein Linden zu nennen. Der historisch belegte Weg querte die Lahn über die „Wolfsfurt", um sich nördlich des Dünsberges in Höhe des alten „Gronauer Schlosses" mit dem vom Mittelrhein kommenden, auf der Wasserscheide verlaufenden „Rennweg" zu verbinden und als „Weinstraße" die Wetterau und das Lahntal an das nord- und ostdeutsche Wegesystem anzubinden.

Die genannten Furten im Umfeld von Waldgirmes erbrachten bis auf die Furt bei Wetzlar-Naunheim beim Kiesabbau zahlreiche archäologische Funde, die einen deutlichen Beleg für ihre Nutzung seit vorgeschichtlicher Zeit bilden.[16] Auch die Zusammensetzung der Funde in der römischen Siedlung Waldgirmes weist auf Verbindungen sowohl zum Mittelrhein – bzw. zum westlich davon gelegenen nordgallischen Gebiet – wie auch auf Regionen im westlichen Elbegebiet, Thüringen und dem böhmischen Becken.

Auch die anderen Fundorte, die frührömisches Siedlungsmaterial erbracht haben (Mainz, Mainz-Kastel, Frankfurt-Höchst, Friedberg, Bad Nauheim, Rödgen), lassen sich mit der bereits genannte Straße von Mainz ins Lahntal verbinden (Abb. 3).

Mit der Furt bei Wetzlar-Naunheim und dem Verlauf der darauf ausgerichteten Marburger Straße, die – die Hochterrassen am Nordufer der Lahn nutzend – nördlich am römischen Waldgirmes vorbeizog, war auch eine Landweganbindung nach Westen gewährleistet. Dieser alte Weg ist heute noch an einigen Stellen als Feld- bzw. Waldweg nutzbar; nördlich der römischen Fundstelle Waldgirmes war er noch bis in die 70er Jahre des 20. Jahrhunderts als Hohlweg erhalten.

Geschwindigkeiten eines Boten

Aus dem römischen Transportwesen ist die Aufteilung in feste Strecken mit *mansiones* für Ruhepausen und Pferdewechsel – der *cursus publicus* – gut bekannt. Doch wie war die Situation im ‚Barbaricum'? Zum Transportwesen und der Nachrichtenübermittlung im Raum des rechtsrheinischen Mittelgebirges können mittelalterliche und frühneuzeitliche Quellen Hinweise geben. In der textlichen Überlieferung wird unterschieden zwischen einem Läufer, dem Ritt eines vertrauenswürdigen Boten, der wegen der zügigen Übermittlung einer Nachricht die Pferde wechseln musste, einer Übermittlung mit wechselnden Boten, in neuerer Zeit als Stafettenritt bekannt, und dem Transport von Waren mit Karren und Saumtierkolonnen.[17]

Um 1490/95 richtete Franz von Taxis im Auftrag von Kaiser Maximilian I. die erste Postenlinie zwischen den Residenzen Wien/Innsbruck und Brüssel/Mechelen

---

16 K. Kunter, Baggerfunde aus der Lahnaue bei Heuchelheim/Dutenhofen als Beitrag zur Besiedlungsgeschichte des Giessen-Wetzlarer Raumes, Fundber. Hessen 22/23, 1982/83 (1994), 69–182.

17 Brockhaus, Wiesbaden 1972, s. v. Post: „Das Wort Post ist aus dem lateinischen posita ‚festgelegter' (Aufenthaltsort) über italienisch posta entstanden und bedeutete ursprünglich Standort der Boten, Pferde oder Wagen, die zu bestimmten Zeiten und Zielen zu festgelegten Gebühren benutzt werden konnten."

ein. Für die Strecke zwischen Innsbruck und Mechelen benötigte eine Nachricht, die von einer Reiterstafette überbracht wurde, 5 ½ Tagen. Die Strecken waren in Posten – Stationen zum Pferdewechsel – unterteilt, die in Deutschland durchschnittlich 2 Meilen auseinander lagen; eine Meile kann mit rund 7,5 km umgerechnet werden. Mit dem in dieser Art organisierten Stafettenritt wurde auch die Strecke von Frankfurt nach Prag in rund 5 Tagen bewältigt.[18] Diese aus Post-Tabellen und Postenkarten entnommenen Angaben vermitteln einen Eindruck von der Geschwindigkeit des Reisens und Reitens in der Zeit vor dem Ausbau des ersten modernen Straßenbaus – dem Chaussee-Bau – Ende des 18. und vor allem im 19. Jahrhundert.

Doch nicht nur die Geschwindigkeit und der Streckenverlauf auf Fernverbindungen[19], sondern auch der Wegverlauf im Regionalverkehr ist zum Beispiel der 1742 in Frankfurt publizierten Posttabelle zu entnehmen. So werden etwa verschiedene Wege durch das Lahntal bzw. das rechtsrheinische Mittelgebirge und die Wetterau genannt, für die es auch für die vorgeschichtlichen Zeiten Hinweise gibt.[20]

18 Franz Maximillian Diez, Allgemeines Postbuch und Postkarte von Teutschland und einigen angränzenden Ländern, Frankfurt am Main 1795, S. 349 von Nürnberg nach Wetzlar 20 Posten 40 Meilen reitende Post, S. 356 Prag bis Frankfurt (30 Posten) und Frankfurt nach Coblenz 6 ¾ Posten, dies ergibt für eine Strecke vom Mittelrhein nach Böhmen 1795 rund 36 Posten; S. 358 von Frankfurt nach Prag benötigt die reitende Post rund 5 Tage bei 20 ½ Posten und 14 Meilen.

19 Als weiteres Beispiel: Post-Tabelle oder Verzeichniß deren Post-Strassen in dem Kayserlichen Römischen Reich und zum Theil auch in denen angräntzenden Landen, verfast durch Franz Joseph Heger, Wien 1763: Darin von Erfurt nach Prag (19 Posten – je 2 Meilen – je 7,5 km) über Arnstadt, Ilmenau, Lobenstein, Hof, Asch, Eger, Zwoda, Carlsbaad, Buchau, Liekowitz, Colleschowitz, Zischovviz, Jenitsch, Prag.

20 Post-Tabellen oder Verzeichnis derer Post-Strassen von Deutschland und einigen anderen Ländern aus den besten Postcarten zusammen getragen. Franchfurt am Mayn 1742, S. 8 von Cölln nach Wetzlar (Cölln bis Siegburg [1 ½] Uckerot [1] Weyerbusch [1 ¼] Wissen [1] Siegen [1] Dillenburg [1 ½] Wetzlar [1 ½] Posten); S. 16 von Kassel nach Frankfurt: Werckel (3), Jessberg (2) Halsdorff (2) Marburg (2) Giessen (3) Friedberg (3) Frankfurt (3); S. 16 von Giessen nach Wetzlar (2); S. 16 von Frankfurt nach Arensberg: Friedberg (3) Wetzlar (3 ½) Dillenburg (3) Siegen (3) Veischede (3) Stockum (3) Arensberg (2); S. 17 von Münster nach Osnabrück: Lattbergen (3), Lengerich (1) Osnabrück (2); S. 17 von Francfort nach Münster: Francfurt bis Friedberg (1 ½) Gießen (1 ½) Paderborn (1 ½) Gilserberg (1 ½) Fritzlar (1 ½) Volckmarsheim (2) Scherbede (1) Paderborn (1 ¾) Rittberg (1 ½) Herzenbrock (1) Warendorff (1) Münster (1). – Franz Maximillian Diez, Allgemeines Postlauf und Strassenbuch durch das ganze Heilige Römische Reich und einige angränzende Landen mit der bey jeder Haupt- und Hansestadt bemerkten Ankunft und Abgang, sowohl reutend als fahrender K. Reichsposten (Frankfurt 1790) S. 12 von Francfort nach Paderborn und Münster über Wezlar: Frankfurt bis Friedberg (1 ½) Wezlar (1 ½) Amoeneburg (1 ½) Gilsenberg (1 ½) Fritzlar (1 ½) Volckmarsheim (2) Scherwette (3/4) Paderborn (1 ¾) Rittberg (1 ½) Warensdorf (2) Münster (2 1/2); S. 12–13 von Frankfurt nach Münster über Dillenburg: bis Wetzlar (3) Dillenburg (1 ½) Siegen (1 ½) Bilstein (1 ½) Stockum (1 ½) Arenberg (1) Werle (1 ¼) Ahlen (1 ¾) Sendenhorst (3/4) Münster (1 ¼); S. 13 Von Frankfurt nach Cassel: Friedberg (1 ½) Butzbach (1) Gießen (1) Marburg (1 ½) Holzdorf (1) Iesberg (1) Wabern (1) Cassel (1 ½); S. 16 Von Wetzlar nach Fulda und Meyungen: Wohnbach (1 ½) Gedern (1 ½) Weidenau (1) Neuhof (1) Fulda (3/4) Geis (1 ½) Salzungen (1 ½) Wernshausen (1) Meynungen (1); S. 16 von Wetzlar nach Coblenz/Cölln: Weilburg (1 ¼) Limburg (1 ½) Nassau (1 ½) Coblenz (1 ½). – Die Angaben in Klammern zählen die Posten, dabei entspricht 1 Posten etwa der Strecke von 2 Meilen. Eine Meile ist mit durchschnittlich 7,5 km anzusetzen.

Zur Kriegsführung ist die schnelle Übermittlung von feindlichen Truppenbewegungen oder kriegsrelevanter Ereignisse von zentraler Bedeutung. Bis in die frühe Neuzeit hinein wurden hierfür Ruf- und Lichtsignale ebenso verwandt wie Läufer. Dies beschreibt für die römische Zeit wiederum Caesar in seiner Beschreibung des gallischen Krieges: In Orléans (Cenabum) niedergelassene römische Kaufleute wurden 52 v.Chr. von Carnuten ermordet. Die Nachricht von diesem Ereignis wird in das rund 160 römische Meilen entfernte Gebiet der Averner – über Zurufe und Boten – noch während der folgenden Nacht an Caesar übermittelt.[21] Diese Angaben mögen propagandistisch geschönt sein, aber noch die Nachrichtenläufer der Stadt Göttingen legten bei günstigem Wetter und gutem Weg die Strecke nach Frankfurt in 6 Tagen zurück.[22]

Flüsse als Verkehrswege

Wie oben bereits angedeutet, waren Wasserwege, auch wenn sie teils nur saisonal nutzbar waren, in der Vorgeschichte wichtige Verkehrsverbindungen. Indirekt gelingt der Nachweis ihrer Nutzung durch die Kartierung ‚fremder Funde‘. Dies hat exemplarisch Detlev Ellmers für das Wesergebiet dargelegt.

> „Die wichtigste Verbindung zur Welt der Kelten, die das Mittelwesergebiet nicht nur materiell sondern auch ideell beeinflusste, war die Oberweser. Von einigen Nebenflüssen der Oberweser konnte man mittels kurzer und bequemer Wege über die Wasserscheiden ins Flussgebiet des Rheins gelangen und den Kontakt zu den Kelten aufnehmen: Über die Werre, die kurz oberhalb von Porta Westfalica in die Weser mündet, oder über die Emmer (oberhalb Hamelns) erreichte man die obere Lippe. Über die Fulda und ihre linken Nebenflüsse kam man zur oberen Lahn, und von der Werra aus erschloß im Bereich der Gleichberge bei Römhild der Übergang zur Fränkischen Saale das Maingebiet.“[23]

Für die Lahn lassen geologische Bohrprofile deutliche Hinweise dafür erkennen, dass von einem tieferen, unverzweigten Gerinnebett in den Jahrhunderten um Christi Geburt auszugehen ist. Dadurch wäre die Lahn zumindest über weite Strecken als Versorgungsweg nutzbar gewesen.

Neben Furten sind nahe der Wasserscheiden gelegene Umladestationen wichtige Plätze, weil sie ein Flusssystem mit einem anderen verbanden. Sie werden für vorgeschichtliche Zeitabschnitte oft auch als Kulturscheiden erkannt, in historischer Zeit gehören sie zu Zollsystemen, deren Kontrolle oft von großer wirtschaftlicher und politischer Bedeutung war. In Zeiten ohne schriftliche Überlieferung kann man

---

21 Caes. Gall. 7,3.

22 Freundliche Mitteilung Dr. Dieter Neitzert, Göttingen.

23 D. Ellmers, Wasserfahrzeuge und Ufermärkte der vorrömischen Eisenzeit im Wesergebiet (Stud. Sachsenforsch. 13), Oldenburg 1999, 113–137; bes. 123.

die Existenz solcher Einnahmequellen ebenfalls annehmen, wie dies H. Baitinger zuletzt für den Herrschaftsraum um den Glauberg während der beginnenden vorrömischen Eisenzeit wahrscheinlich machen konnte.[24]

Flüsse, die zu Transporten genutzt werden konnten, benötigten Wassertiefen von 50–70 cm, denn die Tauchtiefe eines beladenen Bootes mit flachem Boden beträgt je nach Bauweise und Last mindestens 20 cm.[25] Unterlag der Fluss einer kontinuierlichen Nutzung als Transportweg, war eine regelmäßige Pflege notwendig, etwa die Beseitigung von Hindernissen nach Hochwasser, die bis in unsere Zeit hinein ebenso zu den Aufgaben der Landesherren gehörte wie die Instandsetzung von Landwegen.

Im rechtsrheinischen Barbaricum besaßen die Flüsse für das römische Heer zentrale Bedeutung für die Versorgung von Truppen und Standorten. Für die Marschwege der Truppen wurden Landwege bevorzugt. Der Nachschub musste, da das rechtsrheinische Barbaricum primär ein Wirtschaftssystem pflegte, das auf Eigenversorgung ausgelegt war, aus dem linksrheinischen Gebiet oder der Wetterau versorgt werden. Dies geschah zum einen aus Gallien über Mainz, zum anderen über Lager wie Rödgen, das mit seinen drei mächtigen Speicherbauten nicht nur als Depot, sondern auch als Zentrum für beschlagnahmtes Getreide und als Sammelstelle für Getreideabgaben aus dem Umfeld verstanden werden kann.[26] Diese Interpretation, die bereits H. Schönberger in Erwägung zog, wäre ein Hinweis darauf, dass bereits während des chronologischen Horizontes von Oberaden, in den Rödgen historisch einzuordnen ist, die Wetterau bzw. die Rhein-Main-Region von den Römern kontrollierte Gebiete waren.[27] Dies schließt eine Besatzung einzelner Plätze mit Vexillationen römischen Militärs nicht aus, dessen Struktur, wie neuere Untersuchungen zeigen, von großer Flexibilität und Mobilität geprägt war.[28]

---

24 H. Baitinger, Der frühkeltische Fürstensitz auf dem Glauberg (Hessen), in: D. Krausse (Hrsg.), Frühe Zentralisierungs- und Urbanisierungsprozesse. Zur Genese und Entwicklung frühkeltischer Fürstensitze und ihres territorialen Umlandes, Kolloquium des DFG-Schwerpunktprojektes 1171 in Blaubeuren, 9.–11. Oktober 2006 (Forsch. u. Ber. Vor- u. Frühgesch. Baden-Württemberg 101), Stuttgart 2008, 39–56, v.a. 49–53; V. Salač, Zentralorte und Fernkontake, in: A. Lang/V. Salač (Hrsg.), Fernkontakte in der Eisenzeit. Konferenz Liblice 2000, Praha 2002, 20–46.

25 M. Eckoldt, Schiffahrt auf kleinen Flüssen. 1. Der Neckar und seine Nebenflüsse zur Römerzeit. Deutsches Schiffahrtsarchiv 6, 1983, 11–24; Ders., Schiffahrt auf kleinen Flüssen Mitteleuropas in Römerzeit und Mittelalter (Schr. Dt. Schiffahrtsmus. 14), Oldenburg 1980, 19–21.

26 Auf beide Funktionen machte bereits H. Schönberger aufmerksam in: H. Schönberger/H.-G. Simon, Das augusteische Römerlager Rödgen (Limesforschungen 15), Berlin 1976, 50.

27 Schönberger/Simon (wie Anm. 26).

28 Militärische Strukturen der entwickelten Kaiserzeit können nicht auf republikanische oder, um bei unserem Beispiel zu bleiben, auf Truppen augusteischer Zeit übertragen werden. So rechnet D. Timpe auch bei dem Heer, das Varus begleitete, mit einer aus verschiedenen Vexillationen zusammengesetzten Truppe. – D. Timpe, Die Schlacht im Teutoburger Wald. Geschichte, Tradition, Mythos, in: W. Schlüter/R. Wiegels (Hrsg.), Rom, Germanien und die Ausgrabungen von Kalkriese. Internat. Kongress, Osnabrück, 2. bis 5. September 1996 (Osnabrücker Forsch. Alt. u. Ant. Rezeption 1), Osnabrück 1999, 717–737.

Für die verkehrstechnische Situation eines zu erobernden oder neu eroberten Gebietes gibt es unterschiedliche antike Schriftquellen. So beschreibt Caesar in *De bello Gallico* immer unter Benutzung des Wortes *iter*, die zum Marsch der Truppen benutzten vorrömischen Wege, die offensichtlich zur Kontrolle des Landes ausreichten. Auch für seine Brückenschläge über den Rhein muss man eine rechtsrheinische Anbindung an ein existierendes Wegesystem voraussetzen. Wie diese Wege genutzt wurden, lässt sich aus einem Bericht des Flavius Iosephus über die Marschordnung der vespasianischen Truppen in Galilaea erahnen:

> „Die leichten Hilfstruppen und Bogenschützen sollten die Vorhut bilden, damit sie plötzliche Angriffe der Feinde zurückschlagen und verdächtige, für den Hinterhalt geeignete Wälder durchsuchen sollten. Ihnen folgte auch eine Abteilung römischer Schwerbewaffneter, und zwar beides, Fußvolk und Reiterei. Hinter diesen kamen zehn Mann von jeder Centurie, die außer ihrem eigenen Gepäck auch noch die Messinstrumente für das Lager trugen, nach ihnen die Straßenbauabteilung, die die Windungen der Wege begradigen, schwierige Strecken einebnen und hinderliches Strauchwerk abhauen sollten, damit das Heer nicht durch beschwerliche Wegeverhältnisse unnötig angestrengt würde" (*De bello Iudaico* 3, 6, 2).

Erst die Anlage eines römischen Straßensystems veränderte die Wegeführung in den nordwestlichen Provinzen, denn bisher konnte dort nicht überzeugend ein vorrömischer Weg unter einer römischen Straße nachgewiesen werden.[29] Die Verlagerung von den vorgeschichtlichen Höhenwegen[30] zu den befestigten römischen Straßen veränderte das Siedlungswesen grundlegend: Die vorgeschichtlichen Höhensiedlungen wurden aufgegeben, und in den Niederungen bzw. auf den höheren Niederterrassen der Flüsse gründeten die Römer neue Städte[31].

In der ersten Eroberungs- und Konsolidierungsphase bediente sich der römische Landesausbau existierender vorgeschichtlicher Wege, wie Iulius Caesar überliefert. Deren Verlauf als Höhen- oder Wasserscheidenwege lösten die Römer zugunsten von befestigten öffentlichen Straßen auf. Im Bereich des Limes – der Nahtstelle zwischen diesen beiden Wegesystemen – wird offensichtlich, dass die Limeskastelle vorgeschichtliche Wege sperrten, um „Handel und Wandel" zu kanalisieren und zu

---

29 M. Rathmann, Die Reichsstraßen der Germania Inferior, Bonner Jahrb. 204, 2004, 4 Anm. 18–19. – Anders in Lykien: S. Sahin/M. Adak, Stadiasmus Patarensis. Ein zweiter Vorbericht über das claudische Strassenbauprogramm in Lykien, in: R. Frei-Stolba (Hrsg.), Siedlung und Verkehr im römischen Reich. Römerstraßen zwischen Herrschaftssicherung und Landschaftsprägung. Akten des Kolloquiums anlässlich des 65. Geburtstages von H. Herzig, 26.–29.6.2001 in Bern, Bern 2004, 227–282, bes. 234. Die Entfernungen der Inschrift sind in Stadien angegeben. Die im 2. Jahrhundert v.Chr. angelegte Via Egnatia wurde über einem älteren Weg errichtet.

30 Caes. Gall. 7,45,5: *Legionem unam eodem iugo mittit et paulum progressam inferiore constituit loco silvisque occultat.*

31 Bibracte-Autun; Magdalensberg-Virunum u. a.

kontrollieren. Dies wird im Bereich der Wetterau aus der Lage der Kastelle ersichtlich, wenn man die im Babaricum belegten Wege mit der Karte von Wolff zu den römischen Straßen in der Wetterau vergleicht.[32]

Im Lahntal kam es durch die Aufgabe Germaniens rechts des Rheins 16 n.Chr. und damit das Ende der Provinzialisierung nicht mehr zu dieser Veränderung. Für diese Region belegen erst Quellen des 9. und 10. Jahrhunderts den nächsten gezielten Ausbau des Landes durch die Konradiner, die das Lahntal zu einer „regelrechten Stiftslandschaft"[33] machten. Für die an wichtigen Fernstraßenknoten gelegenen Orte Limburg, Weilburg und Wetzlar werden sogar fränkische *curtes* angenommen.[34]

Naturräumliche Gegebenheiten

Klima, Bodenkunde, Archäobotanik und Pollenanalyse

Die regionalen Klimaverhältnisse und Bodenbedingungen diktieren nicht nur den Verlauf von Landwegen, sondern geben auch Hinweise, inwieweit Flüsse als Transportwege genutzt werden konnten. Auskünfte hierzu lassen sich aus Bodenprofilen, Pollenanalysen oder aus botanischen Funden erschließen. Weiträumige Untersuchungen ergeben für die Jahrhunderte um Christi Geburt ein günstiges, eher trockenwarmes Klima.

Doch zur Erforschung der antiken Vegetationsgeschichte braucht es Orte, an denen sich botanische Reste unter Sauerstoffabschluss ideal erhalten haben. Das sind zum einen Moore, in die über längere Zeiträume hinweg durch Wind und Regen Pollen der in der näheren Umgebung wachsenden Pflanzen eingetragen wurden, zum anderen sind es die idealen Erhaltungsbedingungen von Brunnen aus vorgeschichtlicher und römischer Zeit, die das heutige Grundwasserniveau noch erreichen. Durch die Kanalisation von Bächen und die Entnahme von Trinkwasser ist der Grundwasserspiegel jedoch oft so weit abgesunken, dass über die Jahrhunderte hinweg die Vegetationsreste ebenso vergangen sind wie die hölzernen Fassungen der Brunnenschächte.

Doch auch Holzkohlen können über die Bestimmung der Holzart zur Rekonstruktion der Gehölzvegetation in vorgeschichtlicher Zeit beitragen. So verwendeten die Römer in Waldgirmes zum Bau der Stadt überwiegend Eichenholz, das während dieser Aufbauphase sicherlich in nächster Nähe geschlagen wurde.

---

32 G. Wolff, Die südliche Wetterau in vor- und frühgeschichtlicher Zeit mit einer archäologischen Fundkarte, Frankfurt 1913. Zur Anlage der Limeskastelle Marköbel, Altenstadt u. a. vgl. D. Baatz/F.-R. Herrmann (Hrsg.), Römer in Hessen, Stuttgart 1982.

33 O. Auge, Aemulatio und Herrschaftssicherung durch sakrale Repräsentation, in: S. Lorenz/Th. Zotz (Hrsg.), Frühformen von Stiftskirchen in Europa. Festgabe für Dieter Mertens zum 65. Geburtstag. (Schr. Südwestdt. Landeskde. 54), Leinfelden-Echterdingen 2005, 207–230; v.a. 212–213.

34 O. Auge (wie Anm. 33); E. Eichhorn, Zur Topographie der mittelalterlichen Fern- und Landstraßen zum und im Limburger Becken, Nassau. Ann. 76, 1965, 63–152.

Samen und Früchte aus verschiedenen Siedlungen der Jahrhunderte um Christi Geburt, die sich in Gruben oft auch in verkohltem Zustand erhalten haben, zeigen für das mittlere Lahntal eine durchgehende landwirtschaftliche Nutzung von Auen und Flussterrassen seit der mittleren Eisenzeit.[35] Geprägt wurde die Landschaft jedoch von großen Waldgebieten, die die Höhen der Mittelgebirge bedeckten. Die dort zumeist auch kargeren und trockenen Böden sind für eine extensive Landwirtschaft wenig geeignet. Die Größe der Vorratsgruben in einheimischen Siedlungen der Zeit um Christi Geburt zeigt, dass die Erträge meist nur zum Eigenverbrauch ausreichten. Darauf lassen allein auch die Größe der einheimischen Siedlungen schließen, die wie Niederweimar und Mardorf meist nur aus wenigen gleichzeitigen Höfen bestanden. Die Anwesenheit der römischen Eroberer war nördlich der Wetterau zu kurz, um deutliche und dauerhafte Spuren im Vegetationsbild zu hinterlassen.[36]

Anders in der fruchtbaren Wetterau, wo ab der vorrömischen Eisenzeit eine großflächigere landwirtschaftliche Nutzung der Böden durch Pollenanalysen nachgewiesen werden konnte. Siedlungen wie Bad Nauheim, wo Salz in manufakturähnlicher Arbeitsweise während der vorrömischen Eisenzeit aus der Sole gewonnen wurde, benötigten eine kontinuierliche Versorgung mit Getreide und Holz etc. aus dem Umfeld.[37]

Seit der mittleren Eisenzeit führte die Verhüttung von Roteisenstein im Lahntal zu einer Reduktion der Waldflächen. Die auf den mageren Böden der Höhen wachsenden Buchen- und Eichenwälder wurden zur Brennholzgewinnung bzw. zur Meilerwirtschaft genutzt, die Auewälder aufgelichtet. Ein Rückgang der Wälder zeigt sich in reduzierten Buchenpollen ab dem 5. Jh. v. Chr. Außerdem belegen geologische Untersuchungen in manchen Flussabschnitten breite Auen während der römischen Kaiserzeit. Dort wurden nach Ausweis der palynologischen Untersuchungen eine intensive Grünlandwirtschaft sowie Holzeinschlag betrieben. Darauf

---

35 A. Kreuz, Landwirtschaft und ihre ökologischen Grundlagen in den Jahrhunderten um Christi Geburt: zum Stand der naturwissenschaftlichen Untersuchungen in Hessen, Ber. Komm. Arch. Landesforsch. Hessen 3, 1994/95, 59–91, Abb. Taf.; A. Kreuz, „tristem cultur aspectuque"? Archäobotanische Ergebnisse zur frühen germanischen Landwirtschaft in Hessen und Mainfranken, in: S. v. Schnurbein/A. Haffner (Hrsg.), Kelten, Germanen, Römer im Mittelgebirgsraum zwischen Luxemburg und Thüringen. Akten des Internationalen Kolloquiums zum DFG-Schwerpunktprogramm „Romanisierung" in Trier vom 28. bis 30. September 1998 (Koll. Vor- u. Frühgesch. 5), Bonn 2000, 221–241. – A. Stobbe, Die Vegetationsentwicklung in der Wetterau und im Lahntal in den Jahrhunderten um Christi Geburt. Ein Vergleich der palynologischen Ergebnisse, in: ebd. 201–219; A. Kreuz/J. Wiethold, Kontinuität oder Wandel? Archäobotanische Untersuchungen zur eisenzeitlichen und kaiserzeitlichen Landwirtschaft der Siedlung Mardorf 23, Denkmalpfl. u. Kulturgesch. 2002/1, 40–43.; A. Stobbe, Die holozäne Vegetationsgeschichte der nördlichen Wetterau. Paläoökologische Untersuchungen unter besonderer Berücksichtigung anthropogener Einflüsse (Diss. Bot. 260), Berlin/Stuttgart 1996.
36 Damit eine Veränderung in den Pollendiagrammen erkennbar wird, benötigt das Profil eine Einlagerung von Pollen über etwa 30 Jahre hinweg.
37 A. Kreuz/N. Boencke, Hirsebrei, Feigen und… Landwirtschaft, Umwelt und Ernährung im Bad Nauheimer Raum, in: B. Kull (Hrsg.), Sole und Salz schreiben Geschichte, Mainz 2003, 249–255.

verweist auch eine beim Kiesabbau in Wetzlar-Dutenhofen zutage geförderte Eiche, die 11 n.Chr. gefällt wurde.[38]

Wirtschaftliche Ressourcen und ihre Nutzung

Mit der römischen Stadt von Waldgirmes wird seit über 10 Jahren eine archäologische Fundstelle untersucht, die beispielhaft die Absichten und Interessen der Römer in den Jahren um Christi Geburt zeigt. Diese Stadtgründung erschließt im Vergleich zu anderen Regionen des rechtsrheinischen Barbaricum die differenzierte – wenn man so will realpolitische – Vorgehensweise der Römer. Nicht die Zivilisierung der Barbaren war das Ziel dieser Vorgehensweise, sondern die Erschließung wirtschaftlicher Ressourcen.[39] Romanisierung, wenn wir sie im weitesten Sinne als Übernahme von römischer Lebensweise verstehen, war also kein politisches Programm, ergab sich aber im Einzelfall durch die bewundernde Nachahmung und im breiteren Sinne durch das langfristige Einwirken römischer Kultur auf ‚barbarische' Gruppen.

Während der Eroberungsphasen reagierte die römische Politik streng personenbezogen, das heißt durch den Aufbau von Klientelverhältnissen, wie sie etwa Caesar in *De bello Gallico* oder Tacitus in den Annalen beschreiben, bestand ein sehr flexibles, aber auch fragiles politisches Instrument zur Einflussnahme und auch zur wirtschaftlichen Ausbeutung. Erst in der darauf folgenden Phase der regionalen Konsolidierung der neuen Machtverhältnisse kam es dann zum Aufbau von römischen Wirtschafts- und dafür durchaus notwendigen Verwaltungsstrukturen. In diese Phase römischer Politik gehört die nur wenige Jahre existierende Stadtanlage von Waldgirmes.[40]

Die Gleichsetzung von *orbis terrarum* und *orbis Romanus* entspringt griechischem Denken, so R. Klein. „Weltweite Expansion und Weltherrschaftsglaube wurden jedoch erst in augusteischer Zeit zur zentralen Triebkraft einer universalen Kon-

---

38 R. Urz, Archäobotanische Untersuchungen zur Veränderung der Flusslandschaft im mittleren Lahntal (Hessen) in prähistorischer Zeit, Arch. Korrbl. 32, 2002, 169–186; R. Urz/K. Röttger/H. Thiemeyer, Von der Natur- zur Kulturlandschaft. Das mittlere Lahntal (Hessen) in vor- und frühgeschichtlicher Zeit, Germania 80, 2002, 269–293; R. Urz, Kelten und Germanen im archäobotanischen Befund der Grabung Niederweimar, HessenArch. 2003, 74–75; R. Urz, Der archäobotanische Blick in eine frühgermanische Kegelstumpfgrube der Siedlung Weimar-Niederweimar. HessenArch. 2004, 77–79.

39 In Orléans (Cenabum) niedergelassene Kaufleute werden 52 v.Chr. von Carnuten ermordet (Caes. Gall. 7,3). Diese Nachricht wird sehr schnell verbreitet – über Zurufe und Boten, dass sie noch während der folgenden Nacht im Gebiet der Averner bekannt war (nach Caesar 160 Meilen). – Römische Bürger – wohl Händler – beim Stamm der Häduer Caes. Gall. 7,38; römische Bürger in Gergovia Caes. Gall. 7,42.2; Händler in Cavillonum Caes. Gall. 7,42.5–6; Händler in Noviodunum Caes. Gall. 55,5.

40 Auch im Hinterland Roms, in „Sabina Tiberiana" macht M. Sternini zwei zentrale Phasen der Romanisierung aus: 1.) die Eroberung im 3. Jahrhundert v.Chr. und 2.) das späte erste Jahrhundert v.Chr. mit der Municipalisierung von Forum Novum (vgl. M. Sternini, La romanizzazione della Sabina Tiberina, Bari 2004).

zeption, als die Erfolge römischer Feldherrn, allen voran der kaiserlichen Stiefsöhne Drusus und Tiberius im zentralen Alpengebiet, an Rhein und Donau, den bisher größten Schub imperialer Expansion und realer Weltbemächtigung brachten, um ein Wort von D. Timpe aufzugreifen."[41] Der Anspruch auf die Herrschaft über den Weltkreis machte einen kulturellen Austausch und eine völkerrechtliche Anerkennung „auf gleicher Stufe" unmöglich.[42] Der Limes gehörte zu einem Kontroll system, das die neuere Forschung als „defensives Konzept einer Raumordnung" beschreibt.[43] Die jenseitigen Gebiete wurden durch „unsichtbare Grenzen" kontrolliert (Gesandtschaften, Umsiedlungen, Austausch/Handel, Klientelverhältnissen etc.).[44] Damit entwickelte sich eine Kontaktzone, die große politische Bedeutung für die Sicherung des römischen Reiches hatte.

Das wirtschaftliche Interesse der Römer, das die Eroberungspolitik prägte, zeigt sich auch im Auftrag der kaiserlichen Verwaltung zur Zeit Neros an einen römischen Händler, dessen Namen nicht überliefert ist, die so genannte Bernsteinstraße in ihrem Verlauf zu erkunden, wie Plinius überliefert.[45] Wie schnell nach den Feldzügen des Drusus (ab 12 v.Chr.) die Ressourcen in den neu eroberten oder angrenzenden Gebieten von Rom genutzt wurden, führen auch zwei Stempelinschriften auf Blei vor Augen, die in Brilon-Altenbüren im Sauerland und in Bad Sassendorf-Heppen gefunden wurden. Diese Stempel belegen, dass zwei römische Unternehmer bereits in augusteischer Zeit an der Erzgewinnung in Germanien beteiligt waren und ihre Erzeugnisse über die Rhône nach Süden brachten.[46] Die Bedeutung der Verkehrswege für die Beherrschung und wirtschaftliche Entwicklung des Raumes legt eindrücklich eine Karte der "most developed areas" offen, die 2007 von W. Scheidel u.a. publiziert wurde[47] (Abb. 5).

Die im Lahntal zur Verfügung stehenden natürlichen Ressourcen – besonders die reich anstehenden Eisenvorkommen – wurden seit der mittleren Eisenzeit zunehmend genutzt, jedoch können wir zurzeit keine näheren Angaben zur Quantität des

---

41 R. Klein, Das Eigene und das Fremde. Roms politisch-geographische Denkweise über den orbis terrarum, Gymnasium 114, 2007, 207–231, 209; D. Timpe, Entdeckungsgeschichte I. Die Entdeckung des Nordens in der Antike, RGA 7, 1989, 307–389, 347; Verg. Aen. 6,853: Aufgabe der Römer ist Weltherrschaft.

42 Klein (wie Anm. 41), 212. Hier fand eine Veränderung erst in der Spätantike statt.

43 Klein (wie Anm. 41), 213.

44 Klein (wie Anm. 41), 214–215; K. Christ, Rom und die Barbaren in der hohen Kaiserzeit, in: Römische Geschichte und Wissenschaftsgeschichte, Darmstadt 1983, 38–39; E. Winter, die Bedeutung des Grenzraums für den diplomatischen Verkehr, in: Stuttgarter Kolloquium zur historischen Geographie des Altertums 4, 1990, 589–607.

45 Plin. nat. hist. 37,45; R. Tosi, DNP 4, 1998, 929, s. v. Geographie.

46 N. Hanel/P. Rothenhöfer, Römische Bleigewinnung im Raum Brilon und der Bleitransport nach Rom, in: W. Melzer/T. Capelle (Hrsg.), Bleibergbau und Bleiverarbeitung während der römischen Kaiserzeit im rechtsreinischen Barbaricum (Soester Beitr. 8), Soest 2007, 41–46 mit weiterer Literatur.

47 Ph. Leveau, The western Provinces, in: W. Scheidel/I.M.Morris/R.P. Saller (Hrsg.), The Cambridge economic history of the Greco-Roman world, Cambridge 2007, 651–670, Abb. auf 665.

Abbaus bzw. der Eisengewinnung machen. Dies liegt in dem bis in das 20. Jahrhundert andauernden Abbau der vorgeschichtlichen Schlackenhalden begründet. Auch die wenigen untersuchten vorgeschichtlichen und mittelalterlichen Rennöfen, Pingen, Röstanlagen etc. lassen deshalb nur sehr eingeschränkt Angaben über die Menge des dort gewonnenen Metalls zu. Eine direkte römische Einflussnahme auf die Eisengewinnung konnte im Lahntal bisher nicht nachgewiesen werden. Vielmehr können Plätze, wie Wetzlar-Dahlheim, wo seit längerem montanarchäologische Untersuchungen durchgeführt werden, die durchgehende Nutzung der Eisenvorkommen in dieser Region vom Beginn der Eisenzeit an bis in spätrömische Zeit wahrscheinlich machen.[48]

Führt man die verschiedenen Informationen aus archäologischen Prospektionen und Ausgrabungen, die palynologischen und archäobotanischen Ergebnisse aus dem Umfeld von Waldgirmes zusammen, ergibt sich das Bild einer kleinteilig aufgesiedelten und wirtschaftlich erschlossenen Landschaft im Lahntal, als die Römer ankamen.

---

48 Th. Stöllner/A. Schäfer, Frühe Metallgewinnung im Mittleren Lahntal, Ber. Komm. Arch. Landesforsch. Hessen 6, 2000/2001, 83–111, A. Schäfer/N. Buthmann/N. Zickgraf, Zu den Anfängen der Eisengewinnung im Lahntal. HessenArch. 2001, 120–123; A. Schäfer/B. Schroth, Testgrabungen an einem mehrperiodigen Verhüttungs- und Schmiedplatz im Eisenrevier der mittleren Lahn, HessenArch. 2002, 145–148; A. Schäfer/B. Schroth, Eisen für den Dünsberg?, HessenArch. 2003, 89–91.

Abbildungen

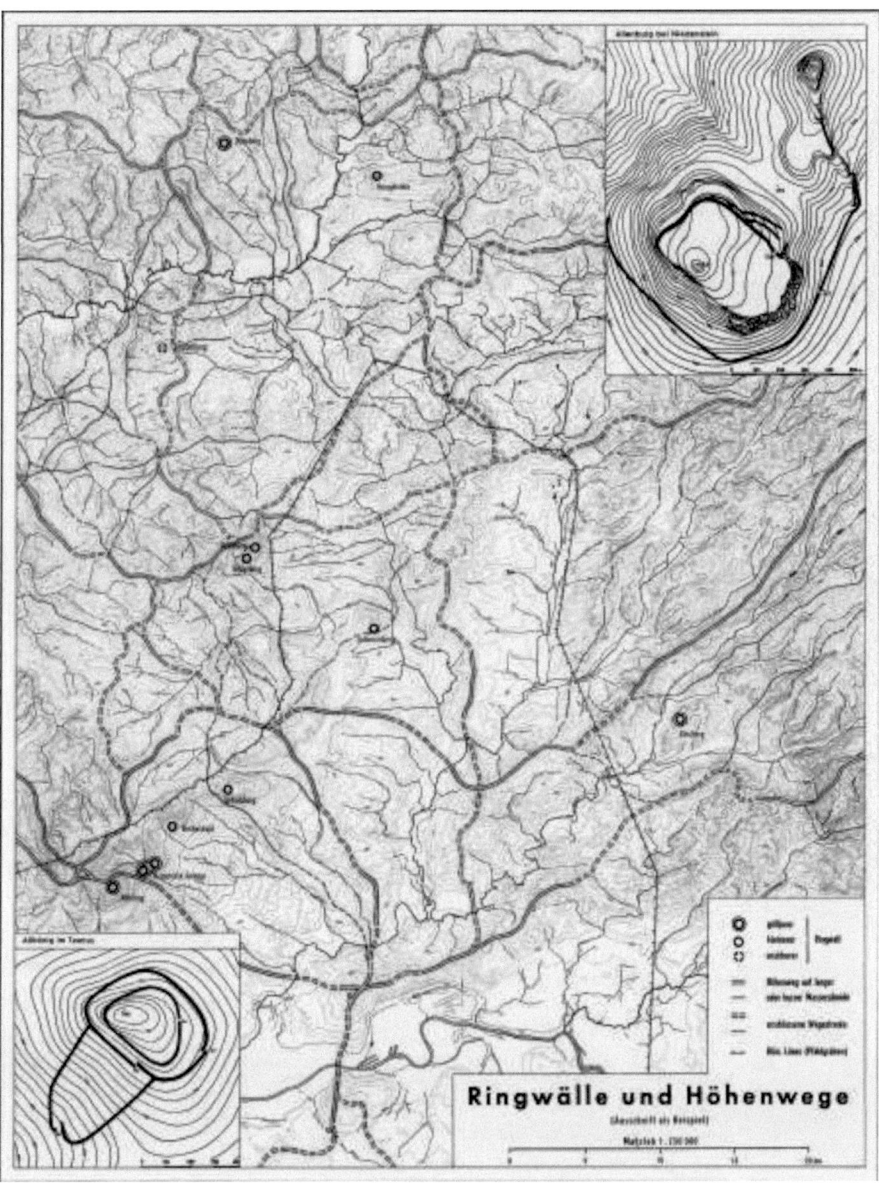

Abb. 1: Ringwälle und Höhenwege (aus: Historischer Atlas von Hessen).

Gabriele Rasbach

Abb. 2: Gemarkung Waldgirmes.
Spuren des Schunkauer Weges wurden 2003 archäologisch untersucht.

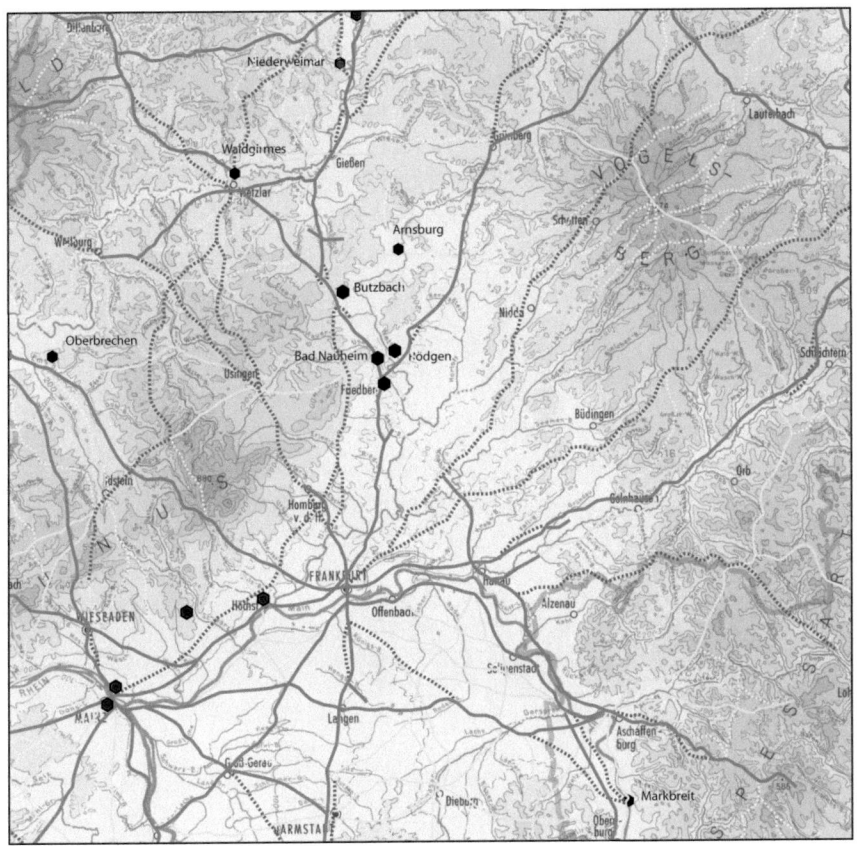

Abb. 3: Historisch nachgewiesene Wege vor dem Chausseebau
(nach: Historischer Atlas Hessen, Bl. Verkehrswege 1 mit Ergänzungen)

Abb. 4:
Das Luftbild zeigt den Verlauf der
„Alten Marburger Straße" als Bewuchslinie
nördlich des römischen Forums

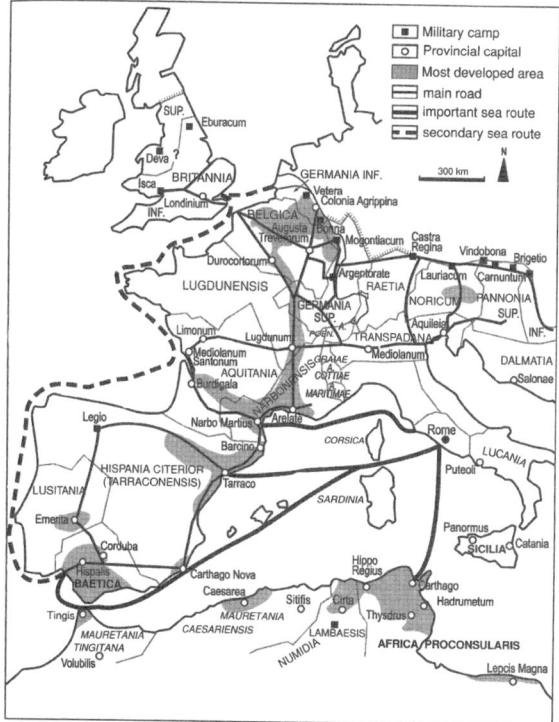

Abb. 5:
Hauptverkehrswege in den
westlichen Provinzen (aus:
Scheidel/Morris/Saller).

Kelten, Germanen und Römer im deutschen Mittelgebirgsraum.
Die spätaugusteische Stadtgründung von Waldgirmes und die Einordnung ihres kulturellen Umfeldes

Gabriele Rasbach – Frankfurt

Bereits vor über 40 Jahren publizierten die beiden Archäologen Rolf Hachmann und Georg Kossack zusammen mit dem Sprachforscher Hans Kuhn ein Buch unter dem Titel „Völker zwischen Germanen und Kelten".[1] Sie beschrieben darin das Phänomen, dass im rechtsrheinischen Mittelgebirgsraum bis ins Elbe-Saale-Gebiet aus der vorrömischen Eisenzeit Metallfunde und Keramik geborgen wurden, die nicht eindeutig einer der beiden Kulturen – weder der keltischen noch der germanischen – zuzuweisen waren. Konnte in Nordostdeutschland bis nach Nordpolen hinein in einzelne Gruppen differenzierbare germanische Jasdorf- und Przeworsk-Kultur beschrieben werden, die dem großen Raum der südlich gelegenen keltischen Latènezivilisation entgegengesetzt werden konnten, gelang es bis heute nicht, weite Regionen dazwischen in ihren kulturellen Hinterlassenschaften eindeutig zu beschreiben und als geschlossene Gruppe zu definieren.[2]

Die Schwierigkeiten, diese Völkerschaften und ihr Beziehungsgefüge untereinander anhand archäologischer Funde zu beschreiben, mag ein Zitat aus einer aktuellen Publikation zeigen, die diese Kultur als „proto-elbgermanisch-keltische Mischkultur mit latènoider Unterlage" zu umschreiben versuchte.[3] Kennzeichnend für die einheimische Bevölkerung der vorrömischen Eisenzeit des rechtsrheinischen Mittelgebirgsraums ist dabei die enge, sich vor allem in der Gestaltung von Schmuck und Keramik manifestierende, Verbundenheit zur Formenwelt der Latènekultur Südwestdeutschlands. Die ethnische Ansprache von Funden geht – und dies ist eine grundsätzliche Unwägbarkeit – von der Kongruenz von z.B. Trachtkreisen (also einer Verbreitung von bestimmten Fibeln o. a.) und Sprachkreisen aus; die ethnische Interpretation wird zurzeit heftig diskutiert.[4]

---

1 R. Hachmann/G. Kossack/H. Kuhn, Völker zwischen Germanen und Kelten, Neumünster 1962.

2 M. Seidel, Frühe Germanen am unteren Main. Bemerkungen zu neuen Zeugnissen der Przeworsk-Kultur aus Oberhessen, Germania 74, 1996, 238–247.

3 R. Bockius/P. Łuczkiewicz, Kelten und Germanen im 2.–1. Jahrhundert vor Christus (RGZM Monogr. 58), Mainz 2004, 125.

4 F. Fischer, Frühe Germanen an Rhein und Neckar. Altes und Neues zur antiken Überlieferung, Fund-

Im rechtsrheinischen Mittelgebirgsraum bis weit nach Polen und Böhmen hinein sind durch vor- und frühgeschichtliche Funde immer wieder auch Wanderungen von Gruppen nachzuweisen. Diese Gruppen gehen – vereinfacht ausgedrückt – entweder in der ansässigen Bevölkerung auf oder verdrängen diese und können fremd aber auch kulturbildend wirken.[5] Für Untersuchungen zu diesen Migrationen stehen für die Jahrhunderte um Christi Geburt sowohl historische als auch archäologische Quellen zur Verfügung.[6] Beide Quellenbereiche geben aber keine Auskunft über das Selbstverständnis dieser Gruppen. Zu den grundlegenden Methoden der Vor- und Frühgeschichte gehört die Kartierung von Vergleichsfunden. In den daraus resultierenden Fundkarten werden die verschiedenen Funddichten als Trachtkreise oder als Einflussgebiete interpretiert. Der Mittelgebirgsraum während des 1. Jhs. v.Chr. weist im archäologischen Kulturgut enge Verbindungen zur keltischen Latènekultur auf, weshalb er auch als Randgebiet dieser Kultur beschrieben wird und damit in den oben bereits beschriebenen Gegensatz zu dem nördlich und östlich anschließenden Raum gestellt werden kann.

Archäologische Untersuchungen fördern neben Resten von Baustrukturen und Grabgruben vor allem Reste des Gebrauchsguts zutage, in seltenen Fällen auch einzigartige Kunstobjekte. Zutage kommen somit die Spuren des täglichen Lebens, das in der wissenschaftlichen Auswertung in das soziale und historische Umfeld eingeordnet wird. Durch typologische Ordnung des Fundguts und die Korrelation mit gut datierten Fundstücken oder Plätzen können Siedlungs- und Grabfunde, aber auch einzelne Lesefunde zeitlich näher eingeordnet werden. Aus den stilistischen Veränderungen von Keramiken und Trachtbestandteilen und deren Verbreitung kann auf unterschiedliche Kulturgruppen geschlossen werden, die oftmals unreflektiert ethnisch interpretiert wurden. Gerade für die Jahrhunderte um Christi Geburt sind in

---

ber. Baden-Württemberg 29, 2007, 311–325. Dort weitere Literatur sowie eine kurze Forschungsgeschichte zu diesem Thema. – Grundsätzlich zum Problem ethnischer Interpretationen: S. Brather, Ethnische Interpretationen in der frühgeschichtlichen Archäologie (RGA Ergbd. 42), Berlin/New York 2004; Ders., Ethnische Identitäten als Konstrukte der frühgeschichtlichen Archäologie, Germania 78, 2000, 139–177.

5   Ausführlich zu diesem Thema: S. Brather, Rezension zu Roland Prien, Archäologie und Migration (Universitätsforsch. Prähist. Arch. 120), Bonn 2005, in: Germania 85, 2007, 162–165 (mit weiterer Literatur). R. Prien beschäftigt sich vor allem mit einem Zeitraum von Spätantike bis Mittelalter. – Allgemein: K. Peschel, Anfänge germanischer Besiedlung im Mittelgebirgsraum (Arbeits- u. Forschber. Sächs. Bodendenkmalpfl. Beih. 12), Berlin 1978. – M. Meyer, Migration und Adaption, ein differenziertes Modell zur Erklärung der latènezeitlichen Przeworsk-Funde in Deutschland, Alt-Thüringen 38, 2005, 203–212.

6   Th. Völling, Frühgermanische Gräber von Aubstadt im Grabfeldgau (Unterfranken) (Materialh. Bayer. Vorgesch. R. A 67), Kallmünz/Opf 1995; J. Waldhauser, Westböhmen und Nordostbayern als Nachbarregionen während der Latènezeit, Arch. Arbeitsgemeinschaft Ostbayern 4, 1994, 27–31; E. Seebold, Völker und Sprachen in Dänemark zur Zeit der germanischen Wanderungen, in: E. Marold/Chr. Zimmermann (Hrsg.), Nordwestgermanisch (Ergbd. RGA 13), Berlin/New York 1995, 155–186; Chr. Eggl, Ost-West-Beziehungen im Flachgräberlatène Bayern, Germania 81, 2003, 513–538.

schriftlichen Quellen zahlreiche Volks- oder Stammesnamen überliefert, die sich im archäologischen Fundgut jedoch nicht wieder finden lassen. Auch die ebenfalls in römischen Schriftquellen überlieferten sozialen Hierarchien gelingt es nur selten im archäologischen Fundgut wahrscheinlich zu machen. Zwar konnten im Bereich des rechtsrheinischen Barbaricum einige reich mit Beigaben ausgestattete Gräber ausgegraben werden, doch gelang es bisher nicht, die in Gräberfeldern erkennbaren sozialen Unterschiede in dazugehörigen Siedlungen wieder zu finden. Außerdem fehlen in weiten Bereich des rechtsrheinischen Barbaricum großflächig untersuchte einheimische Siedlungen; sie treten uns zumeist nur als kleine Ansammlungen von Gehöften – ähnlich Weilern – entgegen. Die bei Caesar u.a. genannten germanischen Nobiles sind als soziale Gruppe nur sehr selten im Fundgut (meist der Beigaben in Gräbern)[7] oder im Siedlungswesen zu erkennen. Größere Gehöfte mit Nachweisen von handwerklichen Tätigkeiten (Metallverarbeitung etc.) sowie größere Hofareale werden als Wohnsitze von sozial höher stehenden Gruppen angesehen.

Zusätzlich zu den Differenzen, die sich zwischen den historischen Aussagen der Schriftquellen und dem Bild ergeben, das aufgrund von archäologischen Forschungen gewonnen werden kann, ergeben sich auch dadurch Unterschiede, dass keine der durch archäologische Methoden gewonnenen Chronologien genau genug ist, um die historisch überlieferten Ereignisse der Jahre um Christ Geburt zu verifizieren.

Das Lahntal gehört zu dieser Zwischenzone des Mittelgebirges, die auch oft Übergangsgebiet zwischen keltischer und germanischer Kultur beschrieben wird.[8] Im engeren Umkreis von Waldgirmes stehen für die Jahrhunderte um Christi Geburt folgende Fundorte exemplarisch zur Verfügung: der Dünsberg, Niederweimar, Mardorf und Wetzlar-Naunheim.[9] Unabhängig vom unterschiedlichen Forschungsstand

---

7 Die unterschiedlichen Quantitäten und Qualitäten von Beigaben in Gräbern werden zur Gliederung von Gräberfeldern benutzt. So erarbeitete Thorsten Capelle verschieden Qualitätsstufen, anhand derer Aussagen zur sozialen Stellung der Verstorbenen ermöglicht werden können. Th. Capelle, Studien über elbgermanische Gräberfelder in der ausgehenden Latènezeit und der älteren römischen Kaiserzeit (Münster. Beitr. Vor- u. Frühgesch. 6), Hildesheim 1971, 155–157.

8 Zusammenfassend: A. Haffner/S. v. Schnurbein(Hrsg.), Kelten, Germanen, Römer im Mittelgebirgsraum zwischen Luxemburg und Thüringen. Akten des Internationalen Kolloquiums zum DFG-Schwerpunktprogramm „Romanisierung", 28.–30. September 1998 in Trier (Koll. Vor- u. Frühgesch. 5), Bonn 2000.

9 Zum Dünsberg: J. Schulze-Forster, Der Dünsberg und die jüngsten keltischen Münzen in Hessen, in: J. Metzler/D. Wigg-Wolf (Hrsg.), Die Kelten und Rom (SFMA 19), Mainz 2005, 159–181; K.-F. Rittershofer, Vortrag zur Jahressitzung 2004 der Römisch-Germanischen Kommission. Ausgrabungen 1999–2003 am keltischen Oppidum auf dem Dünsberg bei Gießen, Ber. RGK. 85, 2004, 7–36; G. Jacobi, Die Metallfunde vom Dünsberg (Mat. Vor- u. Frühgesch. Hessen 2), Wiesbaden 1977. – Niederweimar: L. Fiedler/S. Gütter/A. Thiedmann, Frühkaiserzeitliche Siedlungsfunde aus Niederweimar bei Marburg, Germania 80, 2002, 135–168. – Mardorf: M. Meyer, Die kaiserzeitliche Besiedlung des Amöneburger Beckens, Ber. Komm. Arch. Landesforsch. 2, 1992/93, 87–98; M. Meyer, Germanische Siedlungen der Spätlatène- und Kaiserzeit im nördlichen Hessen, in: A. Leube (Hrsg.), Haus und Hof im östlichen Germanien (Univforsch. Prähist. Arch. 50), Bonn 1998, 98–123. –

geben diese Siedlungsplätze Hinweise auf die Veränderungen, die durch Wanderungen von Materialien und Menschen, Kriegszüge sowie römische Kolonisationsversuche ausgelöst wurden.

Die Graphik (Abb. 1) zeigt – in vereinfachter Weise – die momentan geltenden archäologischen Chronologiesysteme für die vorrömische und römische Eisenzeit. Sowohl für das Kerngebiet der keltischen Zivilisation, also den südwestdeutschen sowie schweizerischen und französischen Raum, wie auch für den nordostdeutschen und polnischen Raum wurden in den letzten Jahrhunderten relative Chronologien anhand des archäologischen Fundguts erarbeitet. Zumeist basieren die unterschiedlichen Datierungsstufen auf dem Wandel von Trachtbestandteilen – hier vor allem den Fibeln – sowie den Veränderungen in der Bewaffnung. Mit der Nähe zu den Hochkulturen des Mittelmeerraumes ergeben sich Verbindungen zu deren zeitlichen Abfolgen und zu den überlieferten Schriftquellen. In unserem Fall bilden römische Funde den *terminus ante quem* für einheimische Funde, wobei natürlich keine Korrektive für Wanderungszeiten bestehen. Die Vergesellschaftung von Funden verschiedener Provenienz bilden dann wichtige chronologische Verbindungs- und Fixpunkte; dies gilt auch für den Fundort Waldgirmes.

Die Schwierigkeit Chronologien verschiedener Kulturräume miteinander zu verbinden, ergeben sich aus den unterschiedlichen Überlieferungsbedingungen von Funden. Als Beispiel hierfür kann auf die Sitte der Waffenbeigabe verwiesen werden, die im keltischen Milieu wenig bekannt, in germanischen Gräbern ab dem 2. Jh. v.Chr. aber üblich ist. Durch Grabfunde liegen dadurch germanische Waffen in großer Zahl vor, weshalb sie auch einen nicht unbedeutenden Bestandteil im Chronologiesystem der *Germania magna* bilden.

Die rechtsrheinische Mittelgebirgsregion war um die Zeitenwende von erheblichen Bevölkerungsverschiebungen betroffen. Der Fundort Waldgirmes sowie die umliegende Region besitzen großes wissenschaftliches Potential, um zum Verständnis dieser Veränderungen beizutragen. In den Jahrhunderten, bevor die Römer an dieser Stelle eine Stadt errichteten, bestattete hier die keltisch beeinflusste einheimische Bevölkerung ihre Toten. Es handelt sich um Brand- und Körperbestattungen, die während des 6. bis 1. Jhs. v.Chr. angelegt wurden. Bedingt durch eine stellenweise starke Erosion und das Planieren des Geländes durch die Römer sind die meisten der Grabgruben bzw. der sie umgebenden Grabeinfriedungen nur noch wenige Zentimeter tief erhalten. Auffallend ist die Armut in der Ausstattung der Verstorbenen; der überwiegende Teil der Gräber enthielt keine Beigaben, auch keine Trachtbestandteile. Diese Beobachtung bestätigt Befunde, die bereits zu Beginn des 20. Jhs. im Umfeld von Gießen gemacht wurden.

Für das Verständnis der zeitlichen Abfolge des Geschehens im mittleren Lahntal um Christi Geburt ist ein Grab im Bereich des Osttores von Bedeutung. Dort lag in

---

Wetzlar-Naunheim: A. Abegg-Wigg/D. Walter/S. Biegert, Forschungen in germanischen Siedlungen des mittleren Lahntales, in: Haffner/v. Schnurbein (wie Anm. 8), 55–65.

der Mitte eines Kreisgrabens von 24 m Durchmesser ein Brandgrab der Stufe Lt D1. Das Grabinventar, darunter ein Achsnagel mit kleeblattförmigem Kopf, konnte dank der Trachtbeigaben gut chronologisch angesprochen werden. Das Grab wurde im Zeitraum zwischen 120 bis 50/40 v.Chr. angelegt. Im Kreisgraben dieses Grabes lag in der letzten Schicht der natürlichen Verfüllung, das heißt auf durch Regen und Wind eingebrachter Erde, eine geschweifte Fibel vom Typ Dünsberg. Abgedeckt wurde diese Schicht durch sterile Erde, die vermutlich durch römische Planier-arbeiten, die dem Bau der Stadt vorangingen, eingebracht wurde.

Geschweifte Fibeln bilden das wesentliche Trachtelement zur Definition der letzten Stufe der vorrömischen Eisenzeit in unserer Region – der Stufe Latène D2, deren Beginn in den Jahren um 40 v.Chr. angesetzt wird (Abb. 4). Mindestens zwei weitere geschweifte Fibeln stammen aus Gruben, die zur Betriebszeit der römischen Siedlung gehören.

Auf dem nur rund 8 km Luftlinie von Waldgirmes entfernt gelegenen Dünsberg lag eine der nördlichsten, den Oppida vergleichbare einheimische Zentralsiedlung der vorrömischen Eisenzeit. Diese Siedlung wurde nach Ausweis der Funde in der 2. Hälfte des 1. Jhs. aufgegeben, war aber länger genutzt als die keltischen Sied-lungen in Südwestdeutschland. Die Funde der geschweiften Fibeln in Waldgirmes zeigen, dass Teile der keltisch geprägten, einheimischen Bevölkerung, die eine differenzierte Besiedlungsstruktur mit Zentralorten und kleinen Ansiedlungen besaß, nach der Aufgabe des Dünsbergs in der Region verblieben waren.

In ähnlicher Weise müssen sowohl einige Quinare vom Typ ‚Tanzendes Männ-lein' als auch einige Keramikgefäße interpretiert werden. Welche Erschütterungen zum Ende des Dünsbergs führten, dazu hat zuletzt Jens Schulze-Forster ein interes-santes historisches Modell anhand der Münzfunde erarbeitet. Immerhin sechs Münzen aus Waldgirmes gehören zur jüngsten Serie der Quinare vom Typ ‚Tanzendes Männlein', die ursprünglich mit hoher Wahrscheinlichkeit im nahe ge-legenen Oppidum auf dem Dünsberg geprägt wurden (Abb. 5). Ebendort finden sich in Gräbern enge Parallelen zu einigen Gefäßen, die in Waldgirmes vermischt mit römischer Keramik gefunden wurden. Jens Schulze-Forster interpretiert diese Serie aus Waldgirmes wie folgt:

> „Der Gedanke ist verlockend, dass die Münzen eine letzte Fortsetzung der mittelhessischen Prägetradition wiedergeben, und zwar – und das ist wichtig – nachdem die Höhensiedlungen ihre Rolle verloren haben."[10]

Die Besiedlung auf dem Dünsberg endet nach Ausweis der Funde und der numis-matischen Auswertung Jens Schulze-Forsters um die Mitte der 2. Hälfte des 1. Jhs. v.Chr. Eine zum Bestehen der römischen Siedlung von Waldgirmes zeitgleiche

---

10 J. Schulze-Forster, Der Dünsberg und die jüngsten keltischen Münzen in Hessen, in: Metzler/Wigg-Wolf (wie Anm. 9), 159–181.

einheimische Siedlung, aus der diese Münzen stammen könnten, ist bislang jedoch archäologisch nicht nachgewiesen.

Mit einiger Wahrscheinlichkeit kann angenommen werden, dass der Wandel im Siedlungswesen, der sich im Ende des Oppidums auf dem Dünsberg zeigt, eine Auswirkung der römischen Okkupationspolitik – beginnend mit Caesars Rheinübergängen – ist. Jens Schulze-Forster entwickelte im diesem Sinne ein historisches Modell und verband diese Situation mit der schriftlich überlieferten Umsiedlung der Ubier auf die linke Rheinseite durch die Römer. Das ursprüngliche Siedlungsterritorium der Ubier wird im mittelhessischen Raum angenommen. Wie Cassius Dio beschreibt (54,36,3), gaben die Ubier jedoch ihr Territorium rechts des Rheins nicht völlig auf, was eine reizvolle Erklärung für die spätesten Ausprägungen der Münztypen ‚vom tanzenden Männlein' bieten würde.[11]

Die Umsiedlung der Ubier und damit die Auflösung eines Herrschaftsgefüges hätte sicherlich den Nachzug von anderen Völkerschaften in diesen Raum zur Folge gehabt. Die, folgt man diesem Modell von Jens Schulze-Forster, von den Römern herbeigeführte politische Destabilisierung der Region wäre ein guter Anlass zur Gründung römischer Stadtterritorien, wovon erstmals in Waldgirmes ein Zentrum nachgewiesen wurde.

Erstaunlich ist die Schnelligkeit dieses durch große Mobilität der eisenzeitlichen Bevölkerung geprägten Wandels. Muss man die im Oppidum auf dem Dünsberg lebende Bevölkerung aufgrund der Gestaltung der zahlreichen von dort bekannten Metallfunde als dem keltischen Kulturkreis zugehörig ansprechen, ändert sich das Bild in den wenigen Jahren bis zum Bau der römischen Stadt in Waldgirmes. Dort sind, wie bereits ausgeführt, ihre Spuren noch erkennbar, aber aus den römischen Gruben und Gräben in Waldgirmes kommen in höherer Zahl andere nicht römische Funde zutage. Es sind vor allem Keramikformen und vereinzelt auch Metallfunde, deren Verbreitungsgebiete ihre Schwerpunkte in Thüringen bis hin nach Polen oder Norddeutschland haben. Zu den ersten Boten dieses Wandels auf dem Dünsberg gehören drei elbgermanische Schildbuckel (der Form Nickarve), die sich laut Wolfgang Adler zur Definition eines frühen Waffengräberhorizontes eignen.[12] Sie gelangten vermutlich noch während der letzten Stufe der vorrömischen Eisenzeit in den Boden.[13]

---

11 W. Eck, Köln in römischer Zeit. Geschichte einer Stadt im Rahmen des Imperium Romanum (Gesch. Stadt Köln 1), Köln 2004, 215, 228. Er interpretiert das inschriftlich belegte Fortbestehen peregriner Ubier nach 50 n.Chr. mit Übersiedlern aus dem ehemaligen Stammland.

12 W. Adler, Studien zur germanischen Bewaffnung. Waffenmitgabe und Kampfesweise im Niederelbegebiet und im übrigen freien Germanien um Christi Geburt (Saarbrücker Beitr. Altkde. 58), Bonn 1993, 199 ff. – Weitere frühe östliche Funde: M. Meyer, Funde vom Charakter der Przeworsk-Kultur aus Hessen, in: J. Guba/A. Kokowski (Hrsg.), Kultura Przeworska. 1 (Lubelskie Mat. Arch. 8,1), Lublin 1994, 183–192.

13 M. Seidel, Siedlungsfunde der Przeworsk-Kultur aus Hanau-Mittelbuchen, Main-Kinzig-Kreis (Hessen). Ein Beitrag zu den spätlatènezeitlichen Kultur- und Bevölkerungsverhältnissen in der Wetterau,

Zeichen dieses um die Zeitenwende weitgehend vollzogenen Wandels sind die in Waldgirmes zutage gekommenen Scherben handgemachter Keramik (immerhin rund 18 % aller Scherben, Abb. 8). Die von Hand, also ohne die schnell rotierende Töpferscheibe hergestellte Keramik, liegt – und dies muss ausdrücklich betont werden – immer mit römischer vermischt in den Befunden. Eine zeitliche Trennung im Sinne von zwei Nutzungsphasen der Siedlung ist dadurch auszuschließen, vielmehr gelangten die Scherben gleichzeitig mit der römischen Keramik in den Boden. Die Gefäßformen, die in den Bruchstücken überliefert sind, besitzen gute Vergleichsformen in mitteldeutschen Fundplätzen. Die Gestaltung der Ränder weist einen nicht unerheblichen Anteil an mit dem Formholz abgestrichenen Rändern auf, teils sind sie sogar sehr sauber facettiert. Randfacetten gelten als ein Indiz für den Einfluss elbgermanischer Formgebung. Es fehlen jedoch klassische Vertreter elbgermanischer Formen und Verzierungsmuster ebenso wie die im elbgermanischen Bereich weit verbreitete gestelzte Bodengestaltung (Stengelfuß).

In denselben Raum verweisen auch einige als ‚fremd‘ auffallende Stücke unter den Metallfunden. Dazu gehören eine Fibel der Form Almgren 2b (Abb. 6), ein rhombischer Schildbeschlag sowie Stück Rohbernstein. Diese Funde – wie auch die Formen der Keramik – stammen aus östlich des Lahntals gelegenen Regionen und können als Hinweis auf Verbindungen in diese entfernten Landstriche gelten.

Die Bedeutung des Lahntals als Ost-West-Verkehrsverbindung zeigt sich bereits während der vorrömischen Eisenzeit. Fundstücke aus unserer Region haben Parallelen im Mittelrheingebiet oder die Vergleichsstücke wurden analog der Verbreitung der Fibel vom Typ Almgren 2b im Böhmischen Becken gefunden. Diese Einbindung des römischen Waldgirmes in ein bereits existierendes Gefüge von alten Überlandwegen lässt auch die Anlage der vorrömischen Gräber vermuten, die unter der römischen Stadt gefunden wurden (Abb. 2). Die Kartierung von Grabhügeln gilt in der Altwegeforschung seit dem 19. Jahrhundert als Möglichkeit, Hinweise auf alte Wege zu gewinnen. Auch die Gräber, die unter den römischen Bebauungsspuren in Waldgirmes zutage gekommen sind, wurden von Südwesten nach Nordosten verlaufend angelegt, folgten vermutlich also einer existierenden Wegetrasse.

Vielleicht sind das Ende der befestigten Höhensiedlung auf dem Dünsberg und der Bau der Siedlung in Waldgirmes auch mit einem andernorts belegten Vorgehen der Römer zu verbinden. Zahlreiche keltische Oppida (genannt seien nur der Magdalensberg in Kärnten oder der Mont Beuvray) wurden aufgelassen, weil in der

Alt-Thüringen 33, 1999, 181–230; Ders., Großromstedt- und älterkaiserzeitliche Siedlungskeramik aus Netze, Stadt Waldeck, Kreis Waldeck-Frankenberg. Ein Beitrag zur frühgermanischen Besiedlung in Niederhessen, Fundber. Hessen 32/33, 1992/93 (2000) 111–127; Ders. Die jüngere Latènezeit und ältere römische Kaiserzeit in der Wetterau, Fundber. Hessen 34/35, 1994/95 (2000), 1–335; Ders. Das frühgermanische Gräberfeld von Hatzfeld-Lindenhof, Fundber. Hessen 37/38, 1997/98 (2001), 281–352; J. Kneipp/M. Seidel, Die Chatten. Ein germanischer Stamm im Spiegel der archäologischen Funde, in: D. Rohde/H. Schneider (Hrsg.), Hessen in der Antike, Kassel 2006, 37–69; B. Steidl, Frühkaiserzeitliche Besiedlung in der Wetterau, Wetterauer Geschbl. 40, 1991, 217–233.

Niederung eine römische Stadt gebaut wurde, die an das geplante oder bereits existierende römische Straßensystem angebunden war. Wie kurz die „Zeit des Wandels" im mittleren Lahntal war, zeigen die absoluten Daten: Die Funde weisen das Ende der Besiedlung auf dem Dünsberg in die 2. Hälfte des 1. Jh. v.Chr. und in Waldgirmes wurde im Jahr 4 v.Chr. Holz geschlagen, um einen Brunnen zu bauen.

Der Vergleich von Münzreihen verschiedener spätaugusteischer Fundorte verweist das Ende des römischen Waldgirmes in den Strudel der Ereignisse um die „Schlacht im Teutoburger Wald" 9 n.Chr. Einige Befunde in Waldgirmes überliefern zudem eine zeitliche Tiefe am Ende der Besiedlung – zwischen der Zerstörung im Inneren und dem Brand der Stadt. Besonders deutlich wird dies in den Funden von Fragmenten einer lebensgroßen vergoldeten Reiterstatue. Im Innenhof des Forums befanden sich fünf Gruben ausgeraubter Steinfundamente. Es handelte sich um fünf Postamente aus lothringischem Muschelkalk, der leicht zu bearbeiten ist und von dem sich zahlreiche Bruchstücke erhalten haben. Die fünf Gruben besaßen alle die für Basen von Reiterstandbildern notwendige Größe. Auf der mittleren Basis stand vermutlich die lebensgroße, vergoldete Reiterstatue aus Bronze, von der wir bisher fast 200 Teile gefunden haben (rund 6 kg, Abb. 7). Diese Statue – vermutlich des Kaisers Augustus – wurde zerschlagen, bevor die Stadt durch Feuer zerstört wurde.

Einzelne Fragmente des Standbildes lagen auf der Sohle von Gruben und waren durch sterile Erdschichten abgedeckt – wie z. B. der Pferdefuß; der überwiegende Anteil der Bruchstücke lag jedoch in den Straßengräben direkt unter der Zerstörungsschicht, die sich durch Holzkohle und Reste verbrannter Lehmwände auszeichnet. Auffallend ist jedoch die weite Streuung der einzelnen Fragmente vom Ost- bis zum Westtor, praktisch über das gesamte archäologisch untersuchte Areal der Stadt hinweg. Die Verteilung der Fragmente ist unseres Erachtens nicht durch Verlust allein zu erklären. Südlich des Forums, wo in einem Areal die römische Oberfläche erhalten war, konnten in einem Bereich von wenigen Quadratmetern viele sehr kleine Teile geborgen werden. Dort wurden offenbar größere Teile der Bronzestatue zusätzlich zerschlagen.

Die Niederlage der römischen Armee gegen die Koalition germanischer Stämme in der sogenannten ‚Schlacht im Teutoburger Wald' führte unmittelbar oder mittelbar zur Aufgabe der römischen Siedlung von Waldgirmes. Spuren von späteren Plünderungen finden sowohl in Gruben, die nach dem Brand der Siedlung angelegt wurden, und verschmolzenes Blei enthalten. Aber auch die Funde von Statuenfragmenten in den nahe gelegenen einheimischen Siedlungsstellen von Wetzlar-Naunheim und Wetzlar-Dalheim sind entsprechend zu interpretieren. Mit Auseinandersetzungen um das Ende des römischen Waldgirmes ist wohl auch der Fund eines menschlichen Oberarmknochens im äußeren westlichen Umwehrungsgraben zu verbinden.

Nur wenige Jahre nach dem Ende der römischen Besiedlung in Waldgirmes bestattete die einheimische Bevölkerung im Inneren der Ruinenstätte. Südlich des Osttores wurden die Reste vom Pflug bereits stark gestörter Brandgräber aufgedeckt.

Die mindestens fünf – ein Brandgrubengrab, zwei Brandschüttungs- sowie zwei Urnengräber – Gräber liegen völlig isoliert und können dadurch nicht in eine stratigraphische Verbindung zu den römischen Befunden gebracht werden. Den Verstorbenen waren Keramik und einzelne Trachtbestandteile auf dem Scheiter-haufen beigegeben. In einem der Urnengräber lagen kleine Fragmente von zwei Bronzegefäßen (Sieb und Kasserolle?). Die Beigaben waren durch rituelle Hand-lungen und durch den Scheiterhaufenbrand sehr stark fragmentiert und ver-schmolzen. Durch die Beigabe einer ebenfalls rituell verbogenen Fibel vom Typ Almgren 22a kann das Grab chronologisch eingeordnet werden. Diese Fibelform gehört zum Fundbestand der spätaugusteisch bis frühtiberischen Zeit.[14] Eine Anlage der Gräber ist während der Existenz der römischen Siedlung nicht denkbar, weshalb – und dafür sprechen neben der Fibel auch die Randfragmente der Bronzegefäße – eine frühtiberische Datierung wahrscheinlich ist.

Dieser kurze Überblick über einige Befunde aus dem Waldgirmes um Christi Geburt zeigt, dass diese Region zur Überschneidungszone verschiedener Kultur-einflüsse – eben Kelten, Germanen und Römern – gehörte. Für die Auswahl des Platzes in Waldgirmes spielte neben der sozialen Hierarchie der vorrömischen Be-völkerung, die offenbar gut mit der Situation links des Rhein in Gallien vergleichbar war, auch die Geländesituation für die Römer eine wichtige Rolle. Im Lahntal zwi-schen Wetzlar und Gießen treffen verschiedene Altstrassen zusammen: erstens ein Weg aus der Region Koblenz kommend, zweitens ein Weg von Mainz entlang des Taunusfußes, drittens die Lahn selbst als Transportweg. Damit öffnete gerade das mittlere Lahntal den Weg für die Römer nach Osten, was neue Fundorte von römi-schen Anlagen wie zuletzt Hedemünden bei Hannoversch-Münden belegen.

14 Th. Völling, Studien zu Fibelformen der jüngeren vorrömischen Eisenzeit und ältesten römischen Kaiserzeit, Ber. RGK 75, 1994, 147–282, v. a. 216–222; Ders., Germanien an der Zeitenwende (BAR Internat. Ser. 1360), Oxford 2005, 134 ff., 194 ff.

Abbildungen

Süd/West	Mittelgebirgsraum	Nord/Ost
überregionale Oppida-Zivilisation		regionale Chronologien
„Kelten" Plastischer Stil	Separate Chronologien für Römischer Importstücke (Bronzegefäße, Keramiken, Fibeln) und einheimische Gräberfelder (Trachtbestandteile, Waffen, römische Importe)	„Germanen"
Münzprägung Fibelchronologie		Fibelchronologie Waffenbeigabe in Gräbern
Latène D1 Beginn: um 120 v. Chr.		jüngere vorrömische Eisenzeit
Latène D2 Beginn: um 50 v. Chr		Stufe A (Übergangszeit) Großromstedt
Römische Kaiserzeit		Stufe B (Römische Kaiserzeit)

Abb. 1: Vereinfachtes Chronologiesystem der
vorrömischen und römischen Eisenzeit.

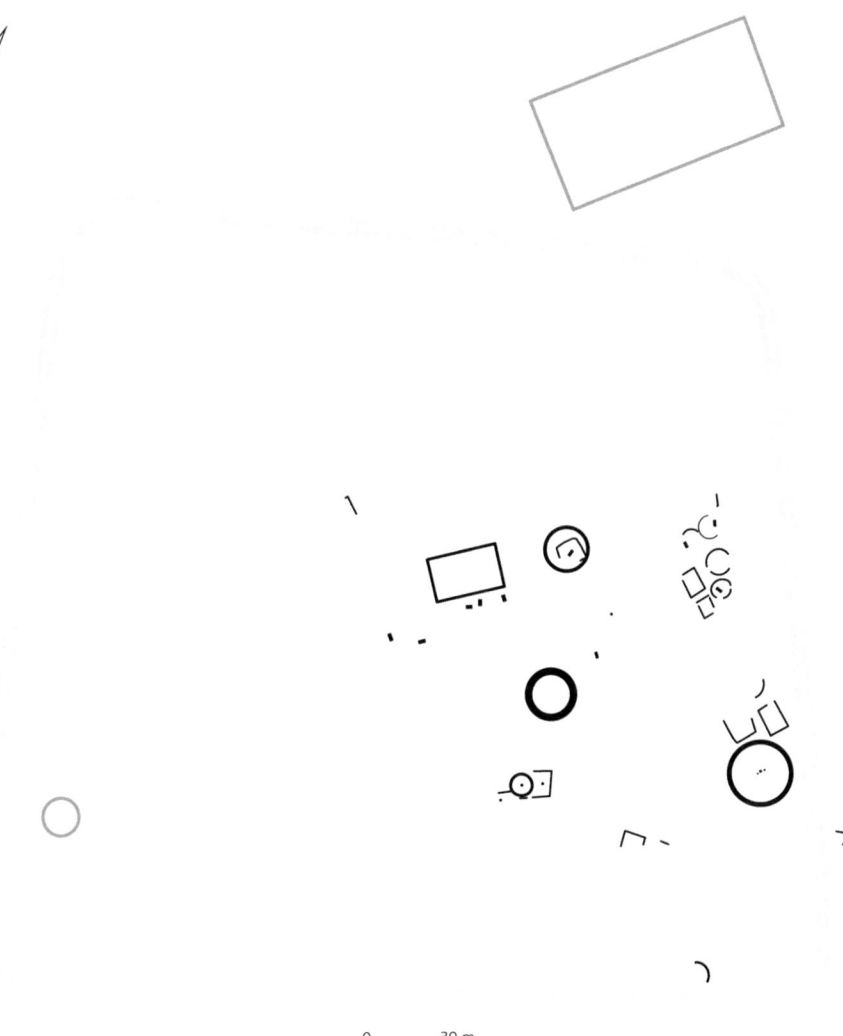

Abb. 2: Waldgirmes. Plan des eisenzeitlichen Gräberfeldes.

Gabriele Rasbach

Abb. 3: Waldgirmes. Brandgrab der Stufe LtD1
mit Resten von verzierten Bronzeblechen.

Abb. 4: Geschweifte Fibel vom Typ Dünsberg.

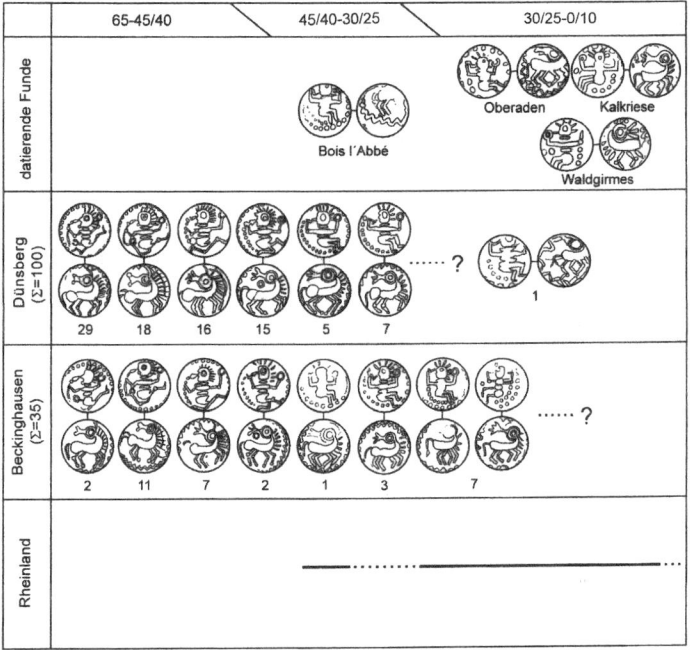

Abb. 5: Quinare mit tanzendem Männlein (aus: SFMA 19).

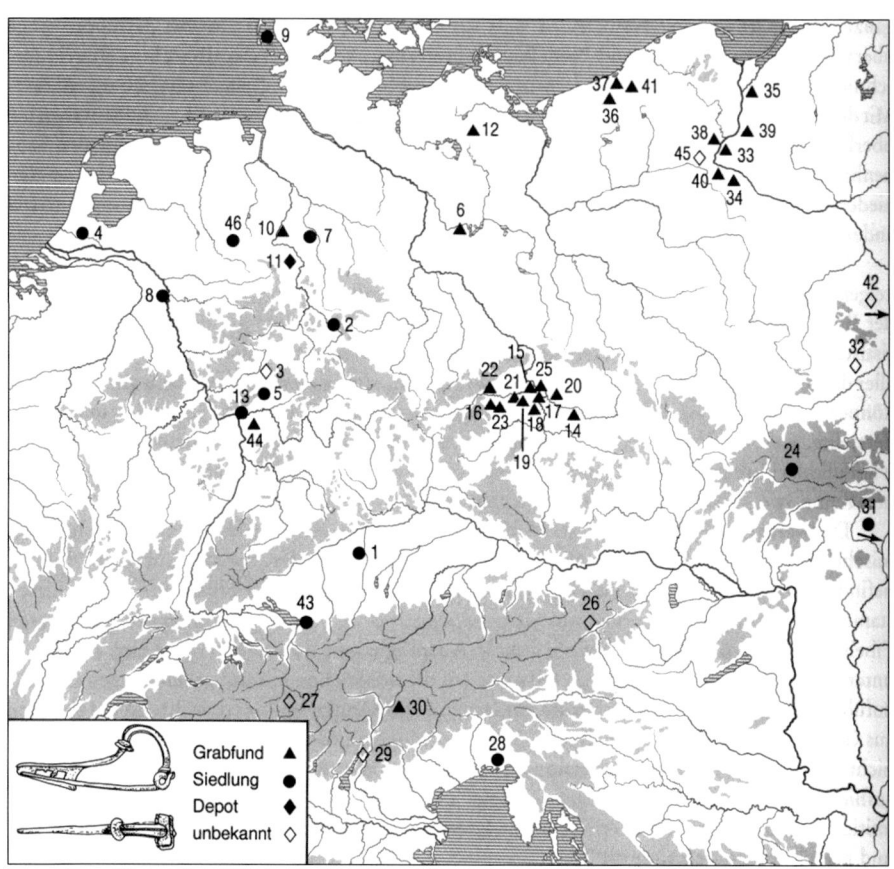

Abb. 6: Verbreitung der Fibeln vom Typ Almgren 2b (aus: Th. Völling 1994).

Abb. 7: Fragmente der vergoldeten Bronzestatue aus Waldgirmes.

Abb. 8: Waldgirmes. Keramikgefäße aus nachrömischen Gräbern
(in der Mitte und rechts im Bild).

Religiöse Sonderformen am Neckarlimes?
Über lokale Einflüsse auf die provinzialrömische
Religion im mittleren Neckarraum

Leif Scheuermann – Erfurt

Einleitung

Die provinzialrömische Religion in ihrer Genese ist ein deutlicher Indikator für die Romanisation indigener Gruppen sowie die gegenseitige Durchdringung der Kulturen. Um jedoch den Charakter einer spezifischen Region – wie den der Lahn – näher bestimmen zu können, benötigt man zum Vergleich die Untersuchung einer Region, die sich zwar im gleichen kulturellen Umfeld befindet, jedoch selbst keine indigene Bevölkerung hat. Eine solche Region bildet möglicherweise der Neckarlimes, wie sich in den letzten Jahren immer mehr herausgestellt hat.[1] Dieser Aufsatz soll deshalb die religiösen Verhältnisse am Neckarlimes skizzieren, um einen Hintergrund für die Forschungen an der Lahn zu bieten.

Grundlage der Arbeit ist eine laufende Dissertation zur römischen Provinzialreligion am Neckarlimes und äußeren obergermanischen Limes. Ziel der Arbeit ist eine Rekonstruktion der Sakrallandschaft. Es soll hierfür ein Geoinformationssystem zur Religion in der römischen Antike am Neckar- und obergermanischen Limes als Grundlage für eine Untersuchung zu Auswirkungen natur- und kulturräumlicher Faktoren auf die Kultlandschaft aufgebaut werden.

Dieser Aufsatz behandelt einen Ausschnitt aus dem Untersuchungsbereich des Gesamtprojektes zwischen Bad Wimpfen und Köngen im Zeitraum der Existenz des Neckarlimes (ca. 90–150 n.Chr.) sowie der zivilen Weiterbesiedlung bis Mitte 3. Jh. n.Chr.

In einem ersten Schritt wird auf die Fundsituation eingegangen. Außerdem werden die spezifischen religiösen Strukturen am Neckarlimes skizziert. Abschließend wird dargestellt, welche Grundlage die erarbeiteten Strukturen für die Forschungen in Hessen bieten können.

---

1 C. Sommer, Das römische Militär und sein Einfluss auf die Bevölkerung in Obergermanien und Rätien rechts des Rheins und nördlich der Alpen, in: H. Vetters/M. Kandler (Hrsg.): Akten des 14. internationalen Limeskongresses 1986 Carnuntum (Der österreichische Limes 16), Wien 1990, 121–132.

Kurze Einführung in die Fundsituation

Von Norden nach Süden gesehen beginnt der Neckarlimes in der Nähe des heutigen Bad Wimpfen im Tal. Hier endet die über Land verlaufende Verteidigungsanlage des Odenwaldlimes mit seinen Wachtürmen und eine Flussverteidigung beginnt.

Strategisch nimmt das Kastell eine wichtige Stellung ein, da hier sowohl die gut schiffbaren Flüsse Jagst und Kocher aus dem Gebiet jenseits des Limes kommend in den Neckar münden, als auch der Neckar seine Süd-Nord-Achse verlässt und leicht nach Westen abbiegt. Hinzu kommt eine Straßenverbindung ins Rheintal und am Neckar entlang, welche wohl schon vorrömisch genutzt wurde. Mit der Errichtung des heute nicht mehr genau zu lokalisierenden Kastells entstand auch der Kastell-vicus. Als Besatzung des Kastells sind die *Cohors II Hispanorum*, die *Cohors Brittonum*, die *Cohors II Germanorum* und die *Cohors III Aqitanorum equitata civium Romanorum* belegt.[2] Der Abzug der Truppen um 150 n.Chr. führte, wie am Neckarlimes häufiger zu beobachten, zu einer Vergrößerung der Zivilsiedlung durch die Umnutzung der ehemals militärischen Bereiche. Hinzu kam die Errichtung einer Zivilverwaltung mit der Erhebung Wimpfens zum Hauptort der *Civitas Alisin(ensium)* zu dieser Zeit. Seine wirtschaftliche Blüte erfuhr der Ort Ende des 2. Jhs, was sich auch baulich an der Errichtung einer Stadtmauer mit Türmen und Toren zeigte. Mit Ende des äußeren Limes und dem Rückzug der römischen Truppen Mitte des 3. Jh. endet das römische Wimpfen. Archäologisch ist Wimpfen im Tal gut erschlossen, erste planmäßige Grabungen begannen bereits Ende des 19. Jh. durch die Reichslimeskommission.[3] Weitere Grabungen Anfang der 70er Jahre und besonders Mitte der 80er Jahre ergänzen das Bild.[4] Im Rahmen letzterer Grabungen wurde auch das *Sacellum* sowie der Kultbezirk ergraben, auf welche im Folgenden noch näher eingegangen wird.

Die zweite hier behandelte Siedlung liegt ca. 10 km südlich vom Bad Wimpfen. Es handelt sich um das Kastell samt Vicus zwischen dem heutigen Heilbronn-Groß-gartach und Heilbronn-Böckingen. Erste Funde wurden hier bereits 1615 gemacht. Die systematische Ergrabung des Kastells wurde 1895 und 1897 durch die Reichs-limeskommission vorgenommen.[5] Die Anlage ist 2 ha groß und in mehreren Aus-baustufen zuerst in Holz und dann in Stein errichtet worden. Als Besatzung sind die *Cohors I Helvetiorum* und die *Cohors V Dalmatarum* sowie der *Numerus Brittonum Murrensium* belegt. Leider ist über den Vicus selbst kaum etwas bekannt. Er erstreckte sich an den Ausfallstraßen des Kastells und ist nie systematisch er-schlossen worden.

---

2   D. Plank, Die Römer in Baden Württemberg, Stuttgart 2005, 22 f.
3   K. Schumacher, ORL B 54–55 Wimpfen 1900.
4   Plank (wie Anm. 2), 25 f.
5   H. Steimls, ORL B 54 Böckingen 1898.

Weitere 15 km südlich von Heilbronn-Böckingen liegen die zwei Kastelle und der dazu gehörige Vicus von Walheim[6] auf einer Hochterrasse des linken Neckarufers, nördlich der Enzmündung, welche einen wichtigen Verkehrsweg ins Hinterland darstellte.[7]

Der Nordvicus ist im Norden durch den Baumbach und das Gräberfeld abzugrenzen und sehr gut archäologisch erschlossen. Er besteht aus Streifenhäusern in Stein- und Holzbauweise und wird von Handwerksbetrieben dominiert. Innerhalb des Nordvicus findet sich das Numeruskastell, ein Holz-Erde-Lager von 0,7 ha Größe. Dieses ist parallel zum Kohortenkastell ausgerichtet und wurde nach dem Abzug der Truppen bereits vom römischen Vicus überbaut. Eine Innenbebauung ist jedoch durch Pfostenlöcher erhalten. Als Besatzung diente eine *Vexillatio* in Stärke von drei Centurien. Einen weiteren Sonderbau stellt eine große gedeckte Halle dar, die allerding schon in römischer Zeit zur Hälfte durch Hochwasserschäden zerstört wurde. Hier fand man unter anderem einen Ring mit Weihinschrift ohne Götternennung, der wohl als Schmuck einer Statue diente. Südlich des Nordvicus, mit dem Numeruskastell durch eine Straße verbunden, befand sich das Kohortenkastell. Auch dieses wurde in römischer Zeit überbaut und durch eine mittelalterliche Bebauung weitgehend zerstört. Es war 2,1 ha groß und mit seiner Prätorialfront zum Neckar ausgerichtet. Umgeben war es von einer Steinmauer mit Toren und Türmen. Ferner wurde ein Vorläuferkastell in Holz-Erde-Konstruktion ergraben. Als Besatzung für das Kohortenkastell ist die *Cohors I Asturum Equitata* überliefert. Die Siedlung um das Kohortenkastell mit einer Verdichtung an der Straße zum Numeruskastell wird als der Südvicus bezeichnet. Hier überwiegen Steinbauten, häufig mit Hypokausten, Kellern und Ziegeldächern, welche aber nur sehr partiell ergraben sind.

Weitere 10 km neckaraufwärts befinden sich das Kastell und der Vicus im Bereich der heutigen Gemeinden Benningen und Marbach a.N. Auch diese wurden bereits im 16. Jh. durch Simon Studion entdeckt, welcher hier 1597 die erste Grabung im Bereich des heutigen Baden-Württemberg durchführte.[8]

Doch trotz des frühen Interesses für die römische Geschichte Benningens muss man heute konstatieren, dass das Kastell nur zu einem geringen Teil und der Vicus gar nicht planmäßig untersucht wurden. Allein ein Teil einer Ausfallstraße sowie vier Brennöfen wurden in einer Notgrabung 1972 gesichert.[9] So bleibt bis heute die Größe und Bedeutung dieser Siedlung unbekannt.

Der vierte Vicus im Untersuchungsbereich befand sich auf dem Boden des heutigen Stuttgart-Bad Cannstatt. Auch hier ist der antike römische Name nicht bekannt. Doch ist die Stellung dieser Siedlung für den gesamten Neckarlimes herausragend.

6   K. Kortüm/J. Lauber, Walheim I, Stuttgart 2004.

7   K. Kortüm, Portus – Pforzheim. Untersuchungen zur Archäologie und Geschichte in römischer Zeit, in: Quellen und Studien zur Geschichte der Stadt Pforzheim 3, Sigmaringen 1995, 27 ff.

8   Ch.E. Hanselmann, Beweis wie weit der Römer Macht…, Stuttgart 2004, 18 ff.

9   Plank (wie Anm. 2), 35 ff.

Nicht nur, dass das Alenkastell (*Ala I Scubulorum*) in Steinbauweise mit einer Fläche von 3,74 ha für die Zeit außergewöhnliche Größe hatte, die Mauer mit 20 Türmen besetzt war und diese mit Wurfgeschützen besetzt werden konnte, auch die
Größe des Vicus von 22 ha sowie die Anlage mehrerer Bäder oder auch das Gräberfeld mit mehr als 3000 Bestattungen zeugen von seiner einstigen Bedeutung. Auch
strategisch ist dieser Ort herausragend, da er an einer bedeutenden Straßenkreuzung
zwischen *Mogontiacum* (Mainz), *Argentorate* (Straßburg), *Arae Flaviae* (Rottweil)
und *Augusta Vindelicum* (Augsburg) lag und somit einen zentralen Verkehrsknoten-
punkt bildete. An dieser Kreuzung, welche – auf einem Plateau oberhalb des linken
Ufers des Neckars – einen weiten Blick in die Umgebung erlaubt, errichteten die
Römer ein Holz-Erde-Kastell, welches um 100 n.Chr. durch ein Steinkastell ersetzt
wurde. Der dazugehörige Kastellvicus erstreckte sich an den Ausfallstraßen süd- und
nordwestlich des Kastells. Mit dem Abzug der Truppen erweiterte sich der Ort von
der Hochfläche ins Tal und auf das jenseitige Neckarufer, ohne sich jedoch gänzlich
zu verlagern.

Trotz seiner Bedeutung und der damit einhergehenden Fülle an Überresten der
römischen Besiedlung Cannstatts, ist auch hier festzustellen, dass ein Gesamtbild
der Siedlung nur schwer rekonstruiert werden kann. So haben die mittelalterliche
und neuzeitliche Bebauung größte Teile der archäologischen Befunde zerstört. Zum
Beispiel wurde über dem Aalenkastell 1908 eine Dragonerkaserne erbaut. Und selbst
in den Fundberichten Baden-Württemberg von 2005 ist mehrfach vermerkt, dass
entweder Raubgräber den Wissenschaftlern zuvorgekommen waren oder die Bau-
arbeiten die Funde bereits zerstört hatten.[10] Auch ist eine Bearbeitung der zahlreichen Altfunde des Vicus ein Desiderat der provinzialrömischen Forschungen in
Württemberg.

Ein letzter Untersuchungsort ist der ca. 20 km von Stuttgart entfernte römische
Vicus *Grinario*, das heutige Köngen. Hier endet der Neckarlimes und die römische
Grenzverteidigung geht in den Alblimes über. Er gehörte zur *Civitas Sumelocennen-
sis* (Rottenburg a.N.) und entstand Mitte der 90er Jahre des 1. Jh. n.Chr. mit der Errichtung des Kastells in seinem Zentrum. Auch hier lässt sich eine Ausweitung des
Vicus mit Abzug der Truppen konstatieren, so daß er sich in seiner Blütezeit Mitte
des 2. Jh. auf einer Fläche von ca. 20–22 ha ausdehnte. Damit war der Vicus nur um
weniges kleiner als der Civitashauptort *Sumelocenna*. *Grinario* war wahrscheinlich
auf Grund der Verarbeitung von Eisenerz, das auf der Schwäbischen Alb gefunden
wurde, als Handwerkersiedlung zu seiner Größe gelangt.

Neben Öfen wurden auch halbfertige Teile, Gusstiegel und Schmelzbirnen gefunden sowie der Kopf einer Statue des Gottes Vulkan, des Schutzpatrons der
Schmiede.[11]

---

10 Fundschau, in: Fundberichte aus Baden-Württemberg 28/2, 2005, 293 f.
11 Siehe: M. Luik/F. Reutti, Der Römerpark in Köngen, Stuttgart 1988, 27 ff.

Dass jedoch auch der Verkehr für *Grinario* eine sehr wichtige Rolle gespielt haben muss, beweist die Nennung des Vicus in der Tabula Peutingeriana, sowie der Fund eines Meilensteins direkt am Südwesttor des Kastells. Auch ist die Ausdehnung des Vicus am Verlauf der Straßen orientiert.

Pionier der althistorischen Forschungen in Köngen war Oberamtmann Johann Eberhard Roser, der 1782 in einer Eingabe[12] an Herzog Karl Eugen von Württemberg eine Goldmünze des Antoninus Pius erwähnte, die eine Tagelöhnerin auf dem ‚Burgfeld‘ gefunden habe. Ferner bestehe in Köngen eine Überlieferung, dass sich auf dem genannten Burgfeld eine alte Stadt befunden habe und Bauern beim Pflügen immer wieder auf Mauern gestoßen seien. Daraufhin befahl der Herzog eine Ausgrabung des Geländes, welche Roser in den folgenden vier Jahren leitete. 1783 erfolgte die Zeichnung eines ersten Plans durch einen herzoglichen Feldmesser. Leider endete mit der Amtszeit Rosers 1794 auch das Interesse an Köngens Geschichte. Die Funde wurden im Köngener Schloss aufbewahrt und ab und an von Liebhabern besucht, die sich das eine oder andere Fundstück aneigneten, so dass diese Funde heute fast alle verschollen sind.[13] Mit der Entdeckung des Limes im dritten Drittel des 19. Jahrhunderts geriet auch Köngen wieder in den Blick der interessierten Öffentlichkeit. Hierbei sind besonders Konrad Miller und Eduard Karl Gottlieb von Kallee zu nennen, welche intensiv und systematisch das römische Köngen ergruben. 1886 wurde ein Komitee gegründet, welches das Gelände des Kastells aufkaufte und die Grundmauern restaurierte. Das Kastellgelände wurde dann 1901 dem Schwäbischen Albverein übertragen.

In den 20er Jahren des letzten Jahrhunderts flaute das Interesse an Köngen wieder ab. Erst mit der starken Bevölkerungszunahme Köngens nach dem Zweiten Weltkrieg und der damit verbundenen Erweiterung des Ortes wurden die Grabungen wieder aufgenommen. Seit den 80er Jahren gab es immer wieder Grabungen, welche größtenteils durch Martin Luik betreut und publiziert wurden, so dass man für Köngen von einer sehr gut erschlossenen Befundlage ausgehen kann.

Kultplätze

Nach dieser Einführung in die generelle Befundsituation, soll nun speziell auf die ‚religiösen Zeugnisse‘ eingegangen werden. Die Problematik des Begriffes ‚religiöses Zeugnis‘ liegt auf der Hand. Es stellt sich die Frage, was überhaupt unter Religion verstanden wird, und wie ein Gegenstand aus der profanen in die sakrale Sphäre wechseln kann – oder besser gesagt – wie wir wissen können, ob und welche immateriellen religiösen Implikationen der Gläubige mit einem Gegenstand ver-

---

12 Ch. Unz, Grinario – Das römische Kastell und Dorf in Köngen, Stuttgart 1982, 14.
13 Näheres hierzu in: Ch. Steck, Amtliches Verzeichnis der 1783 zu Köngen entdeckten römischen Alterthümer, in: Württembergische Jahrbücher für vaterländische Geschichte, Geographie, Statistik und Topographie II 1937, Stuttgart 1838, 405 ff.

band.[14] Diese Fragestellungen können jedoch im Rahmen dieses Aufsatzes nur genannt, nicht aber behandelt werden, weshalb zwei Fundkategorien herausgegriffen werden sollen: Kultplätze sowie Inschriften und Bildwerke. In beiden Fällen ist unstrittig, dass es eine religiöse Implikation gibt, die auch benannt werden kann. Selbst wenn eine Statue möglicherweise als Kunstwerk keine direkte kultische Verwendung fand, so beinhaltet doch das Aufstellen genau dieses Gottes eine Aussage über das religiöse Selbstverständnis des Setzers.

Betrachtet man die Kultplätze, so gilt es wiederum zu unterscheiden, ob sie archäologisch oder nur aus Inschriften bekannt sind.

Ergrabene Heiligtümer weisen drei der fünf Vici auf: Bad Wimpfen, Stuttgart-Bad Cannstatt und Köngen. Im Falle von Bad Wimpfen sind es das bereits genannte *Sacellum* und der Kultbezirk gegenüber der Cornelienkirche.

Das *Sacellum* war ein quadratischer Steinbau mit einer Seitenlänge von 1,80 m, in dessen direkter Nähe ein Minervarelief, Terrakotten der Venus und einer Matrone sowie ein umgestülpter Terra Sigillata Napf mit Münzen gefunden wurden.[15] Er wurde bereits um 200 n.Chr. abgerissen, um an seiner statt die Vicusmauer zu errichten. Höchstwahrscheinlich wurde das *Sacellum* durch den großen Kultbezirk ersetzt.

Dieser wurde von einem 10,5 x 31 m großen Gebäude mit zwei Räumen und einer Portikus dominiert. Des Weiteren gehörten ein Gebäude mit einem Steinkeller sowie ein 3 x 5 m großer Apsidenraum zum Kultbezirk. Im direkten Umfeld der Gebäude fanden sich zahlreiche Bruchstücke von Bildwerken und eine Weiheinschrift eines Haruspex mit Namen Marcus Ianuarius Secundinus und dessen Sohnes Romulus, der Victoria Augusta geweiht.[16]

In Bad Cannstatt wurde das große Gräberfeld nordwestlich des Kastells als Kultstätte für Herecura genutzt. In einem Grabgebäude fanden sich mehrere Skulpturen der Muttergottheit, die allerdings erst nach Auflassen des Gräberfeldes dort gesammelt wurden. Dennoch ist die Nutzung des Gräberfeldes als Kultstätte evident.[17]

Weitere archäologisch fassbare Kultbezirke befinden sich in Köngen.[18] Es handelt sich hier zum einen um einen einfachen umfriedeten Bereich von 7 x 10 m Größe in der Nähe des Kastells an der Ausfallstraße in Richtung *Sumelocenna*. In diesem wurde eine Jupitergigantensäule mit Weihealtar, eine Geniusstatue mit Weihealtar sowie ein Epona-Relief gefunden. Den Beweis, dass es sich hierbei um einen Kultbezirk handelt, liefert die in diesem Bereich gefundene Bauinschrift[19], in wel-

---

14 Näheres hierzu: T. Insoll, Archaeology, Ritual and Religion, London 2004.
15 Plank (wie Anm. 2), 26.
16 M. Pietsch, Eine neue Haruspex-Inschrift aus dem römischen Kultbezirk von Bad Wimfen i.T., in: Fundberichte aus Baden-Württemberg 11, Stuttgart 1986, 285 ff.
17 F. Haug/G. Sixt, Römische Inschriften und Bildwerke Württembergs, Stuttgart ²1914, 363 f.
18 Unz (wie Anm. 12), 38 ff.
19 Haug/Sixt (wie Anm. 17), Nr. 497, 304.

cher die Bürger der *Civitas Sumelocenna* des *Vicus Grinario* dokumentieren, dass sie aus eigenen Mitteln die Umfassungsmauer haben errichten lassen.

Zum anderen wurde auch hier das Fahnenheiligtum des Kastells nach Abzug der Truppen weiter genutzt, was das Fragment einer überlebensgroßen Statue des Commodus[20], der sich hier als Hercules verehren ließ, sowie ein Epona-Relief[21] beweisen.

Neben diesen archäologisch verortbaren Zeugnissen sind drei weitere Kultstätten an Hand inschriftlicher Belege dokumentiert.

Zum einen ist dies ein Tempel der Diana in Bad Wimpfen am Berg. Die Inschrift[22] wurde auf dem Acker vor dem Haus des Valentin Moler beim Pflügen gefunden und in ihr wird von „... *aedem cum sigillo*" gesprochen. Weitere Aussagen über die genaue Lokalisierung des Heiligtums lassen sich hier leider nicht treffen.

Ähnlich verhält es sich mit dem zweiten inschriftlich belegten Heiligtum in Walheim.

Die hier gefundene Inschrift[23] ist stark zerstört, so dass die Gottheit, welcher der Tempel geweiht war nicht mehr lesbar ist. Allerdings wird auf der Inschrift der Ort, auf dem der Tempel errichtet wurde, näher mit „*in solo caesaris*" bezeichnet. Wo jedoch dieser „kaiserliche Boden" zu lokalisieren ist bleibt fraglich, da die Inschrift sekundär verlagert in einem Brunnen gefunden wurde. Datiert ist die Inschrift auf 188 n.Chr. durch Konsulnennung; errichtet wurde es durch Sulpicia Vepanita und Sulpicia Pervincia.

Der letzte inschriftliche Beleg für einen Kultplatz stammt aus Stuttgart-Bad Cannstatt. Hier wurde 1881 bei der Erweiterung des Steigfriedhofs ein beidseitig beschriebenes Inschriftenfragment[24] mit folgendem Text gefunden:

Av: In h(onorem) [d(omus) d(ivinae) ...] | matri | aedem ... | ...

Rv: aede[m] | deum .... | ...iense... | ... d...

Auch hier lässt sich nicht mehr feststellen wo genau sich der Tempel befand, oder wem er geweiht war. Er wird der Magna Mater zugeschrieben, doch genauso plausibel wäre ein Matronenheiligtum.

Als Fazit für den Bereich der Kultplätze gilt es festzuhalten, dass bis auf Benningen/Marbach und Heilbronn-Böckingen – den beiden am schlechtesten archäologisch erschlossenen Orten – in allen Vici mindestens eine Kultstätte bekannt ist. Allerdings zeigt sich auch, dass deren Identifikation sich äußerst schwierig gestaltet, denn eine Unterscheidung von Kult- und Profanbau an Hand der Architektur

---

20 Ebd. Nr. 191, 313 f.

21 Ebd. Nr. 189, 312 f.

22 CIL XIII 6481.

23 A. Mehl, Eine private Weihung auf kaiserlichem Boden in Walheim am Neckar, in: Fundberichte aus Baden-Württemberg 11, Stuttgart 1986, 259–267.

24 Haug/Sixt (wie Anm. 17), Nr. 261, 382.

ist nicht gegeben. Es finden sich keine galloromischen Umgangstempel oder andere eindeutig zu bestimmenden Architekturformen. Statt dessen werden einfach eingefriedete Bezirke oder Streifenhäuser genutzt. Auch konnten nach Abzug der Truppen die bereits bestehenden Fahnenheiligtümer der Kastelle oder auch Gräberfelder als Heiligtümer genutzt werden.

Inschriften und Bildwerke

Neben den Kultstätten soll ein zweiter Schwerpunkt dieses Aufsatzes auf den Inschriften und Bildwerken liegen.

Für die sechs Orte liegen momentan 155 Inschriften und Bildwerke vor, in denen 39 Götter von insgesamt 233 genannt werden. Die Verteilung wird aus Abb. 1 ersichtlich. Es fällt auf, dass einer großen Menge von Einfachnennungen eine überragende Menge an Jupiternennungen gegenübersteht. Nimmt man die Wochengötter zu den Jupitergigantensäulen hinzu, so verschärft sich dieses Bild nochmals. Neben Jupiter spielen die kapitolinische Trias und das Kaiserhaus eine wichtige Rolle sowie abstrakte Gottheiten wie Fortuna, die Genien oder Victoria. Es scheinen also die traditionellen römischen Staatsgötter zumindest in der Öffentlichkeit bevorzugt worden zu sein. Eine Ausnahme bilden hier Herecura und Epona sowie möglicherweise Diana und Mercur, welche auch in Kombination mit regionalen Gottheiten wie Abnoba (Göttin des Schwarzwaldes) oder das Götterpaar Mercurius Visucius und Visucia zu finden sind, was bei rein bildlichen Darstellungen nicht mehr festzustellen ist. Auch im Bereich der Jupitergigantensäulen kann ein lokaler Einfluss bestehen, wobei hier natürlich die Frage einer räumlichen Abgrenzung zwischen Rheinland und Mittlerem Neckarraum in Betracht gezogen werden muss.

Betrachtet man die einzelnen Orte, so ergibt sich folgende Gesamtverteilung:

Name	Anzahl der Inschriften und Bildwerke	Anzahl der Götternennungen
Bad Wimpfen	30	38
Heilbronn-Böckingen	11	14
Walheim	27	40
Benningen/Marbach a.N.	17	29
Stuttgart-Bad Cannstatt	50	82
Köngen	20	29

Man sieht, dass der Stand der wissenschaftlichen Aufarbeitung sich kaum in den Zahlen niederschlägt. Dies zeigt sich besonders an Benningen/Marbach, das trotz der fehlenden Erschließung mit 17 Inschriften und Bildwerken nur knapp hinter Köngen liegt. Statt dessen wird die rekonstruierte Bedeutung der Orte gut repräsentiert, was sich besonders an der großen Anzahl an Inschriften und Bildwerken aus Cannstatt zeigt.

Betrachtet man die einzelnen Orte, so fällt auf, dass in Bad Wimpfen[25] Juno- und Minervanennungen vorherrschen, welche in Heilbronn-Böckingen[26] vollständig fehlen. In Böckingen hingegen, findet sich auf einem Stein eine Widmung für die Leudinae und Mediothutae, zwei niedergermanische Matronen.[27] Diese lassen sich gut durch die Anwesenheit der *Cohors I Germanorum* erklären. Hier herrscht Mithras vor, der in einem Fall als *Sol invictus* benannt ist. Ferner finden sich ‚gallische' Gottheiten, wie Mars Caturix und Taranucnus (Taranis), aber auch der pythische Apollo. Auch hier wäre die Truppenpräsenz der *Cohors I Helvetiorum* eine gute Erklärung. Der Beiname *Cultor* für Merkur ist einzigartig. Walheim[28] hingegen ist eindeutig von Jupiter bestimmt. Einzig die zweimalige Nennung Vulcans ist bemerkenswert sowie das Relieffragment des Riesen Antaeus, der zu einem größeren Herculesrelief gehörte. In Benningen[29] dagegen spielt Jupiter wieder nur eine untergeordnete Rolle. Hier sind Minerva und die Genien am häufigsten genannt. In Cannstatt[30] findet sich eine sehr große Anzahl an Jupiternennungen, doch auch das göttliche Kaiserhaus, Epona und Herecura sind stark vertreten. In Köngen[31] zuletzt ist wiederum Jupiter von Bedeutung. Eine Besonderheit stellt nur das Götterpaar Mercurius Visucius und Visucia dar.

Vergleicht man nun die Götternennungen prozentual zur Gesamtzahl der Nennungen im jeweiligen Ort,[32] so zeigt sich im Bereich der kapitolinischen Trias die Dominanz Jupiters in Köngen Walheim und Stuttgart-Bad Cannstatt nochmals stark. Für Juno zeichnet sich die Bedeutung in Bad Wimpfen ab; Minerva ist besonders in Bad Wimpfen und Benningen vertreten. Betrachtet man den Handelsgott Merkur, so ist seine Präsenz in den Handelszentren Bad Wimpfen und Stuttgart-Bad Cannstatt ersichtlich. Der Schmiedegott Vulcan findet sich in allen Orten außer in Heilbronn-Böckingen, was mit den Funden an Eisenschlacken übereinstimmt. Der für die Viehzucht bedeutsame Hercules findet sich ebenfalls überall, doch besonders in Benningen; Epona ist besonders in Cannstatt, aber auch in Walheim und Köngen zu finden, den Orten, an denen Reiterei stationiert war.

Als Fazit läßt sich festhalten, dass indigene Einflüsse auf die Religion am Neckarlimes kaum auftreten. Der Einfluss der Soldaten zeichnet sich jedoch gut ab, wie am Beispiel der Epona-Nennungen oder der niedergermanischen Matronen gezeigt werden konnte. Auch spielten Handwerk und Handel generell eine bedeutende

---

25 Siehe Abb. 3.
26 Siehe Abb. 4.
27 W. Spickermann, Germania Superior – Religionsgeschichte des römischen Germaniens, Tübingen 2003, 456.
28 Siehe Abb. 5.
29 Siehe Abb. 6.
30 Siehe Abb. 7.
31 Siehe Abb. 8.
32 Siehe Abb. 9.

Rolle. Regionale Sonderformen sind aber auch hier nicht festzustellen. Statt dessen stellt sich im räumlichen Vergleich die Bedeutung der einzelnen Vici dar.

Was hat der Neckar mit Hessen zu tun?

Nach dieser Darstellung der Verhältnisse in den Kastellvici am Neckarlimes, soll nun abschließend gefragt werden, welche Bedeutung die Aussagen für die provinzi-alrömische Forschung in den germanischen Provinzen generell und für die Lahn-Region im Speziellen hat.

Um den Charakter einer spezifischen Region näher bestimmen zu können, benö-tigt man zum Vergleich die Untersuchung einer Region, die sich zwar im selben kulturellen Umfeld befindet, jedoch selbst keine einheimische Bevölkerung hat. So kann eine Basis geschaffen werden, auf der sich indigene Einflüsse abzeichnen. Hierfür bietet sich der Neckarlimes an, da die Region zur Zeit der römischen Okku-pation weitgehend siedlungsleer war. Die vom Rhein nach Osten ziehenden Trup-pen, wie die mit ihnen ankommenden Siedler, konnten also unbeeinflusst ihre Tra-ditionen einführen und weiterentwickeln. Hierbei hielten sie sich primär an die römischen Staatsgötter und abstrakte Gottheiten, brachten aber auch Götter aus ihrer Heimat und dem Orient mit sich. So lassen sich die vielen Einfachnennungen von Göttern unterschiedlichster Herkunft erklären. Aber auch miltitär-, handwerks- und handelsabhängige Gottheiten wie Epona, Merkur oder Vulcanus spielten eine Rolle. Aufwendige Heiligtümer wurden jedoch nicht geschaffen. Man nutzte normale Häu-ser, eingefriedete Bezirke oder später verlassene Kastelle, je nach Möglichkeit.

Diese Anpassungsfähigkeit an die neuen Verhältnisse, wie eben das Fehlen von lokalen Traditionen, hat nun zur Folge, dass an Hand der Götternennungen auch die Infrastruktur rekonstruiert werden kann. Hierbei ist zu beachten welche Bedeutung die Soldaten und besonders die Beneficiarier für die Setzung von Inschriften haben, um ein Übergewicht an Steinsetzungen des Militärs in die Überlegungen miteinzu-beziehen. Auch können die Kastellvici alleine kein vollständiges Bild ergeben. Ebenso ist das Umland in die Untersuchungen zu integrieren. Nicht zuletzt muss bei einer solchen erweiterten Fragestellung auch das Gebiet des um 150 n.Chr. vorver-legten äußeren obergermanischen Limes miteinbezogen werden, um die Transfor-mationsprozesse von einer Grenzregion in ein agrarisch strukturiertes Hinterland fassen zu können.

Abbildungen

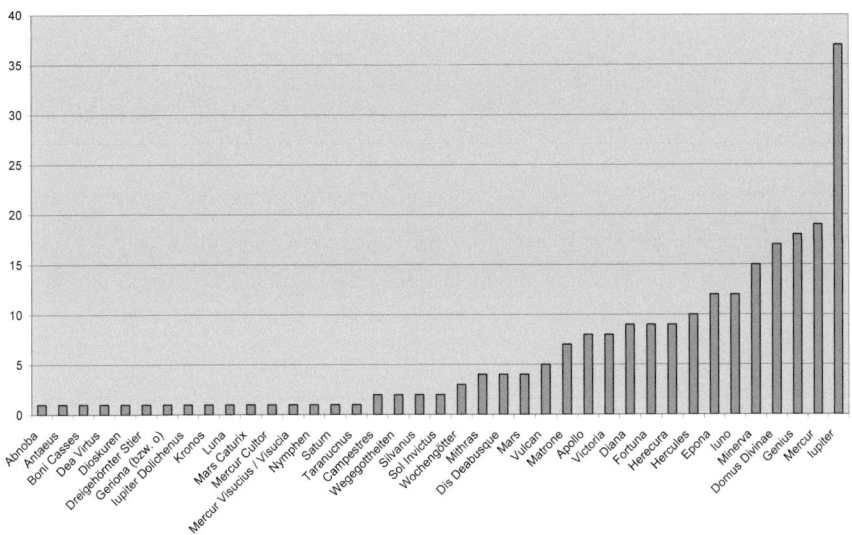

Abb. 1: Götternennungen.

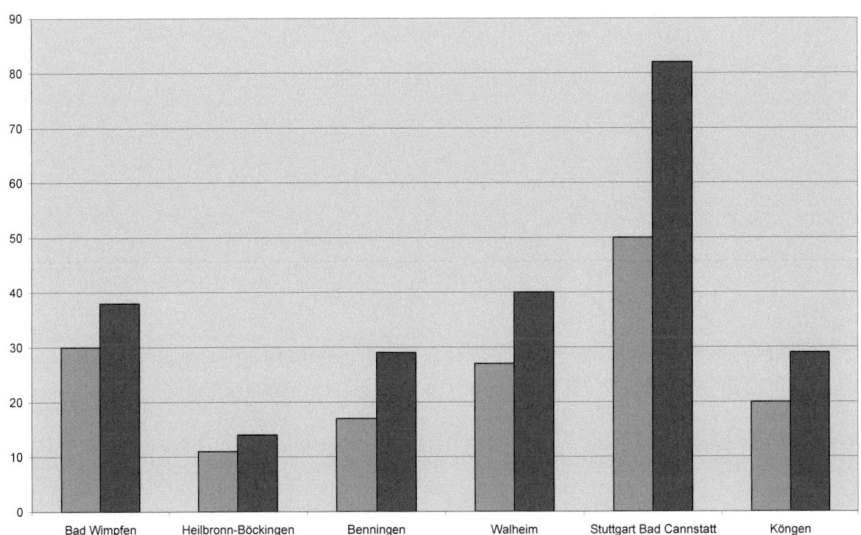

Abb. 2: Gesamtverteilung nach Fundorten
(hellgrau = Anzahl der Inschriften, dunkelgrau = Anzahl der Götternennungen).

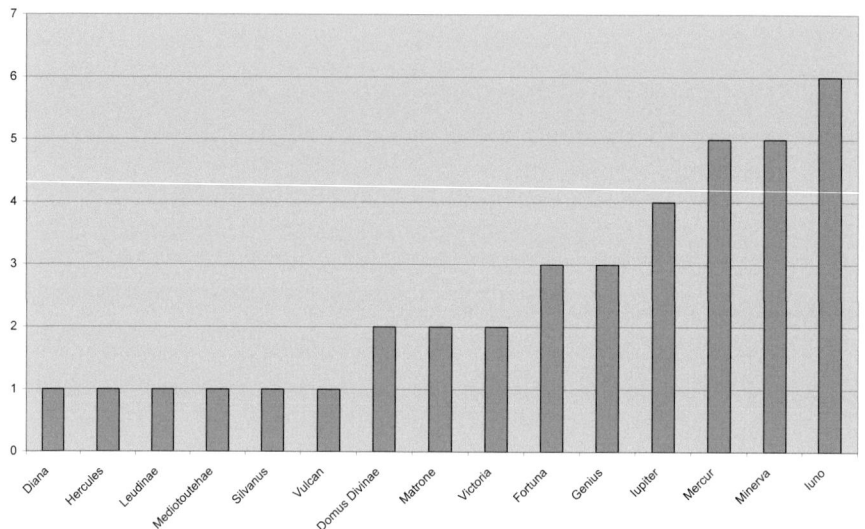

Abb. 3: Bad Wimpfen.

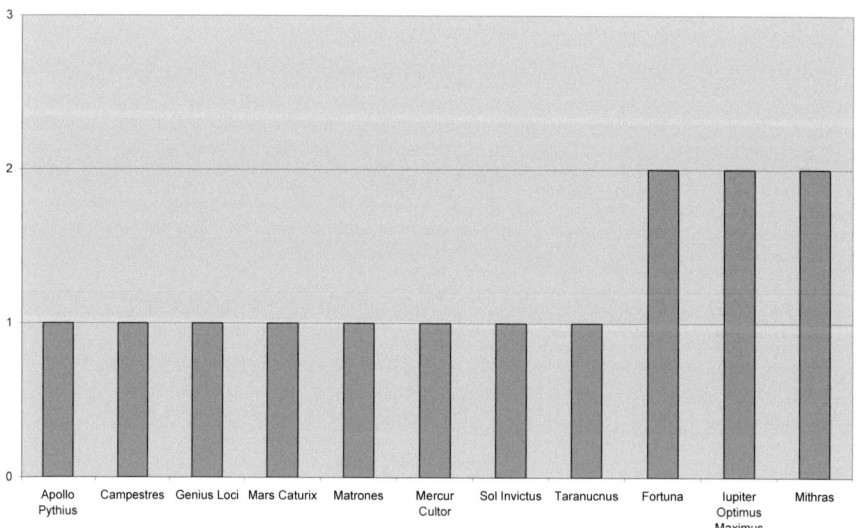

Abb. 4: Heilbronn Böckingen.

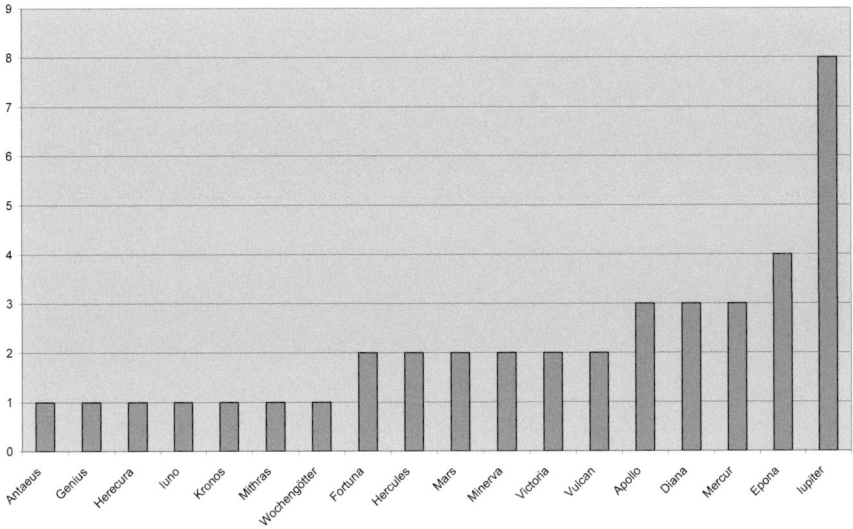

Abb. 5: Walheim.

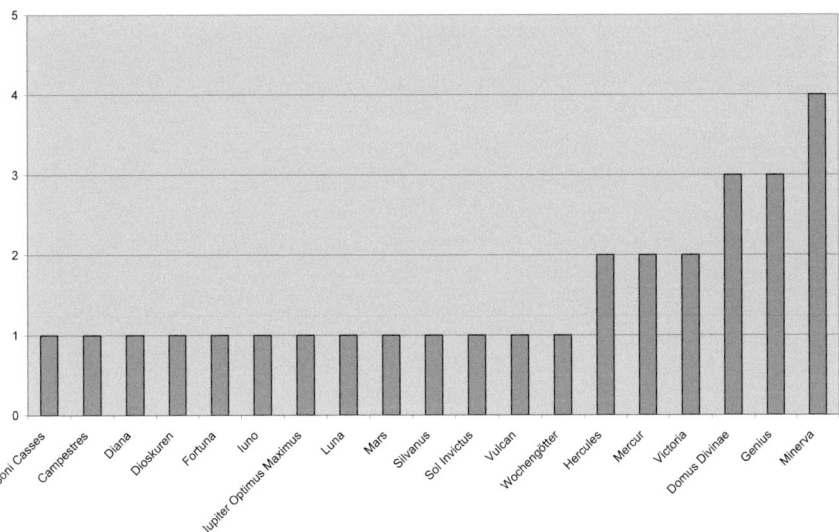

Abb. 6: Benningen/Marbach a.N.

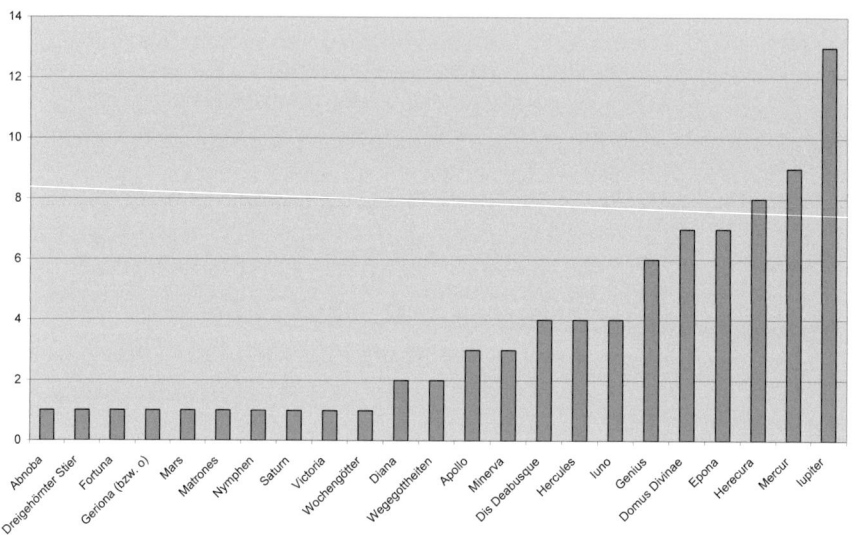

Abb. 7: Stuttgart-Bad Cannstatt.

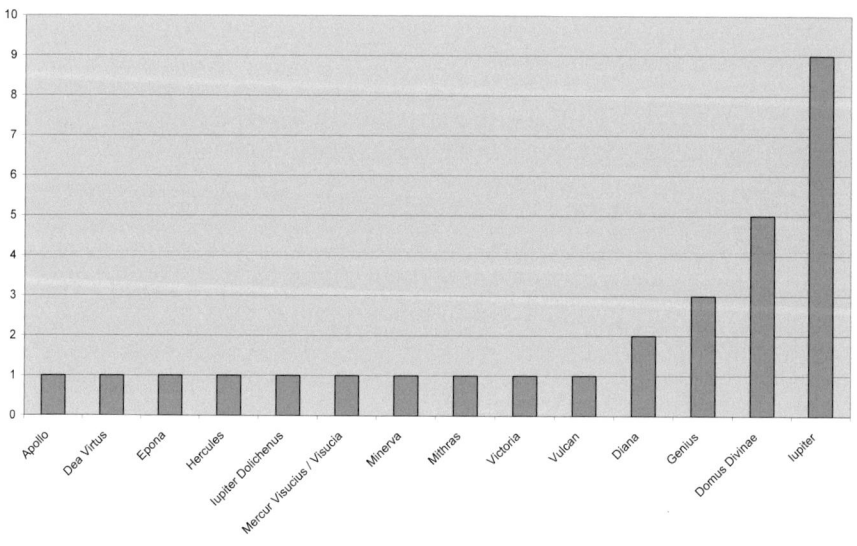

Abb. 8: Köngen.

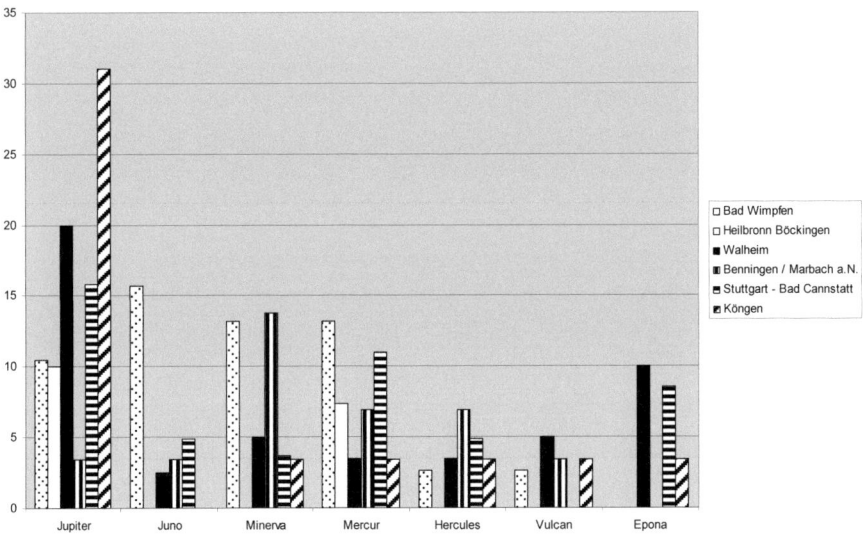

Abb. 9: Verteilung ausgesuchter Götternennungen prozentual zur
jeweiligen Gesamtmenge an Nennungen pro Ort.

Religion an der Nordseeküste: Dea Nehalennia

Wolfgang Spickermann – Erfurt

1. Einleitung

Nehalennia ist nach den Matronen die inschriftlich und bildlich am häufigsten bezeugte Gottheit Niedergermaniens. Doch ist ihr Wirkungskreis klar auf einige Kü-
stenorte im Gebiet der Frisiavonen beschränkt. Obwohl vieles dafür spricht, sie für
eine lokale Gottheit zu halten, besteht der inschriftlich dokumentierte Verehrerkreis
aus Personen, die aus verschiedensten Gründen nach Britannien übersetzten. In der
Regel stifteten sie vor oder nach der Überfahrt der Göttin am Ort der Überfahrt ein
Weihegeschenk. Nur in einigen wenigen Fällen taten sie das erst später in ihrer
Heimatstadt.[1] Im Folgenden soll es darum gehen, die Entwicklung dieses Kultes zu
beschreiben, seine Träger zu benennen und seine Bedeutung innerhalb der niedergermanischen Provinz zu analysieren.

2. Die Kultplätze

Am 5. Januar 1647 wurden auf der damaligen Insel Walcheren (Prov. Zeeland) die
Dünen durch ein Unwetter stark abgetragen. Dadurch kamen etwa 40 Steindenk-
mäler für die Dea Nehalennia und einige andere Gottheiten, 30 davon mit Inschrif-
ten, sowie Statuen und Baumaterial zutage. Auch nach 1647 wurden vereinzelt noch
Funde gemacht. Das Material gehört zu einem Heiligtum, dessen Reste Jahrhunderte
lang mit Sand bedeckt waren. Durch die Veränderung der Küstenlinie liegt die
Fundstätte heute im Meer, einige hundert Meter von der Küste entfernt. Ein großer
Teil dieser Funde ging bei einem Brand der Kirche von Domburg 1845 verloren.[2]

    Am 14. April 1970 fand in der Oosterschelde, ca. 25 km nordöstlich von Dom-
burg, ein Fischkutter in seinen Netzen einige Nehalennia-Steine, was in den darauf-

---

1   CIL XIII 8498 = B. Galsterer/H. Galsterer, Die römischen Steininschriften aus Köln (Wissenschaftliche Katalage des Römisch-Germanischen Museums Köln 2), Köln 1975, Nr. 126 u. CIL XIII 8499
= Galsterer 1975 (a.a.O.) Nr. 127 (Köln-Deutz).

2   Die Funde erfuhren eine erste umfangreiche Veröffentlichung mit dem Band von J.G. Keysler,
Exercitatio Historico-Philologica: De Dea Nehalennia, Numine veterum Walachrorum Topico; Cui
accedit Conspectus Operis edendi De Germania Veterigentili s. De Diis veterum Celtarum gentium-
que Septentrionalium, Cellæ, Typis Christophori Julii Hoffmanni, 1717; vgl. A. Hondius-Crone, The
Temple of Nehalennia at Domburg, Amsterdam 1955; ferner zuletzt P. Stuart/J.E.A.Th. Bogaers,
Nehalennia. Römische Steindenkmäler aus der Oosterschelde bei Colijnsplaat. 2 Bde. CSIR Neder-
land, II: Germania Inferior – Colijnsplaat (Collection of the National Museum of Antiquities at
Leiden [C.N.M.A.L.] 11), Leiden 2001, 11.

folgenden Jahren zu mehreren Tauchaktionen führte. Dabei wurden aus zwei Fund-
stellen in 25 m Tiefe die Reste von 311 verschiedener und unterschiedlich erhaltener
Altäre und 14 Statuen, sowie Mühlsteine, wenige Reste von Keramik sowie Baumaterial aus Tuffstein, Mauerwerk und Ziegeln gefunden.[3] Sie gehörten zu einem
großen Heiligtum, das mit der Veränderung des Küstenverlaufs im Meer ver-
schwand.[4]

Beide Fundplätze gehören zum Gebiet der Frisiavonen. Über ihre *civitas* ist wenig bekannt. Selbst ein Hauptort ist nicht gesichert, J.E.A. Bogaers dachte an *Ganuenta* (Colijnsplaat [?]), ebenso wird Maasdam in Erwägung gezogen.[5]

Wegen einiger Funde von Tuffsteinmauerwerk wird ein drittes Heiligtum der
Göttin Nehalennia in Westenschouwen, Haamstede vermutet, hier sind aber bisher
noch keine Weihemonumente gefunden worden.[6] Der einzig archäologisch fassbare
Kultplatz im Gebiet der Frisiavonen wurde in Aardenburg (Prov. Zeeland) entdeckt.
Der Umgangstempel gehörte wohl zu einer Siedlung. Entstanden in der zweiten
Hälfte des 2. Jhs. n.Chr., wurde er um 270 n.Chr. durch Feuer zerstört. Über die
dort verehrte Gottheit ist nichts bekannt.[7] Vermutlich wird es sich auch bei den
anderen genannten Heiligtümern um Umgangstempel gehandelt haben.[8]

---

3 Zuletzt Stuart/Bogaers 2001 (wie Anm. 2), 14 ff.; vgl. noch die ältere Zusammenstellung bei
   M. Radnoti-Alföldi/G. Rasbach, Zur Frage der ‚interpretatio Romana‘, in: Landesamt für Denkmalpflege Hessen (Hrsg.), Festschrift für Günther Smolla (Materialien zur Vor- und Frühgeschichte von
   Hessen 8, Teil 2), Wiesbaden 1999, 602 ff. u. W. Spickermann, DNP 8, 2000, 786 f. s. v. Nehalennia.
4 Zur Veränderung des Küstenverlaufs vgl. die Abbildung bei W.A. van Ens, De Romeinen in Nederland, Haarlem ²1981, 198.
5 J.E.A.Th. Bogaers, Civitates und Civitas-Hauptorte in der nördlichen Germania inferior, Bonner
   Jahrbücher 172, 1972, 318 ff.; vgl. N. Roymans, Romanization, cultural identity and ethnic
   discussion. The integration of Lower Rhine populations in the Roman Empire, in: J. Metzler u. a.
   (Hrsg.), Integration in the Early Roman West. The role of culture and ideology. Papers arising from
   the international conference at the Titelberg (Luxembourg) 12.–13. November 1993, Luxemburg
   1995, 57; M.-Th. Raepsaet-Charlier. „Municipium Tungrorum“, Latomus 54, 1995, 369 u. Dies., Les
   institutions municipals dans les Germanies sous le Haut Empire: bilan et questions, in: M. Dondin-
   Payre/M.-Th. Raepsaet-Charlier (Hrsg.), Cités, Municipes, Colonies. Les processus de municipali-
   sation en Gaule et en Germanie sous le Haut Empire romain, Paris 1999, 283.
6 Katalog Deae Nehalenniae. Gids bij de tetoonstelling „Nehalennia de zeeuwse godin. Zeeland in de
   Romeinse tijd. Romeinse monumenten uit de Oosterschelde“ Stadhuis Middelburg 17.6.–29.8.1971,
   Leiden 1971, 49 u. 51.
7 M.-Th. Raepsaet-Charlier, La datation des inscriptions latines dans les provinces occidentales de
   l'Empire romain d'après les formules « In H(onorem) D(omus) D(ivinae) » et « Deo, Deae », ANRW
   II, 3, 1975, 130; A. van Doorselaer, Temples et sites sacrés en Belgique et aux Pays-Bas,
   Caesarodunum 8. Actes du colloque pour une géographie sacrée de l'occident Romain. Problèmes
   topographiques poses par l'implantation des sanctuaires, Tours 1973, 19; P.D. Horne/A.C. King,
   Romano-Celtic Temples in Continental Europe: A Gazetteer of those with Known Plans, in:
   W. Rodwell (Hrsg.), Temples, Churches and Religion: Recent Research in Roman Britain with a
   Gazeteer of Romano-Celtic Temples in Continental Europe (B.A.R. British Series 77 [ii]), London
   1980, 371; J.A. Trimpe Burger, Romeins Aardenburg. Opgravingen en Vondsten, Aardenburg 1992
   u. ders., De Romeinen in Zeeland. Onder de hoede van Nehalennia, o. O. 1997.
8 Vgl. zuletzt Stuart/Bogaers 2001 (wie Anm. 2), 43.

3. Die Gottheit

Über das Wesen der Gottheit ist viel geschrieben worden.[9] Sie ist meist sitzend dargestellt, ihre Attribute sind wie bei den Matronen Fruchtkörbe und Füllhörner, ferner finden sich Hund, Ruder und Schiffsbug. Bei allem, was wir wissen, dürfte es sich um eine polyvalente Schutzgottheit eines Stammes gehandelt haben, die für alle Bereiche des täglichen Lebens, aber auch für die Toten zuständig war – dafür spricht die häufige mit ihr verbundene Hundedarstellung[10] – und sich auch der Seefahrt annahm. Dies setzt sie in direkte Beziehung zu Nerthus oder den bei Tacitus (Germ. 9) beschriebenen Isis-Typus. Die Etymologie des Namens ist neueren Überlegungen zufolge keltisch und deutet auf eine Meeresgottheit hin.[11] Ihr Name begegnet in verschiedenen Schreibweisen als Nehalennia, Nehalenia und auch Ne(c)hale(n)nia. Mit der Schriftlichkeit der Verehrung einheimischer Gottheiten in Niedergermanien geht auch die Einführung des sogenannten ‚aspirierten Velars‘ einher, der Voraussetzung für das Niederschreiben insbesondere vieler Matronennamen war. Die typischen Namen sind oft mit Hilfe von -*h*-Suffixen gebildet, die allgemeineren ohne -*h*-Suffix.[12] Für die Darstellung des *ch* benutzte man oft statt eines *h* oder *ch* ein halbes *h*. Dieser Buchstabe kommt in der ‚Militärepigraphik‘ am Limes nicht vor und deckt sich weitestgehend mit der (ubischen) Verbreitung der Matronen. Zeugnisse außerhalb des Ubiergebietes finden sich nur beim Nehalennia-Heiligtum auf der Colijnsplaat. Auf zwei Altären ist der Name dieser Seefahrergöttin mit dem halben H geschrieben, auf einem dritten erscheint er in lateinischer Schreibweise als Nechale-

---

9 Vgl. F. Jenkins, Nameless or Nehalennia, Archaeologia Cantiana 70, 1956, 192–200; E. Thevenot, La déesse Nehalennia de Domburg (Hollande), Revue archéologique de l'Est et du Centre-Est 7, 1956, 84–86; S.J. De Laet, Nehalennia, déesse germanique ou celtique? Helinium 11, 1971, 154–162; H. Wagenvoort, Nehalennia and the Souls of the Dead, Mnemosyne 24, 1971, 273–292; Ders., Once more Nehalennia, Mnemosyne 25, 1972, 82–83; O.J. Schrier, Nehalennia, Mnemosyne 27, 1974, 152–159; Radnoti-Alföldi/Rasbach (wie Anm. 3).

10 Wagenvoort 1971 (wie Anm. 9).

11 Zuletzt W. Spickermann/P. De Bernardo-Stempel, Keltische Götter in der Germania Inferior? Mit einem sprachwissenschaftlichen Kommentar von Patrizia de Bernardo Stempel, in: W. Spickermann/R. Wiegels (Hrsg.), Keltische Götter im Römischen Reich. Akten des 4. internationalen F.E.R.C.AN-Workshops vom 4.–6.10.2002 an der Universität Osnabrück (Osnabrücker Beiträge zur Antike und Antikerezeption 9), Möhnesee 2005, 141; vgl. ausführlich P. De Bernardo-Stempel, Nehalen(n)ia, das Salz und das Meer, Anzeiger der philosophisch-historischen Klasse der Österreichischen Akademie der Wissenschaften 139, 2004, 181–193. Mit älterer Etymologie: W. Spickermann, DNP 8, 2000, 786 f. s. v. Nehalennia; ferner D. Martens, LIMC 6, 1992, 716–719 s. v. Nehalennia; R. Simek, Lexikon der germanischen Mythologie (Kröner Taschenausgabe 386), Stuttgart 1984, 280 f. s. v. Nehalennia; B.H. Stolte, Die religiösen Verhältnisse in Niedergermanien, ANRW II, 18,2, 1986, 614 ff. u. T. Derks, Gods Temples and Ritual Practices. The transformation of religious ideas and values in Roman Gaul (Amsterdam Archeological Studies 2), Amsterdam 1998, 114 f.

12 Stolte (wie Anm. 11), 643; vgl. C.B. Rüger, Beobachtungen zu den epigraphischen Belegen der Muttergottheiten in den lateinischen Provinzen des Imperium Romanum, in: G. Bauchhenß/G. Neumann (Red.), Matronen und verwandte Gottheiten. Ergebnisse eines Kolloquiums veranstaltet von der Göttinger Akademiekommission für die Altertumskunde Mittel- und Nordeuropas (Bonner Jahrbücher Beihefte 44), Köln/Bonn, 1987, 25 u. Anm. 40.

nia.[13] Für Nehalennia wird wie für die Matronen auch eine vorrömische Verehrung angenommen.[14] Der aspirierte Velar ist damit eine eigene zivile Entwicklung in der niedergermanischen Provinz.[15]

Bei den Bildzeugnissen aus Stein handelt es sich in der Mehrzahl um Aedicula-Altäre. Diese Form des Votivdenkmals ist die häufigste in Niedergermanien. Der Aedicula-Altar zeigt in der Regel in einer Nische meist oberhalb der Inschrift die Darstellung der Gottheit(en). Diese Denkmäler finden sich in großer Zahl bei den Matronenweihungen, gelten aber auch mehrfach dem Mercurius und anderen Gottheiten. Im Kult der Nehalennia an der Scheldemündung stellen sie sogar die Mehrzahl der Weihemonumente dar.[16] Die bislang frühesten inschriftlich datierten Aedicula-Altäre sind zwei Genius-Weihungen aus Bad Münstereifel-Iversheim, so dass mit gewissem Recht angenommen werden darf, dass dieser Typus des Votivdenkmals in der ersten Hälfte des 2. Jahrhunderts aufkam.[17]

Bildlich sind – meist auf den Seitenflächen der Altäre – weitere Gottheiten dargestellt, am häufigsten Neptunus (11), Hercules (8), aber auch Iupiter und Oceanus und auf einem Stein eine Matronendreiheit.[18] Hercules wurde in der Mittelmeerwelt häufig als Patron der Reisenden verehrt.[19] Aufgrund eines bei Domburg gefundenen Altars für Hercules Magusanus, auf dessen Seitenfläche ein Füllhorn abgebildet ist, hält T. Derks den Dedikanten für einen Händler oder Schiffseigner, der den Gott wie Nehalennia zum Schutz seiner Handelsgüter anruft.[20] Dem Deus Neptunus gilt ferner ein Altar aus Middelburg.[21] Während bei der Colijnsplaat nur Statuen der Nehalennia gefunden wurden, kennt man aus Domburg auch solche der Victoria und des Neptunus.[22] Eine weitere inschriftliche Weihung gilt einer Dea Burorina, deren

13 Stuart/Bogaers 2001 (wie Anm. 2), Nr. B 3, B 31 u. B5; vgl. S. 28.
14 Vgl. Stuart/Bogaers 2001 (wie Anm. 2), 43 f.; die neue Interpretation von Spickermann/De Bernardo-Stempel (wie Anm. 11), 141 u. De Bernardo-Stempel (wie Anm. 11).
15 Vgl. Rüger (wie Anm. 12), 25.
16 Allein der Katalog von Stuart/Bogaers 2001 (wie Anm. 2) zählt z. B. 83 Altäre mit und 111 ohne Bildnis.
17 P. Noelke, Ara et aedicula. Zwei Gattungen von Votivdenkmälern in den germanischen Provinzen, Bonner Jahrbücher 190, 1990, 79–124, bes. 90 ff.; zu Nehalennia: Stuart/Bogaers 2001 (wie Anm. 2), 19 ff. J. Hupe, Studien zum Gott Merkur im römischen Gallien und Germanien, Trierer Zeitschrift 60, 1997, 65 zählt unter den in seinem Katalog erfassten Steindenkmälern des Mercurius 7 % Aedicula-Altäre.
18 Iupiter: É. Espérandieu, Recueil général des bas-reliefs, statues et bustes de la Gaule romaine, T. I–XI, Paris 1907–1938, IX 6667 mit Neptun; Oceanus: Stuart/Bogaers 2001 (wie Anm. 2), Nr. A 48; Matronendreiheit: AE 1997, 1159 = Stuart/Bogaers 2001 (wie Anm. 2), Nr. A 71.
19 Vgl. Derks (wie Anm. 11), 114 u. G. Moitrieux, Hercules in Gallia. Recherches sur la personnalité et le culte d'Hercule en Gaule (Gallia Romana V), Paris 2002, 217.
20 CIL XIII 8777; vgl. Derks (wie Anm. 11), 115.
21 CIL XIII 8803.
22 Colijnsplaat: Stuart/Bogaers 2001 (wie Anm. 2), Nr. C 1-14; Domburg: Espérandieu (wie Anm. 18), IX 6661 u. 6662 = Hondius-Crone (wie Anm. 2), Nr. 28 u. 29 (Victoria) u. Hondius-Crone (wie Anm. 2), Nr. 34 u. 35 (Hercules).

Name möglicherweise auch keltischen Ursprungs war.[23] Von der Colijnsplaat sind außer an Nehalennia keine weiteren inschriftlichen Dedikationen an andere Gottheiten bekannt.[24]

Die Wahl der Gottheiten ist in Niedergermanien sehr stark durch die Matronenkulte bestimmt, denen allein 835 (= 48,5 %) aller Weihungen allein oder im Verbund mit anderen Gottheiten gelten. Hinzu kommen 35 Dedikationen an verschiedene Matres. Von der Kanalküste sind außerdem noch 245 (= 14,5 %) Dedikationen an Nehalennia bekannt. Damit wurden fast exakt zwei Drittel aller niedergermanischen Dedikationen diesen Gottheiten geweiht.

Auch bei den bildlichen Darstellungen ist Nehalennia in der niedergermanischen Provinz allein durch die spezifische Fundsituation nach den Matronen die meistbezeugte Gottheit. Eine Zusammenstellung der am häufigsten dargestellten Götter der Provinz ergibt folgendes Bild:[25]

Gottheit	Zahl der Bildzeugnisse	davon auf epigraphischen Weihungen
Matronen/Matres	209 (44 %)	145[26]
Nehalennia	88 (19 %)	69
Hercules	42 (9 %)	12[27]
Mercurius	37 (7,5 %)	11
Minerva	31 (6,5 %)	4
Iuno	23 (5 %)	0
Fortuna	16 (3,5 %)	3
Neptunus	15 (3,5 %)	7
Apollo	13 (3 %)	2
Diana	12 (2,5 %)	5
Venus	12 (2,5 %)	0
Genius	11 (2,5 %)	4

23 Simek (wie Anm. 11), 61 s. v. Burorina; vgl. S. Gutenbrunner, Die germanischen Götternamen der antiken Inschriften (Rheinische Beiträge und Hülfbücher zur germanischen Philologie und Volkskunde 24), Halle 1936, 108.

24 Stuart/Bogaers 2001 (wie Anm. 2), 45.

25 Zu beachten ist hierbei die wesentlich geringere Materialgrundlage und die ungleichgewichtige Aufnahme der Zeugnisse bei H. Lehner, Die antiken Steindenkmäler des Provinzialmuseums in Bonn, Bonn 1918, O. Doppelfeld (Hrsg.), Römer am Rhein. Ausstellung des Römisch-Germanischen Museums Köln. Kunsthalle Köln 15. April–30. Juni 1967. Ausstellungskatalog, Köln 1967, in: Espérandieu (wie Anm. 18) sowie den CSIR-Bänden zu Maastricht, T.A.S.M. Panhuysen, Romeins Maastricht en zijn belden. CSIR Nederland, I: Germania Inferior Maastricht, Maastricht/Assen 1996 und zu den Funden von der Colijnsplaat, Stuart/Bogaers 2001 (wie Anm. 2). Dennoch zeichnen sich allgemeine Tendenzen ab.

26 Hier werden alle, auch fragmentierte, Darstellungen der Muttergottheiten gezählt.

27 Vgl. die Tabellen bei Moitrieux (wie Anm. 19), 333 ff., der allerdings etwas weniger Bildzeugnisse zählt.

Die in Niedergermanien proportional häufige Darstellung des Neptunus erklärt sich gerade durch sein Vorkommen auf Denkmälern der Nehalennia.

4. Die Dedikanten

Die Dedikanten der zum Teil recht aufwändig gearbeiteten Weihedenkmäler waren zum größten Teil Kaufleute, die in den Britannienhandeln involviert waren und der Göttin für eine gute Überfahrt und den Schutz ihrer Ware ihre *vota* einlösten. 114 Nehalennia-Inschriften enthalten die Weiheformel *v(otum) s(olvit) l(ibens) m(erito)* oder ähnlich. Sechs Dedikanten von der Colijnsplaat geben als Motiv die Erhaltung ihrer Handelsware an: *ob merces bene/recte conservatas*[28]; sie stifteten ihre Altäre demnach, nachdem ihre Bitte erhört wurde. Drei weitere hatten ihre Altäre anscheinend schon vorher aufgestellt: *pro mercibus [--]ctor bene conservandis,* einer gibt sogar an, dies *ex imperio* der Göttin getan zu haben, die ihn durch ein Traumgesicht (?) genötigt habe, die Weihegabe schon vorher darzubringen.[29] Ein weiterer Dedikant, Q. Phoebius Hilarius, stiftete einen Altar vor einer Reise: *pro mercibus bene conservandis* und einen weiteren nachher: *ob merces suas bene conservatas.*[30] Mercatorius Amabilis flehte um Schutz für seine Schiffe: *pro navibus,* und sagte nachher mit der Erfüllung seines Votums Dank.[31] Die ‚Offenbarungsformel' *ex imperio* erscheint insgesamt fünfmal, einmal wird *ex iussu* gebraucht, und in Domburg erscheint einmal die Formel: *ex praecepto pro salute fili sui.*[32] Mit Ausnahme der Erwähnung im Zusammenhang mit der Dedikation im Voraus, ist nicht zu entscheiden, ob es sich hier tatsächlich um Traumgesichter handelte, oder ob das Formular von den Matronenaltären übernommen wurde, wo es zu den gängigen Weiheformeln gehörte.

Nur von einem einzigen Dedikanten wissen wir, dass er in *Ganuenta*, dem angenommenen Ort des Heiligtums an der Colijnsplaat, ansässig war. Der Stifter eines bildlosen Altars, Gimio, bezeichnet sich als *Ganuentae consistens.*[33] Die meisten der

---

28 Stuart/Bogaers 2001 (wie Anm. 2), Nr. A 9 = Kat. Deae Nehalenniae (wie Anm. 6), Nr. 7 = AE 1973, 380 = AE 1975, 641 = AE 1983, 720; Stuart/Bogaers 2001 (wie Anm. 2), Nr. A 42 = Kat. Deae Nehalennia (wie Anm. 6), Nr. 43; Stuart/Bogaers 2001 (wie Anm. 2), Nr. B 37 = Kat. Deae Nehalenniae (wie Anm. 6), Nr. 32; Stuart/Bogaers 2001 (wie Anm. 2), Nr. B 10 = AE 1983, 721; Stuart/Bogaers 2001 (wie Anm. 2), Nr. A 3 = Kat. Deae Nehalenniae (wie Anm. 6), Nr. 11 u. Stuart/Bogaers 2001 (wie Anm. 2), Nr. B 63 = AE 1975, 63.

29 Stuart/Bogaers 2001 (wie Anm. 2), Nr. A 61 u. 62, Stuart/Bogaers 2001 (wie Anm. 2), Nr. 37 = Kat. Deae Nehalenniae (wie Anm. 6), Nr. 32 sowie Stuart/Bogaers 2001 (wie Anm. 2), Nr. B 3 = Kat. Deae Nehalenniae (wie Anm. 6), Nr. 33 = AE 1975, 647. Zu diesen Formeln zusammenfassend: Stuart/Bogaers 2001 (wie Anm. 2), 39 f.

30 Stuart/Bogaers 2001 (wie Anm. 2), Nr. B 63 u. B 37.

31 Stuart/Bogaers 2001 (wie Anm. 2), Nr. B2 u. B 4.

32 *Ex imperio* außer der genannten: Stuart/Bogaers 2001 (wie Anm. 2), Nr. A 12, 13, 22, 27; *ex iussu*: Stuart/Bogaers 2001 (wie Anm. 2), Nr. B 47 = Kat. Deae Nehalenniae (wie Anm. 6), Nr. 28 u. *pro salute fili sui*: CIL XIII 8789.

33 Stuart/Bogaers 2001 (wie Anm. 2), Nr. B 50 = Kat. Deae Nehalenniae (wie Anm. 6), Nr. 27.

Dedikanten kamen aus der *Colonia Claudia Ara Agrippinensium* (CCAA)/Köln, weitere aus *Augusta Treverorum*/Trier, *Noviomagus*/Nijmegen, *Duromagus*/Dormagen sowie aus den *civitates Rauricorum, Sequanorum* und *Veliocassum*.[34] Die Stifter von 16 aus Kohlekalk angefertigten Altären kamen, nicht nur wegen der Gesteinsart sondern auch der Form der Beschriftung wegen, aus demselben Herkunftsgebiet. Die Kohlekalkgruben lagen im Raum zwischen Namur und Huy in der *civitas Tungrorum*, so dass die Dedikanten, die mehrheitlich nichtrömische Namen haben, wohl von dorther kamen.[35] Zu den vornehmsten Dedikanten gehört der schon genannte Q. Phoebius Hilarius, *decurio* des *m(unicipium) B(atavorum)*. Ferner finden sich zwei *seviri Augustales*, der eine aus der *CCAA*/Köln, der andere aus der *civitas Rauricorum*/Augst.[36]

An keinem anderen Ort sind inschriftlich so viele Händler belegt, wie an der Colijnsplaat. So finden sich *negotiatores allecarii* (3), *cretarii* (1), *salarii* (4) und weitere ohne Spezifizierung (12). Zwei Weinhändler sind indirekt durch den Dekor des Steins zu erschließen. Genannt sind ferner *nautae* (3), ein *agens rem adiutor* und ein *actor navis*.[37] Nur drei Steine stammen von Soldaten.[38]

Drei Dedikationen von Freigelassenen gelten Nehalennia, eine stammt aus der Gegend von Domburg[39], eine von zwei Männern von der Colijnsplaat, die dritte geht auf einen Freigelassenen eines *negotiator Britannicus* zurück, welcher der Göttin am selben Ort weihte[40]. Ein freigelassener *negotiator Britannicus* und *moritex* errichtete dem Apollo in Köln im 2. Jh n.Chr. einen Monumentalaltar aus schwarzem Marmor, dessen Aufstellung öffentlich auf Beschluss des Stadtrates erfolgte.[41] Wegen der kostbaren Ausführung des mehr als einen Meter hohen Altars schließt W. Eck auf einen öffentlichen Apollotempel in Köln, wo das Weihegeschenk aufgestellt war.[42] Leider ist weder sicher zu behaupten, dass die Inschrift

---

34 Vgl. die Aufstellung bei Stuart/Bogaers 2001 (wie Anm. 2), 32 f. u. ergänzend M.-Th. Raepsaet-Charlier, Nouveaux cultores de Nehalennia, L'Antiquité Classique 72.

35 Stuart/Bogaers 2001 (wie Anm. 2), 47.

36 Stuart/Bogaers 2001 (wie Anm. 2), Nr. A 54 = AE 1997, 1162 (188 n.Chr.) u. Stuart/Bogaers 2001 (wie Anm. 2), Nr. A 41; vgl. dies., Augusta Raurica und die Dea Nehalennia, Jahresberichte aus Augst und Kaiseraugst 1, Augst 1980, 49–53 = AE 1980, 658.

37 Vgl. die Aufstellung bei Stuart/Bogaers 2001 (wie Anm. 2), Nr. 34 ff.

38 *Beneficiarii cos.*: Stuart/Bogaers 2001 (wie Anm. 2), Nr. A 5 (Veteran) u. A 7; *sesquiplicarius*: ebd. Nr. B 30.

39 CIL XIII 8787; vgl. L. Lazzaro, Esclaves et affranchis en Belgique et Germanies romaines d'après les sources épigraphiques. Annales littéraires de l'Université de Besançon (Centre des Recherches d'Histoire Ancienne 102), Paris 1993, 262 Nr. 308.

40 AE 1973, 366 = Stuart/Bogaers 2001 (wie Anm. 2), Nr. A 43; vgl. Lazzaro (wie Anm. 39), 261 f. Nr. 307 u. AE 1983, 721 = Stuart/Bogaers 2001 (wie Anm. 2), Nr. B 10.

41 CIL XIII 8164a = Galsterer (wie Anm. 1), Nr. 4; vgl. Lazzaro (wie Anm. 39), 227 f. Nr. 257.

42 W. Eck, Köln in römischer Zeit. Geschichte einer Stadt im Rahmen des Imperium Romanum (Geschichte der Stadt Köln 1), Köln 2004, 476; vgl. H. Gregarek, Monumentale Votive im römischen Köln, Kölner Jahrbuch für Vor- und Frühgeschichte 37, 2004, 59 f., die den Altar für den Hauptaltar eines Apollontempels hält.

tatsächlich aus einem Heiligtum stammt, sie könnte auch – wie häufig zu beobachten – mit einem anderen öffentlichen Gebäude (Thermen?) in Verbindung stehen, noch haben wir irgendeinen anderen Hinweis auf ein Heiligtum des Gottes in der Stadt. Auch gehört Apollo mit zwei Weihinschriften und vier Bildzeugnissen nicht gerade zu den häufiger bezeugten Gottheiten Kölns. Möglicherweise erfolgte die Dedikation aufgrund einer Heilung des Freigelassenen in einem beliebigen Heiligtum (?) in Köln, welches der Kontrolle des Rates unterstand. Wahrscheinlich weihte derselbe Mann auch der Nehalennia in ihrem Heiligtum an der Colijnsplaat einen Aedicula-Altar.[43] Zwar ist der Name Aurelius Verus relativ häufig, doch spricht die Form der Berufsbezeichnung für ein und dieselbe Person, die dann allerdings an der Colijnsplaat ihre Libertinität nicht angibt.[44] Bei der Bezeichnung *moritex* handelt es sich um das keltische Wort für Seefahrer.[45] Sie taucht noch einmal auf einem Stein eines Bellovacers aus *Londinium*/London auf.[46] Damit spezifiziert das Wort die Seehandelstätigkeit des Mannes.

Auffällig ist, dass von den neun bezeugten *seviri Augustales* aus Niedergermanien zwei der Nehalennia weihen, beide stammen aus Köln. Sie werden im Nordseehandel engagiert gewesen sein. Während Ottinius Frequens dies 188 n.Chr. wie die meisten anderen im Heiligtum an der Colijnsplaat tat, stifteten Saturninius Lupulus seinen Altar in Köln.[47] Sie gehörten zu einer gehobenen Mittelschicht, welche die entsprechenden Investitionen tätigen konnte. A. Kakoschke zählt insgesamt 18 Personen aus Köln, die Beziehungen zu den Heiligtümern der Nehalennia in Domburg oder an der Colijnsplaat hatten und damit wohl im Britannienhandel engagiert waren.[48]

M.-Th. Raepsaet-Charlier zählt bei den Dedikanten mit mehr als einem Namen 85 % lateinische, 8 % germanische, 5 % unbestimmte einheimische und 2 % griechische Gentilnamen sowie 81 % lateinische, 7 % keltische, 9 % germanische,

43 Stuart/Bogaers 2001 (wie Anm. 2), Nr. A 11 = AE 1983, 722: *Deae | Nehalenniae | C(aius) Aurelius | Verus negotiator |5 Britannicianus | ex voto l(ibens) m(erito)*.

44 A. Kakoschke, Ortsfremde in den römischen Provinzen Germania inferior und Germania superior. Eine Untersuchung zur Mobilität in den germanischen Provinzen anhand der Inschriften des 1. bis 3. Jahrhunderts n. Chr. (Osnabrücker Forschungen zu Altertum und Antike-Rezeption 5), Möhnesee 2002, 355 ff. Nr. 4.7.

45 Es handelt sich um das keltische Äquivalent des Wortes ‚Seefahrer‘, also ein sog. Verbalkompositum von gallisch *mori ‚Meer‘ mit dem Stamm *teg- des Verbums für ‚schreiten; erreichen; erlangen‘ vgl. P.-H. Billy, Thesaurus linguae gallicae. Alpha–Omega: Reihe A 144, Hildesheim et al. 1993, 109 u. X. Delamarre, Le vocabulaire indo-européen: lexique étymologique thematique, Paris 1984, 186. Anders noch Galsterer (wie Anm. 1), Nr. 4 u. Kakoschke 2002 (wie Anm. 44), 356 mit Lit. (den Hinweis verdanke ich Patrizia De Bernardo-Stempel, Vitoria).

46 RIB 678.

47 AE 1997, 1162 = Stuart/Bogaers 2001 (wie Amn. 2), Nr. A 54 u. CIL XIII 8499 = Galsterer (wie Anm. 1), Nr. 127; vgl. Kakoschke 2002 (wie Anm. 44), 400 u. 2005, 261 f.

48 A. Kakoschke, Agrippinenser an der Nordsee, in: W. Spickermann, in Verbindung mit K. Matijević, u. H.H. Steenken (Hrsg.), Rom, Germanien und das Reich. Festschrift Rainer Wiegels, St. Katharinen 2005, 255–270.

2 % unbestimmte einheimische und 1 % griechische Cognomina. Bei den Peregrinen mit nur einem Namen zählt sie 46 % lateinische, 10 % keltische, 26 % germanische, 14 % unbestimmte einheimische und 3 % griechische Namen.[49] Dies entspricht in etwa der Verteilung der Namen auf die bodenständigen Kulte in der Germania Inferior.[50] Während man hier zwischen den Trägern keltischer und germanischer Namen keine signifikanten Unterschiede entdecken kann, entspricht das Weiheverhalten der Dedikanten mit lateinischen oder griechischen Namen weitgehend dem der Provinz allgemein.[51] Die einheimische Bevölkerung mit keltischen und germanischen Namenselementen weihte insbesondere den Matres und Matronen. Bei den keltischen Namen betrifft dies 53, bei den germanischen 39 Fälle. Der Nehalennia gelten 34 Dedikationen mit keltischen und 13 mit germanischen Dedikantennamen. Dies verzerrt ein wenig das Ergebnis, da der Dedikantenkreis der Nehalennia bei weitem nicht auf Niedergermanien beschränkt war. Dennoch liegt das Weiheverhalten dieser Gruppen im Grunde im ‚Trend‘ der Gesamtprovinz, da Nehalennia und den Matres/Matronen ja insgesamt etwa zwei Drittel aller niedergermanischen Weihinschriften gelten.

Den bei weitem größten Teil der Weihungen von inschriftlich bezeugten Ortsfremden in Niedergermanien machen diejenigen von der Colijnsplaat an die Dea Nehalennia aus.[52] Hier handelt es sich ja um Personen, die nach Britannien übersetzen wollten oder von dort zurückgekehrt waren. Insgesamt überwiegen bei dieser Gruppe in der gesamten Provinz Germania Inferior deutlich die Dedikationen an bodenständige Gottheiten, vor allem die Matronen und Nehalennia, gefolgt von der Gruppe der militärischen Kulte.

Bemerkenswert ist, dass zwar zahlreiche Dedikationen von Frauen an die Matronen, aber keine an Nehalennia bekannt geworden sind. Dies gilt auch für Ehepaare und Familien. Dadurch wird der Charakter der Gottheit als Funktionsgöttin der Britannienfahrer unterstrichen, die ihren Geschäften hauptsächlich ohne Familie nachgegangen zu sein scheinen.

5. Zusammenfassung

Nach allem was wir wissen, scheint Nehalennia die Schutzgöttin der Schelde und vielleicht des Gebietes der Frisiavones gewesen zu sein. Die Kultplätze an der Küste im Bereich der Seehäfen wurden nach dem stärkeren Einsetzen des Britannienhandels Ende des 1./Anfang des 2. Jhs. n.Chr. zu Kultstätten der Britannienfahrer. Durch fromme Stiftungen entstanden so vielleicht große Tempel. Die qualitätvollen

---

49 Raepsaet-Charlier (wie Anm. 34), 300.
50 Vgl. W. Spickermann, Germania Inferior, Religionsgeschichte des römischen Germanien II. Religion der römischen Provinzen, Bd. 3, Tübingen 2008, 180 ff.
51 Vgl. das Diagramm bei Spickermann (wie Anm. 50), 181.
52 AE 1985, 682, Stuart/Bogaers 2001 (wie Anm. 2), Nr. A 1, 6, 9, 11, 26, 41, 49, 54, 57; B 44, 45, 50 u. 63; vgl. Raepsaet-Charlier 2003 (wie Anm. 34), 294 u. 298.

Weihungen erforderten eine größere Werkstatt vor Ort, die – aufgrund der Ähnlichkeit einiger Altäre – zum Teil für Colijnsplaat und Domburg gemeinsam produziert hat.[53] Aufgrund des immer gleichen Typs ist zu vermuten, dass die Heiligtumsbesucher aus einer Palette vorgefertigter Variationen wählen konnten. Aber dennoch, wie im Fall der Kohlekalkaltäre zu vermuten, gab es auch Stifter, die ihre Weihegaben mitbrachten. Jedenfalls ist aufgrund der relativ großen Finanzkraft der Stifter mit einer regelrechten Devotionalienindustrie zu rechnen. Ferner dürften sich in erreichbarer Nähe Hafenanlagen, Gewerbebetriebe und die Filialen großer Handelsunternehmen befunden haben, die wiederum mit Siedlungen verbunden waren, in denen die Menschen lebten und die dann auch für den Unterhalt der Kultstätten aufkamen.[54] Die gefundenen Monumente datieren ausnahmslos in die Zeit von etwa 150–250 n.Chr., vier der Weihungen sind in die Jahre 188, 193, 223 und 227 n.Chr. datiert.[55]

Letztlich stellen die Scheldeheiligtümer einen Sonderfall dar. Sie sind keine echten Pilgerheiligtümer, da sie nicht explizit das Ziel einer Pilgerreise darstellten. Ihre Beziehung zu einer Siedlung ist archäologisch nicht nachzuweisen, wenn auch zu vermuten. Sie sind damit eher in die Kategorie der Straßenheiligtümer einzureihen, wobei der Verkehrsweg hauptsächlich auf dem Meer lag. Reisen war (nicht nur) in der Antike ein Abenteuer, besonders, wenn man sich der unberechenbaren Nordsee aussetzte. Wer konnte da besser helfen als die Lokalgottheit, welche die Gefahren kannte und beherrschte? Die hohe Zahl der Weihedenkmäler dokumentiert den Strom wohlhabender Dedikanten von und nach Britannien, wir wissen aber nichts über die Bedeutung der Göttin und die Art ihres Kultes innerhalb der *civitas Friasiavonum*. Einziger Anhaltspunkt für eine Kultpraxis sind die im Meer gefundenen Mühlsteine, die ähnlich wie in dem Heiligtum von Krefeld-Elfrath, wo vergleichbare Funde gemacht wurden, für die Zubereitung von Kultmahlen vor Ort sprechen.[56] Ebenfalls ist unbekannt, ob die Frisiavonen überhaupt in größerem Maße steinerne Heiligtümer anlegten oder bei ihren Siedlungen offene Kultplätze bevorzugten. Man weiß nicht einmal, ob die ursprünglichen Kultplätze der vielleicht schon in vorrömischer Zeit verehrten Göttin an derselben Stelle gelegen haben, wie die späteren Tempel.[57] Es scheint, als ob die gesamte Gegend um die Heiligtümer von den ‚Geschäftsreisenden' gelebt hat, durch den Zufallscharakter der bisherigen

---

53 Stuart/Bogaers 2001 (wie Anm. 2), 26 u. 46 f. P. Stuart denkt an eine Beeinflussung durch Köln.

54 Vgl. Stuart/Bogaers 2001 (wie Anm. 2), 44.

55 Stuart/Bogaers 2001 (wie Anm. 2), Nr. A 54 (188 n.Chr.), A 33 (193 n.Chr.); A 5 = E. Schallmayer et al., Der römische Weihebezirk von Osterburken, I: Corpus der griechischen und lateinischen Beneficiarier-Inschriften des Römischen Reiches (Forschungen und Berichte zur Vor- und Frühgeschichte in Baden-Württemberg 40), Stuttgart. 1990, Nr. 94 (223 n.Chr.) u. Stuart/Bogaers 2001 (wie Anm. 2), Nr. B 37 (227 n.Chr.).

56 Vgl. Spickermann (wie Anm. 50), 110 ff. und 235 ff.

57 Vgl. Stuart/Bogaers 2001 (wie Anm. 2), 43.

Funde verbieten sich aber weitgehende Schlüsse.[58] Nehalennia ist damit eher sozial- und wirtschaftsgeschichtlich als religionsgeschichtlich interessant.[59] Möglicher- weise war zumindest der Kultplatz bei Domburg auf Walcheren noch lange in Benutzung. Aus der Vita des heiligen Willibrord (658–739) entnehmen wir, dass dieser während der Zeit seiner Friesenmissionen ab 690 auf Walcheren ein heidnisches Götterbild zerstört habe. Schon H. Gutenbrunner vermutet, dass es sich hier um das Heiligtum der Nehalennia bei Domburg gehandelt haben könnte.[60]

---

58 Vgl. Raepsaet-Charlier 2003 (wie Anm. 34), 301.

59 Insofern scheinen mir die Bemerkungen von Radnoti-Alfödi/Rasbach (wie Anm. 3), gerade in Ne- halennia ein Produkt der ‚Interpretatio Romana‘ zu sehen, als besonders problematisch. Der von ih- nen beschriebene Prozess ist angesichts der Heterogenität der Verehrergruppe und die völlig unbe- kannten Ursprünge des Kultes kaum evident und auch viel zu verkürzt dargestellt.

60 MGH Script. Rer. Merow. 7, 128; vgl. Gutenbrunner (wie Anm. 23), 76.

Abbildungen

Abb. 1: Aedicula-Altar für Nehalennia (aus: Stuart/Bogaers).

Wie historisch ist der Germanenbegriff?
Kleine Bemerkungen zu einem großen Problem[*]

Roland Steinacher – Wien/Innsbruck

Die Bajuwaren, ein germanisches „Herrenvolk", ein Stamm mit „überquellender Volkskraft", der sich „deutschen Volksboden ertrotzen" musste, drangen in die Provinz Raetia Secunda ein und unterwarfen die dort ansässigen Romanen. „Deutsche Siedler, die tüchtige Bauern und im Bedarfsfall verlässliche Verteidiger ihrer Scholle und ihrer neuen Heimat" wurden, hatten die Alpentäler übernommen, Tirol war „germanisch", war deutsch geworden, spät aber doch. So zeichnete der Innsbrucker Historiker Richard Heuberger (1884–1968) im Jahr 1935 die germanisch-bajuwarische „Landnahme" im heutigen Tirol.[1] Solche Interpretationen sind häufig bei der Beurteilung historischer Prozesse der sogenannten Völkerwanderung zu finden.[2] Beim gewählten Beispiel ist einfach festzustellen, dass eine Rückprojektion

---

[*] Verschriftlichter Vortrag, gehalten in Marburg, 26.06.2006.

[1] „Anders als der Vinschgau und die Grafschaft Trient, grenzten die Gaue Nurichtal, Vallis Pustrissa, Poapintal und ‚inter valles' unmittelbar an den Siedlungsraum eines großen deutschen Stammes [Bajuwaren], dessen überquellende Volkskraft nach Land verlangte, und in den von den Baiern beherrschten Alpentälern förderten die Vertreter der Staatsgewalt sowie die Grundherren geistlichen und weltlichen Standes die Niederlassung deutscher Siedler, die tüchtige Bauern und im Bedarfsfall verläßliche Verteidiger ihrer Scholle und ihrer neuen Heimat zu werden versprachen. […] So war das Romanentum in den Grafschaften Nurichtal und Vallis Pustrissa, ebenso wie nördlich des Brenners, im Begriff, Schritt für Schritt vor dem neuen Herrenvolk zurückzuweichen. Noch gab es hier reiche Grundbesitzer rätoromanischen Blutes. Es erscheint aber wie eine sinnbildliche Handlung, wenn in den Jahren 827/828 einer von ihnen, wohl der letzte [Quartinus] seines Stammes, seine Güter in den Formen des bairischen Volksrechtes an das Kloster Innichen vergabte. Wo der Deutsche in den Alpen Fuß gefaßt hatte, gehörte ihm die Zukunft, zumal er – anders als der Romane – gewillt und fähig war, sich auch in schwierigem Gelände eine Daseinsmöglichkeit zu ertrotzen. So begann Bayrisch-Tirol schon lange vor jener Zeit, in der sich das Deutschtum den Hauptteil des einstigen Norikum und das Innere Churrätiens eroberte, ein Stück des deutschen Volksbodens zu werden." R. Heuberger, Vom alpinen Osträtien zur Grafschaft Tirol. Die raumpolitische Entwicklung einer mittelalterlichen deutschen Grenzlandschaft (Schlern-Schriften 29), Innsbruck 1935, 34; H. Wolfram, Salzburg Bayern Österreich. Die Conversio Bagoariorum et Carantanorum und die Quellen ihrer Zeit (MIÖG Erg. Bd. 31), Wien/München 1996, 35 mit Anm. 123 verweist ein wenig ironisch auf Heubergers „Auslassungen" in RE IX A 1, 1960, 162–168 s. v. Vipitenum.

[2] Die *De gentium aliquot migrationibus* des Hofgeschichtsschreibers Kaiser Ferdinands I. Wolfgang Lazius prägte den Begriff „Völkerwanderung". Seine ausgedehnte Darstellung verfolgte das Ziel, das habsburgisch-spanische Reich zu einem Nationalstaat mit uralten historischen Wurzeln in der Völkerwanderungszeit zu stilisieren. Auf ihren ausgedehnten Zügen, die durch Zeiten der Sesshaftigkeit unterbrochen wurden, hätten die Germanen die durchwanderten Länder vom Schwarzen Meer bis

zeitgenössischer großdeutscher, wenn nicht gar nationalsozialistischer, Vorstellungen ins 6. Jahrhundert erfolgt war. Dass über einen so gearteten Germanenbegriff außerhalb der Wissenschaftsgeschichte nicht mehr diskutiert zu werden braucht, wäre zu hoffen.

Was sind nun die Probleme mit dem Terminus „Germanen" in der Forschung, der uns so vertraut und unverzichtbar erscheint? Das Lemma im Deutschen Wörterbuch von Jakob und Wilhelm Grimm gibt eine einfache Erklärung:

> „germanen ist eine bezeichnung der deutschen und der ihnen stammverwandten völker."[3]

Die deutschsprachige historische, archäologische, sprach- wie literaturwissenschaftliche Forschung hatte bis in die jüngere Vergangenheit die Germanen in mehr oder weniger breiter Definition zu Vorfahren der neuzeitlichen Deutschen aufgebaut. So konnte Richard Heuberger, wie oben zitiert, auch selbstverständlich von „deutschen" Siedlern und Bauern sprechen. Jörg Jarnut verfasste jüngst ein „Plädoyer für die Abschaffung eines obsoleten Zentralbegriffes der Frühmittelalterforschung", das mit einer prägnanten Zusammenfassung der Schwierigkeiten mit dem Germanenbegriff beginnt:

> „Was sollen wir von einem historischen Begriff halten, der eine Großgruppe entweder voraussetzt oder aber konstituiert, die es wohl nie gegeben hat, die sich selbst jedenfalls nie als solche empfand und dementsprechend sich auch niemals so bezeichnete? Wie sollen wir mit einem Begriff umgehen, den vor mehr als zweitausend Jahren Caesar als Konstrukt wenn schon nicht erfunden, so dann doch zumindest populär und für seine politischen Ziele dienstbar gemacht hat? Einem Begriff, der dann seit dem Beginn der Neuzeit zwei Dutzend Generationen von vornehmlich deutschen, von ihrer eigenen Gegenwart frustrierten Intellektuellen, Professoren und anderen Schulmeistern eine Goldgrundvergangenheit anbot, auf die sich das Kämpferische, Heldische, Starke, Große, Gute, Edle, Schöne und Reine so wunderbar projizieren

---

Cádiz vereint. Diese Länder seien nun unter der habsburgischen Herrschaft wieder vereint. Vgl. W. Lazius, De aliquot gentium migrationibus sedibus fixis, reliquiis, linguarumque, initiis immutationibus ac dialectis libri XII, Basel 1572; H. Wolfram, Die Goten. Von den Anfängen bis zur Mitte des sechsten Jahrhunderts. Entwurf einer historischen Ethnographie, München [4]2001, 13 und 16; H. Messmer, Hispania-Idee und Gotenmythos. Zu den Voraussetzungen des traditionellen vaterländischen Geschichtsbilds im spanischen Mittelalter (Geist und Werk der Zeiten 15), Zürich 1960, 51 und Anm. 248. Im Gegensatz zum deutschen Sprachgebrauch wird im Italienischen und Französischen die Völkerwanderung als „(barbarische) Invasion" (invasione barbarica/grandes invasions) bezeichnet.

3   J. Grimm/W. Grimm, DWB 5 (1897/1999) 3716 s. v. Germane; zu der selbstverständlich angenommenen Kontinuität Germanen – Deutsche in den Geisteswissenschaften vgl. W. Pohl, Die Germanen (Oldenbourgs Enzyklopädie der deutschen Geschichte 57), München 2000, [2]2004, 61; H. Gollwitzer, Zum politischen Germanismus des neunzehnten Jahrhunderts, in: Festschrift für Hermann Heimpel zum 70. Geburtstag am 19. September 1971 (Veröffentlichungen des Max-Planck-Instituts für Geschichte 36/1), Göttingen 1971, 282–356.

ließ, das man in der eigenen Welt so schmerzlich vermisste? Und: Wie stellen wir uns zu einem Begriff, der als gebieterisches rassistisches Attribut mit dem Konzept des Herrenmenschen verbunden die massenhafte, industriell organisierte Ermordung nichtgermanischer sogenannter ‚Untermenschen' geistig vorbereiten und begleiten konnte?"[4]

Anzusetzen beim Versuch, einen differenzierteren Germanenbegriff zu gewinnen, ist zunächst an der Frage, wie Ethnizität in den kaiserzeitlichen, spätantiken und frühmittelalterlichen Quellen verstanden wurde. Für den Historiker ist die Nennung von Ethnonymen, geschweige denn einer Großgruppenbezeichnung wie Germanen, in der kaiserzeitlichen Literatur eine ausgesprochen fordernde Problematik, da die überlieferten schriftlichen Nennungen mehr Fragen aufwerfen, als sie klären. Thomas F.X. Noble hat jüngst eine treffende Metapher für die Verwirrung gebildet, welche die griechischen und römischen ethnographischen Texte und die Versuche, aus diesen auf Verhältnisse außerhalb der Reichsgrenzen zu schließen, verursachen: Als *dark side of the moon* bezeichnete Noble die Welt außerhalb des Römerreiches. Wir wissen meist nur über archäologische Befunde von den frühgeschichtlichen Gesellschaften in den Gegenden nördlich, südlich und östlich der römischen Grenzen. Unsere *bright side of the moon* dagegen ist der Gesichtskreis des Imperiums mit seiner dichten, schriftlichen Überlieferung.[5] Gerne wird in West- und Mitteleuropa allerdings vergessen, dass das Barbaricum bei Weitem nicht nur ein germanisches war. Berberische Gruppen nehmen in Afrika den Römern gegenüber eine ähnliche Position ein, wie beispielsweise arabische, skythische, hunnische und iranische an anderen Grenzen. Wenn *gentes* im 5. Jahrhundert Provinzen zu Regna formten, konnten die Barbaren schnell sehr römisch werden. So nahmen, um mit Wolf Liebeschuetz zu sprechen, die Vandalen nach der Mitte des 5. Jahrhunderts den Berbern gegenüber eine römische Position ein, waren also damit beschäftigt, andere Barbaren in ein spätrömisches System einzubinden bzw. sie von den Grenzen fernzuhalten.[6] Spätantike und auch frühmittelalterliche Beobachter, man denke nur an die merowingische wie karolingische Konfrontation mit den Slawen, sahen sich mit Barbaren konfrontiert. Der Überbegriff Germanen war für sie bei weitem nicht so

---

4   J. Jarnut, Germanisch. Plädoyer für die Abschaffung eines obsoleten Zentralbegriffes der Frühmittelalterforschung, in: W. Pohl (Hrsg.), Die Suche nach den Ursprüngen. Von der Bedeutung des frühen Mittelalters (Forschungen zur Geschichte des Mittelalters 8), Wien 2004, 107.

5   „Conclusion" von Tom Noble am International Congress on Medieval Studies, Kalamazoo 2005 in der Session „Neglected Barbarians"; eine Publikation der dortigen Beiträge wird voraussichtlich unter diesem Titel 2007 herausgegeben von Florin Curta und Michael Kulikowski erscheinen.

6   J.H.W.G. Liebeschuetz, Gens into Regnum: The Vandals, in: H.W. Goetz/J. Jarnut/W. Pohl (Hrsg.), Regna and Gentes. The Relationship between Late Antique and Early Medieval Peoples and Kingdoms in the Transformation of the Roman World (The Transformation of the Roman World 13), Boston/Leiden 2003, 83: "It looks as if the Moors were building up gentes and turning gentes into regna just as the Germanic peoples had been doing before, and during their march through the empire."

bedeutend wie die ältere Forschung glauben machte; ganz im Gegensatz zum Groß-begriff Skythen übrigens.

Völker, *gentes*, waren den griechischen und römischen Gelehrten ein zu katego-risierendes Problem. Ethnische Identitäten änderten sich stetig und barbarische, gentile Verbände entstanden, im Gegensatz zur Auffassung der älteren Forschung, häufig erst in Auseinandersetzung mit römischen Strukturen. Das ökonomische und politische Übergewicht Roms übte einerseits eine Sogwirkung auf barbarische Ge-sellschaften aus, gestaltete diese andererseits in vielen Fällen erst durch direkte oder indirekte Einflussnahme. Die „germanische Welt" war, wie Patrick Geary formu-lierte, die größte und nachhaltigste Leistung römischer politischer und militärischer Schöpferkraft. Dass die Schüler das System der Lehrer übernahmen, darf nicht dar-über hinwegtäuschen, woher das Wissen kam. Die ausdauernden Aktivitäten römi-scher Soldaten, Sklavenhändler und Kaufleute, die in ihren Augen chaotischen Strukturen im Barbaricum in einen geordneten politischen, sozialen und ökonomi-schen Rahmen, den sie verstehen und auch kontrollieren wollten, zu bringen, hatten nachhaltigen Erfolg.[7]

Völkernamen sind uns von griechischen oder römischen Intellektuellen überlie-fert und basieren seit Herodot oft auf deren gelehrten Kombinationen. Die Aufgabe der römischen Ethnographie war die kognitive und machtpolitische Erfassung der Peripherie der Mittelmeerwelt. Bei der Typologisierung der *gentes* wurde mehr Augenmerk auf eine bestimmte Lebensweise oder ökologische Räume gelegt, also etwa zwischen Reiternomaden und Ackerbauern unterschieden.[8] Ethnizität an sich war dabei eine Kategorie. Bei Aristoteles leben die Griechen in der *polis*, während die Barbaren in *ethne* gegliedert sind.[9] Griechen und Römer waren vor allem An-gehörige ihrer *polis*, ihrer *civitas* oder *res publica*. Ethnizität ist also geradezu die Lebensform der Barbaren. Genauso wie die antike beschäftigt sich auch die moderne Ethnographie mit Völkern am Rand der ‚zivilisierten' Welt. Ethnische Zuweisungen wurden und werden häufiger an jenen Menschen vorgenommen, die außerhalb eines Staates leben und sich auf ihre Ethnizität alleine reduzieren lassen.[10] Die Unterschei-dung in das Volk nach der Verfassung ("people by constitution"), *populus*, und das Volk nach der Abstammung ("people by descent"), *gens*, ist, wie Patrick Geary

---

7 P.J. Geary, Before France and Germany: The Creation and Transformation of the Merovingian World, New York 1988, VI: "The Germanic world was perhaps the greatest and most enduring crea-tion of Roman political and military genius. That this offspring came in time to replace its creator should not obscure the fact that it owed its very existence to Roman initiative (...)"; W. Pohl, Die Awaren. Ein Steppenvolk in Mitteleuropa 567–822 n.Chr., München 1988, ²2002, 25–27.
8 P.J. Geary, Barbarians and Ethnicity, in: G.W. Bowersock/P. Brown/O. Grabar (Hrsg.), Late Anti-quity. A Guide to the Postclassical World, Cambridge/Mass./London 1999, 107–109; Pohl 2002 (wie Anm. 7), 15.
9 Aristot. pol. 1261a und 1276a.
10 W. Pohl, Die ethnische Wende des Frühmittelalters und ihre Folgen, Antrittsvorlesung an der Uni-versität Wien am 19.05.2006.

gezeigt hat, eine wichtige Kategorie beim Verständnis der Quellen. Rom hatte den Schritt von der *gens* zum verfassten Volk, dem *populus*, dessen Identität sich in gemeinsamer politischer Kultur manifestierte, schon lange getan als es in intensive Berührung mit Gruppen kam, die auf Reichsboden Ethnizität als politischen Mechanismus einsetzten. Die römischen Ursprungssagen, etwa die Herkunft aus Troja, wurden literarisch gepflegt und dienten als Vorbild für die *gentes*, die ins System des Imperiums eintraten. Cassiodor/Jordanes und Paulus Diaconus sollten später barbarische Ursprünge mit ähnlichen Mustern formulieren.[11]

Mit dem Eintritt ins Imperium änderte sich der Charakter der *gentes*. *Populus* wurde mehr und mehr ein Begriff für das übergentile, in der christlichen Kirche organisierte Gottesvolk. Einige auf Reichsboden agierende *gentes* wiederum entwickelten sich durch ein Bekenntnis zu katholischer Religion und römischem Recht zu neuen Kategorien. Seit dem 5. Jahrhundert entstand eben dieses neue Element innerhalb der lateinischen politischen Kultur. Regna auf Grundlage der Elitenstellung bewaffneter ethnischer Verbände ersetzten die überregionale Struktur des Imperiums. Vandalen und Alanen, Goten, Franken, Burgunder und Langobarden konnten dieses neue Konzept mehr oder weniger erfolgreich etablieren. Ein Jahrtausend lang war politische Herrschaft nur am Rand der antiken Welt mit Völkernamen verknüpft wie etwa bei Dakern oder Sarmaten. Im 5. und 6. Jahrhundert herrschten ein *rex Vandalorum et Alanorum* und ein *rex Francorum* über ehemalige römische Provinzen und ihre vorwiegend romanische Bevölkerung und stützten sich dabei auf die spätantike Infrastruktur.[12]

Manche Völkernamen, die in der kaiserzeitlichen Überlieferung bis etwa 150 n. Chr. vorkommen, sind denen der Völkerwanderungszeit zumindest ähnlich. Goten und Gauten, Vinniler und Vandalen, Angeln und Sachsen, Langobarden und Hasdingen sind solche Namen. Auf Reichsboden entstanden dann ab dem 6. Jahrhundert Herkunftsgeschichten oft mit skandinavischen Ursprungssagen.[13] Aus dem kalten Norden kamen in der Vorstellung der römischen Ethnographen unüberschaubar viele Völker und die Vorstellungen der klassischen Ethnographie wurden nie ganz abgelegt, wie sehr auch beobachtete Ereignisse dagegen sprechen mochten. Jordanes nennt Skandinavien *officina gentium aut certe velut vagina nationum*, eine „Völkerwerkstatt oder Gebärerin von Stämmen".[14] Paulus Diaconus

11 P.J. Geary, Europäische Völker im frühen Mittelalter. Zur Legende vom Werden der Nationen, Frankfurt/Main 2002 (= The Myth of Nations. The Medieval Origins of Europe, Princeton 2002), 62–65.

12 Pohl 2002 (wie Anm. 8), 22-23; Geary 2002 (wie Anm. 11), 65 f.; W. Pohl, Die ethnische Wende des Frühmittelalters und ihre Folgen, Antrittsvorlesung an der Universität Wien am 19.05.2006.

13 Geary 1999 (wie Anm. 8), 108; H. Wolfram, Origo et religio. Ethnische Traditionen und Literatur in frühmittelalterlichen Quellen, in: W. Hartmann (Hrsg.), Mittelalter. Annäherungen an eine fremde Zeit (Schriftenreihe der Universität Regensburg NF 19), Regensburg 1993, 31–36.

14 Iord. Get. 25; Übersetzung Wolfram 2001 (wie Anm. 2), 14.

verortet den Ursprung der Langobarden ebenfalls in dieser Völkerwerkstatt. Und weiter weiss er zu berichten, dass viele Völker dort ihren Ursprung haben:

> „Est insula qui dicitur Scadanan (...) in partibus aquilonis, ubi multae gentes habitant."[15]

Der Geograph von Ravenna definiert um 700 Skandinavien gar als *Antiqua Scithia* und bezieht sich dabei auf die Herkunft der skythischen Goten, Gepiden und Dänen. Diese Kategorisierung findet sich drei Jahrhunderte später bei Adam von Bremen, der die Ostsee *mare Scythicum* nennt. Alle Völker an den Küsten dieses Meeres sieht er als Skythen, folglich auch die Slawen. Helmold von Bosau und Otto von Freising übernehmen diese Sicht der Dinge.[16] Synesius von Kyrene berichtete seinem Kaiser Arcadius, es gebe überhaupt keine neuen Barbaren nördlich des Schwarzen Meeres. Nur erfänden sie listig ständig neue Namen, um die Römer zu täuschen und ihnen Angst einzujagen. Agathias und Orosius dagegen vertraten die Ansicht, dass sehr wohl immer wieder neue Völker an den Reichsgrenzen erscheinen und schnell wieder verschwinden würden.[17] Die Zahlen der auf Reichsgebiet strömenden *gentes* sind meist nur ungefähre Einschätzungen der Größenordnungen. Ammianus Marcellinus versteht angesichts der ihm unzählbar scheinenden Massen von Goten die Berichte über die Zahl der ‚Meder‘, die Griechenland einst angriffen. Früher hielt man die Zahlen für übertrieben, meint er, aber nun, angesichts der die Provinzen im 4. Jahrhundert durchflutenden *innumerae gentium multitudines*, könne man sich die Menschenmassen vorstellen, die es im Barbaricum außerhalb des Römerreiches gebe.[18]

Walter Pohl beginnt sein enzyklopädisch angelegtes Germanenbuch mit zwei grundlegenden Feststellungen:

> „Ein Volk, das sich Germanen nannte, hat es vielleicht nie gegeben. Als Fremdbezeichnung hingegen hat der Germannennamen ein lange und reichhaltige Geschichte, von Caesars *Germani* bis zu den heutigen *Germans*."

---

15 Paulus Diaconus, Origo Gentis Langobardorum 1; ähnlich in der Historia Langobardorum 1,1; vgl. W. Pohl, Der Germanenbegriff vom 3. bis 8. Jahrhundert – Identifikationen und Abgrenzungen, in: H. Beck/D. Geuenich/H. Steuer/D. Hakelberg (Hrsg.), Zur Geschichte der Gleichung „germanisch – deutsch" (RGA Erg. Bd. 34), Berlin/New York 2004, 174 mit Anm. 50.

16 Ravennatis anonymi cosmographia et Guidonis geographica (Itineraria Romana 2) 1, 8; Adam v. Bremen, Gesta 2, 18–19; vgl. H. Göckenjan, LMA 7, 1995, 1999 s. v. Skythen ; F. Staab, RGA 11, 1998, 102–109 s. v. Geograph von Ravenna.

17 Synesius Episcopus Cyrenaeus, Oratio de regno ad Arcadium imperatorem, 16; Agathias 5,2,4; Oros. 7,32,11; vgl. H. Wolfram, Ethnogenesen im frühmittelalterlichen Donau- und Ostalpenraum. 6.–10. Jahrhundert, in: H. Beumann/W. Schröder (Hrsg.), Frühmittelalterliche Ethnogenese im Alpenraum (Nationes 5), Sigmaringen 1985, 98 f.; W. Pohl, Die Awaren. Ein Steppenvolk in Mitteleuropa 567–822 n.Chr., München 1988, ²2002, 4 und Anm. 2; Wolfram 2001 (wie Anm. 2), 23 und Anm. 77; H. Göckenjan, LMA 7, 1995, 1999 s. v. Skythen.

18 Amm. 21,4,7 und 8; vgl. D. Rohrbacher, The Historians of Late Antiquity, London, 2002, 14–35; C. Whittaker, Barbarian Settlements, in: Bowersock/Brown/Grabar 1999 (wie Anm. 8), 336.

Das „vielleicht" in diesem Beginn trug Pohl eine etwas überspitzte Kritik von Walter Goffart ein, der seinerseits jüngst meinte:

> "The nonexistence of ancient Germans is perhaps the most important thing one can say about the barbarians of late antiquity."[19]

Trotz der Unschärfe des antiken Germanenbegriffs wurde in der älteren Forschung, wie schon oben mit Grimm gezeigt, die Kontinuität von den konstruierten Germanen der Vorzeit bis zu den heutigen Deutschen regelrecht Bestandteil des öffentlichen Bewusstseins.

> „Penible Forschungen und kontroverse Debatten waren mit solchen Verkürzungen durchaus vereinbar."[20]

Poseidonios von Apamea/Orontes, Syrien (etwa 135–51 v. Chr.) meinte einen besonders wilden Keltenstamm mit seinen Germanen. Im Zusammenhang mit der Schilderung des Kimbernkrieges erwähnt er ‚Germanen', die zum Frühstück gliedweise gebratene Fleischstücke essen und dazu Milch und ungemischten Wein trinken.[21] Der lateinische Germanenbegriff, der seit der Mitte des ersten vorchristlichen Jahrhunderts gebraucht wird, ist eine Bildung Caesars mit einem gewissen Bezug zu Poseidonios. Der Feldherr versuchte seine Eroberungspolitik damit zu rechtfertigen, dass die Barbaren westlich des Rheins viel kriegerischer und wilder seien als jene im eroberten Gallien.

> „Caesar hatte also (...) mit Schwert und Feder einen Germanien- und Germanenbegriff geschaffen, der in den folgenden Jahrhunderten nie ganz in Vergessenheit geriet."[22]

Der Germanenbegriff wurde zwar auch nach Caesar und Tacitus in der Spätantike und dem frühen Mittelalter verwendet, aber meist auf einzelne *gentes* beschränkt,

---

19 W. Pohl, Die Germanen (Oldenbourgs Enzyklopädie der deutschen Geschichte 57), München 2000, ²2004, 1; W. Goffart, Barbarian Tides. The Migration Age and the Later Roman Empire (The Middle Ages Series), Philadelphia 2006, 20; auf 7 und 233 attackiert Goffart eine "Germanic contention" und wirft Pohl auf sein Germanenbuch bezogen auf Seite 274 schließlich vor: "Pohl is, of course, committed to the existence of his subject, a coherent ‚Germanic' people foreshadowing the ‚Deutsche' of today." Gerade dies trifft auf die ‚Wiener Schule' nicht zu. Vgl. zur Entwicklung der Fragestellung: W. Pohl, Tradition, Ethnogenese und literarische Gestaltung: eine Zwischenbilanz, in: K. Brunner/B. Merta (Hrsg.), Ethnogenese und Überlieferung. Angewandte Methoden der Frühmittelalterforschung (Veröffentlichungen des Instituts für Österreichische Geschichtsforschung 31), Wien/München 1994, 10–20.

20 Pohl 2000 (wie Anm. 19), 1.

21 Poseid. fr. 22 nach Athen. 4,39 p. 153 e; D. Timpe, RGA 11, 1998, 2–5 s. v. Germanen, Germania, Germanische Altertumskunde.

22 Jarnut (wie Anm. 4), 108; W.M. Zeitler, Zum Germanenbegriff Caesars: Der Germanenexkurs im sechsten Buch von Caesars Bellum Gallicum, in: H. Beck (Hrsg.), Germanenprobleme in heutiger Sicht (RGA Erg. Bd. 1), Berlin/New York 1986, 41–52; D. Timpe, RGA 11, 1998, 8–10, Literatur 62–65 s. v. Germanen, Germania, Germanische Altertumskunde.

wie Walter Pohl gezeigt hat. Im lateinischen Westen verwendete man statt dem wohl als unspezifisch empfundenen Begriff seit dem späten 3. Jahrhundert ‚Franken' und ‚Alemannen' als genauere Bezeichnungen, wenn auch der Germanenname immer wieder hereinspielte.[23] In der Historia Augusta bei der Schilderung des Triumphzugs Aurelians im Jahr 274 führt der Kaiser neben gefangenen Goten, Vandalen, Alanen, Franken und Amazonen auch Germanen durch Rom. Mit diesen ‚Germanen' sind aber Alemannen gemeint. Obwohl Ammianus Marcellinus die Gegner und Partner Roms genau kannte, bezeichnete er die Alemannen und andere *gentes* an der Rheingrenze als *Germani* oder *Barbari*. Den Germanenbegriff verstand er jedenfalls geographisch.[24]

Bei Orosius ist der Germanenname dann verwendet, wenn von den Feinden Roms an Rhein und Donau erzählt wird. Meist bezieht er sich aber auf kaiserzeitliche Ereignisse, denn für die Barbareneinfälle des 5. Jahrhunderts bedient sich Orosius genauerer Bezeichnungen wie Vandalen, Alanen oder Goten.[25] Bei Gregor von Tours ist er nur einmal zu finden: In einem Zitat aus dem verlorenen Werk des Renatus Profuturus Frigeridus wird ein Heermeister des Usurpators Constantinus um 410 *ad Germanias gentes* geschickt, um fränkische und alemannische Hilfstruppen zu werben.[26]

> „Diese Bedeutung [des Germanennamens, d. V.], die ihre Wirkung aus historisierenden Anmutungen schöpfte, verlagerte sich allmählich auf Ereignisse in entfernterer Vergangenheit, und der Germanenname wurde zum vergangenheitsbezogenen Bildungsbegriff – in dieser Bedeutung hatte er ja noch eine große Zukunft."

Die Unterscheidung Caesars zwischen einer *Gallia* und einer *Germania* war antikes Bildungsgut und man zeigte eben gerne seine Belesenheit. So sind viele Germanennennungen zu deuten. Dass der Begriff zwischen dem 4. und dem 6. Jahrhundert fast aufgegeben wurde, zeugt von den, den heutigen sehr ähnlichen, spätantiken Schwierigkeiten mit Caesars Erfindung. Als Fremdbezeichnung wurde der Begriff entweder auf die Franken und Alemannen eingeschränkt, oder für Völker früherer Zeiten verwendet. Im Unterschied zum Slawennamen hat sich der Germanenname als Selbstbezeichnung nie durchgesetzt.[27]

Im Umfeld der angelsächsischen Mission und der Kirchenorganisation des 8. Jahrhunderts, vor allem in den Briefen des Bonifatius, werden *Germanicae gentes* und Germania verwendet. Der Begriff bezieht sich auf heidnische Menschen in den

---

23 Pohl 2004 (wie Anm. 15), 172.
24 SHA Aurelian. 33 f.; Pohl 2002 (wie Anm. 8), 14; Geary 2002 (Anm. 11), 70.
25 Oros. 5,24,6; 7,29,15; 7,35,4; 7,41,2.
26 Greg. Tur. Franc. 2, 9; vgl. Pohl 2004, 173; H. Castritius, RGA 24, 2003, 507–508 s. v. Renatus Profuturus Frigeridus; P. Wynn, Frigeridus, the British Tyrants, and the Early Fifth Century Barbarian Invasions of Gaul and Spain, Athenaeum 85, 1997, 70.
27 Pohl 2004 (wie Anm. 15), 173, 172 und 176.

Gebieten, die man in der römischen Kaiserzeit Germania genannt hatte.[28] In der Karolingerzeit stand die Terminologie neben der geographischen Bezeichnung eines Großraums, der von der Gallia aus kontrolliert wurde, auch für politische Benennungen zur Verfügung. Hludowicus Germanicus ist mit dem uns geläufigen „Ludwig der Deutsche" schlecht übersetzt und zeigt wie viele quellenferne Interpretationen im Laufe der Wissenschaftsgeschichte angewandt wurden. Gemeint ist nämlich, wie Dieter Geuenich betont hat, ein „Ludwig, der über die rechtsrheinischen Gebiete der Francia herrscht". Neben Germania, den fränkischen, rechtsrheinischen Gebieten, bediente man sich geographischer Begriffe wie Gallia, Lotharingia, Francia, Italia oder Burgundia.[29] Erst im Humanismus wurde der Germanenname in einer ethnischen bzw. identitässtiftenden Bedeutung wiederbelebt, um die Unterschiede zwischen den Rheinländern und den reformierten Gefolgsleuten diverser Fürsten, den Untertanen des *rex cristianissimus* in Frankreich, den Spaniern und Italienern zu benennen.

Zurück ins 3. Jahrhundert: Auch außerhalb des römischen Reiches bzw. der römisch-ethnographischen Terminologie finden sich Belege dafür, dass ‚Germanen' nicht als ein Überbegriff gemeint war. Auf einem der Siegesreliefs Shapurs I. (242–273) in Bishapur werden unter den Besiegten Goten und Germanen getrennt voneinander genannt.[30]

Die griechische Ethnographie teilte die Welt nördlich der Alpen meist in eine westliche Keltike und eine östliche Skythike, getrennt vom Tanais, ein.[31] In diesen Gebieten lebten größere Gruppen, die *ethne*, denen *phyla* zugeordnet wurden. Diese Kategorien wurden bis in die Spätantike angewandt und finden sich in der griechischen Tradition noch darüber hinaus. Die griechische Ethnographie übernahm also den westlich-lateinischen Germanenbegriff im Sinne Caesars und Tacitus nicht oder nur teilweise, was sich gut bei Strabon zeigen lässt. Strabon weiß von den Germanen, dass sie rechts des Rheins leben und noch größer, wilder wie blonder seien als ihre keltischen Verwandten. Ersteres ist von Caesar, letzteres von Poseidonios übernommen.[32] Noch bei Zosimos stellt Konstantin I. ein Heer aus „Germanen und anderen keltischen Völkern" (Γερμανῶν καὶ τῶν ἀλλῶν Κελτῶν ἐθνῶν) zusammen.

28 Bonifatius, ep. 38; 45; 75; Liber Pontificalis 91,3; Pohl 2004 (wie Anm. 15), 175.

29 H.H. Anton, Troja-Herkunft, origo gentis und frühe Verfassheit der Franken in der gallisch-fränkischen Tradition des 5.–8. Jahrhunderts, in: MIÖG 108 (2000) 1, 46 f.; Jarnut (wie Anm. 4), 109; D. Geuenich, Ludwig ‚der Deutsche' und die Entstehung des ostfränkischen Reiches, in: W. Haubrichs (Hrsg.), Theodisca. Beiträge zur althochdeutschen Sprache und Literatur in der Kultur des frühen Mittelalters (RGA Erg. Bd. 22), Berlin/New York 2000, 314–318.

30 G. Herrmann/R. Howell, The Sasanian Rock Reliefs at Bishapur 1. Bishapur III. Triumph attributed to Shapur I (Iranische Denkmäler 9), Berlin 1980, 67. Für den Hinweis danke ich Prof. Peter Herz, Regensburg.

31 I. von Bredow, DNP 12/1, 2002, 7 s. v. Tanais.

32 Strab. 4, 96; 7,290; Pohl 2000 (wie Anm. 19), 51; E. Norden, Die germanische Urgeschichte in Tacitus' Germania, Stuttgart 1923, 102; R. Hachmann, Der Begriff des Germanischen, Jahrbuch für internationale Germanistik 7, 1975, 120.

Natürlich wurde in den Übersetzungen dieser Stelle meist der unwissende Byzantiner verbessert und Otto Veh sprach von „germanischen und keltischen Völkern".[33]

Prokop gibt in seinem Gotenkrieg wiederum ein nicht dem Lehrbuch entsprechendes Bild von den Germanen. In alten Zeiten, so der byzantinische Offizier ganz in Kenntnis Caesars, lebten zu beiden Seiten des Rheins verschiedene Völker mit jeweils eigenen Namen, die aber gemeinsam Germanen genannt wurden. In seiner Gegenwart aber berichtet Prokop von Franken, die früher einmal Germanen genannt worden seien. Dies könnte durch eine Rückprojektion der fränkischen Herrschaftsgebiete des 6. Jahrhunderts durch Prokop auf eine Vorgeschichte wie auch die römische Provinzeinteilung bedingt sein. Jedenfalls bestätigt die Stelle die Reduktion des Germanenbegriffs auf die Franken und seine geographische Konnotation mit der Rheingegend. Im Geschichtswerk des Agathias, der kurz nach Prokop schrieb, findet sich die Bemerkung, dass die ehemals Germanen genannten Barbaren, die Franken, nun Gallien bewohnen sollen.[34] Germanen und Franken wurden bis ins 8. Jahrhundert immer wieder gleichgesetzt. Der Vorgang ist derselbe wie Hunnen, Awaren oder Ungarn mit den alten Skythen zu identifizieren.[35] Die Gleichsetzung Franken-Germanen setzte sich in Byzanz durch, wie etwa bei Konstantin Porphyrogenetos zu sehen ist. Im Hochmittelalter werden in rhomäischen Texten die süditalienischen Normannen als *Frankoi* von den Franzosen als *Frankoi oi kai Germanoi* unterschieden und die Deutschen werden als *Allamanoi* bezeichnet. Da die Franken eine lange Präsenz hatten, benötigte man in Byzanz den Germanenbegriff Caesars gar nicht mehr. Im Gegensatz dazu verwendete man den Skythenbegriff sehr wohl lange für Hunnen, Awaren und Ungarn. Bei Plinius und Ptolemaeus ist Skythen ein allgemeiner Begriff für die Barbaren nördlich des Schwarzmeers. Später angewandt auf Goten, Hunnen oder Awaren steht er sogar hinsichtlich der bezeichneten Kampfesweise der ursprünglichen altorientalischen Wortbedeutung ‚Reiter' näher.[36]

Verbreiteter als ethnographischer Oberbegriff war bei griechischen wie lateinischen Autoren ohnehin der der *gentes Gothicae*, zu denen nicht nur die Goten, sondern auch die Alanen, Gepiden, Skiren, Rugier, Eruler und die Vandalen gehörten. Die Forschung seit dem 18. Jahrhundert kategorisierte ostgermanische Völker. Dadurch wurde verdeckt wie eng das Zusammenleben von Sarmaten, Bastarnen, Carpen, Alanen, Hunnen und eben Goten, Rugiern, Erulern und Vandalen gewesen ist. ‚Ostgermanisch' suggeriert die Vorstellung einer germanischen Einheit wo keine

33 Zos. 2,15,1; Pohl 2004 (wie Anm. 15), 170 mit Anm. 31.
34 Prok. BG 5,11,29; Agathias 1, 2; vgl. Pohl 2004 (wie Anm. 15), 171.
35 W. Pohl, Das awarische Khaganat und die anderen Gentes im Karpatenbecken (6.–8. Jh.), in: B. Hänsel (Hrsg.), Die Völker Südosteuropas im 6.–8. Jh. Symposion Tutzing 1985 (Südosteuropa-jahrbuch 17), Wien 1987, 47–49; E. Ewig, Volkstum und Volksbewußtsein im Frankenreich des 7. Jahrhunderts, in: E. Ewig (Hrsg.), Spätantikes und fränkisches Gallien 1 (Beihefte der Francia 3/1), Zürich/München 1976, 259–261.
36 Pohl 2004 (wie Anm. 15), 171 mit Anm. 36 und 37; H. Klinkott, RGA 29, 2005, 40 s. v. Skythen.

war und die der Spätantike fremd gewesen wäre.[37] Prokop schreibt, dass die größten und bedeutendsten gotischen Stämme Ostgoten, Vandalen, Westgoten und Gepiden seien. Vor langer Zeit (πάλαι) hießen sie Sauromaten und Melanchlainen oder auch Geten (Γετικὰ ἔϑνη).[38] Sie führten zwar verschiedene Namen, unterschieden sich aber sonst überhaupt nicht voneinander. Alle diese prokopischen Goten haben eine weiße Hautfarbe und blonde Haare, sind hochgewachsen und von stattlichem Aussehen, gehorchen den gleichen Gesetzen und verehren Gott auf dieselbe Weise, sie sind nämlich alle arianischen Glaubens und sprechen auch nur eine Sprache, das Gotische. So glaubt Prokop, dass alle diese Völker zuerst eines waren, das sich erst im Laufe der Zeit unter Annahme der Namen ihrer Anführer getrennt haben soll. Dieses Volk wohnte jenseits des Ister. Die Vandalen selbst wohnen bei Prokop zuerst um die Mäotische See und leiden Hunger. Deshalb ziehen sie mit den Alanen, einem gotischen Stamm nach Prokop, zu den Germanen, die heute Franken heißen. So kommen sie an den Rhein und dann ins Reich.[39] Wenn die Goten Geten sind, Teil der römischen und christlichen Weltgeschichte, haben die Römer ein Raster, um mit ihnen intellektuell umzugehen. Die Fremden werden in die ethnographische Tradition eingeordnet. Prokop setzt die Vandalen und die gotischen Alanen eigentlich von sich aus in eine einordenbare und damit ehrenhafte Abstammung, wie Cassiodor/Jordanes das für die Goten tat.[40] Die ‚gotischen Völker' waren also nach den Vorstellungen völkerwanderungszeitlicher Historiographen wie Cassiodor, Jordanes und Prokop niemals Germanen.

> „Dieses Schicksal teilten sie bei Cassiodor und Jordanes mit den Franken und den für die germanische Altertumskunde so bedeutsamen Skandinaviern."[41]

Die Goten und Langobarden bekamen in intellektueller Schwerstarbeit am ostgotischen Hof Mitte des 6. Jahrhunderts bzw. schon in karolingischer Zeit einen skandinavischen, die Franken hingegen – wie die Römer – einen trojanischen und die Burgunder sogar einen römischen Ursprung. Prestige beruht auf Alter und be-

---

37 W. Pohl, RGA 12, 1998, 439 s. v. Goten §16 Identität, Ethnogenese und Integration; P. Heather, Goths and Romans 332–489, Oxford 1991, ²1994, 135–140; R. Wenskus, Stammesbildung und Verfassung. Das Werden der frühmittelalterlichen gentes, Köln/Wien 1961, ²1977, 462–484.

38 Prok. BV 1,2,3; J. Engels, RGA 11, 1998, 563–568 s. v. Geten.

39 Prok. BV 1,3,2.

40 I. Wood, Conclusion: Strategies of distinction, in: W. Pohl/H. Reimitz (Hrsg.), Strategies of Distinction. The Construction of Ethnic Communities, 300–800 (The Transformation of the Roman World 2), Leiden/New York/Köln 1998, 302: "The notion that the Goths were Getae gave the Romans a framework within which to respond to them." vgl. R. Steinacher, Rex oder Räuberhauptmann? Ethnische und politische Identität im 5. und 6. Jahrhundert am Beispiel von Vandalen und Herulern, in: B. Burtscher-Bechter/P.W. Haider/B. Mertz-Baumgartner/R. Rollinger (Hrsg.), Grenzen und Entgrenzungen. Historische und kulturwissenschaftliche Überlegungen am Beispiel des Mittelmeerraums (Saarbrücker Beiträge zur Vergleichenden Literatur- und Kulturwissenschaft 36), Würzburg 2006, 312 f.

41 Jarnut (wie Anm. 4), 108.

rühmten Vorfahren, wie schwierig diese auch zu konstruieren sind. Dies gilt für die römische und die barbarischen wie auch für die meisten anderen menschlichen Gesellschaften. Konstantin der Große etwa ließ seinen Vater aus einfachen Verhältnissen zu einem Flavier machen, einem Nachfahren der Kaiserfamilie des ersten Jahrhunderts, der ersten Familie Europas sozusagen. Seit Konstantin nahmen barbarische Befehlshaber häufig den Geschlechtsnamen des Kaisers an. So waren Merobaudes, Stilicho, Rikimer und Aspar *Flavii*.[42] Kaum ist Theoderich der Gotenkönig dann 484 römischer Bürger geworden, nennt er sich *Flavius Theodericus rex*. Schon Odoaker hatte FL(AVIUS) OD(OV)AC(ar) auf seine Münzen schlagen lassen. Genau so wenig wie nun aber Konstantin, Odoaker oder Theoderich von Titus oder Domitian abstammten, hatte die gotische *origo* mit Skandinavien zu tun oder waren die Franken wirklich Abkömmlinge der Trojaner oder eines Seeungeheuers. Skandinavien exportierte sicherlich keine Heere und Völker, sondern höchstens Namen, die alt und geheimnisvoll klangen.[43]

> „Eine *origo gentis* ist intentional: Sie nützt die Mittel der Ethnographie, um ethnische Identitäten zu schaffen. So haben Caesar und noch mehr Tacitus die Germanen gemacht."[44]

Die ältere deutsche Forschung hat die *gentes* der Völkerwanderung weit zurück in eine ‚indogermanische' Bronzezeit verfolgen wollen und die Herkunftssagen eigentlich zu ernst genommen.[45] Ins Reich eintretende Barbaren suchten sich eine Identität zu geben. Dabei konnte man die den Römern bekannten alten und dadurch prestigeträchtigen Namen verwenden. Die Verfestigung und Literarisierung solcher Vorgänge konnte bis ins 8. Jahrhundert dauern und begründete ein Muster europäischer Identität mit weit reichenden Folgen.[46] Ammianus Marcellinus, Zosimos, Orosius, Priskos, Prokop, Jordanes/Cassiodor, Fredegar und Gregor von Tours behandelten und konstruierten Geschichte und Ursprünge der gotischen, fränkischen und anderer *gentes*. Isidor von Sevilla nahm sich der westgotischen, spanischen Identität an, Beda Venerabilis der angelsächsischen und Paulus Diaconus schließlich der langobardischen, schon nachdem Karl der Große auch ein *Langobardorum rex* ge-

---

42 A. Demandt, Die Spätantike. Römische Geschichte von Diocletian bis Justinian 284–565 n.Chr. (Handbuch der Altertumswissenschaft 3; 6), München 1989, 261–264 und 269; allgemein zum Heermeisteramt A. Demandt, RE Suppl. 12, 1970, 553–790 s.v. magister militum.

43 Anton (wie Anm. 29); F. Graus, Troja und die trojanische Herkunftssage im Mittelalter, in: W. Erzgräber (Hrsg.), Kontinuität und Transformation der Antike im Mittelalter (Veröffentlichungen des Mediävistenverbandes 1), Sigmaringen 1989, 25–43; Pohl 2004 (wie Anm. 15), 168; zum Flaviernamen vgl. H. Wolfram, Intitulatio I. Lateinische Königs- und Fürstentitel bis zum Ende des achten Jahrhunderts (MIÖG Erg. Bd. 21), Wien/Köln/Graz 1967, 57–62; Wolfram 2001 (wie Anm. 2), 277 und 286; fränkische Ursprungssagen: Fredegar, Chronicae, 3, 9.

44 H. Wolfram, RGA 22, 2003, 177 s. v. Origo gentis.

45 Nur ein Beispiel von vielen: H.F.K. Günther, Herkunft und Rassengeschichte der Germanen, München 1935, 9–66.

46 Steinacher 2006 (wie Anm. 40), 311.

worden war. Die karolingischen Machtansprüche projektierte man in Genealogien der Völker, die im Reichssystem eine Rolle spielten. Die fränkische *gens* beanspruchte in diesem System Universalität und eine göttliche Mission.[47] Isidor von Sevilla bot ein im Mittelalter sehr erfolgreiches Modell mit seiner Idee, alle Völker von den Söhnen Noahs abstammen zu lassen. Die verschiedenen aus römischer Sicht barbarischen Völker konnten so endgültig in die christliche Weltgeschichte eingefügt werden. Die Tradition der antiken *origo* wurde im weiteren Mittelalter unter Verwendung biblischen und ethnographischen Materials dann weiter ausgebaut mit dem Erfolg, dass Ethnizität Grundlage politischer Herrschaft in Europa werden konnte. Cosmas von Prag leistete solches für die Tschechen, Saxo Grammaticus für die Dänen und Gallus Anonymus für die Polen, alle nach dem Modell von Cassiodor/Jordanes und meist mit einer Bezugnahme auf Isidors Noahgenealogie. Katholische Religion und römisches Recht waren die Komponenten, um ein christliches, europäisches Königreich zu konstituieren.[48] In solchen Konstruktionen liegen mehr Ursprünge und Identitäten verortet, die immer noch zu wenig erforscht sind, als im Versuch der Geisteswissenschaft des 19. Jahrhunderts auf Basis antiker und humanistischer Geschichtsbilder den Nationalismus mit biologistischen Metaphern auf den Rang von Naturgesetzen zu heben.

> „Der Germanenbegriff, so stellt sich heraus, war zu allen Zeiten (schon seit Cäsar) widersprüchlich und missverständlich. Das liegt nicht zuletzt daran, dass sein affektiver Gehalt – die Konnotation von Tapferkeit, Wildheit, Ursprünglichkeit, Stolz, Einfachheit, Heidentum usw. – immer ausgeprägter war als sein deskriptiver Wert. Für seine Wiederaneignung und Neudeutung schuf das hervorragende Voraussetzungen, nicht aber für seine zweifelsfreie Definition und Abgrenzung."[49]

Wollte die akademische Öffentlichkeit nun aber gänzlich auf den Germanenbegriff verzichten, spielte man wohl Esoterikern und Scharlatanen aller möglichen Provenienzen in die Hände. Nichtsdestotrotz müssen die Forschungsbegriffe ‚Germanen', ‚germanisch' weiter gründlich diskutiert werden. Walter Pohl und Jörg Jarnut haben vorgeschlagen wenn möglich, den neutraleren Barbarenbegriff zu verwenden, sei er doch offener und impliziere keine Aussage über spezifische Herkunft, Identität und

---

47 Pohl (wie Anm.19), 20; Ders., Paulus Diaconus und die *Historia Langobardorum*: Text und Tradition, in: A. Scharer/G. Scheibelreiter (Hrsg.), Historiographie im frühen Mittelalter, Wien 1994, 381; H. Wolfram/W. Pohl, RGA 22, 2003, 174–176 und 183–189 s. v. Origo gentis; W. Goffart, The narrators of barbarian history 550–800. Jordanes, Gregory of Tours, Bede, and Paul the Deacon, Princeton 1988, 333–337.

48 Anton (wie Anm. 29), 1 mit Anm. 1; H. Wolfram, RGA 22, 2003, 174–176 s. v. Origo gentis; Pohl 1988 (wie Anm. 17), 2; Isidor und seine Noahgenealogie: A. Borst, Der Turmbau von Babel. Geschichte und Meinungen über Ursprung und Vielfalt der Sprachen und Völker II/1, Stuttgart 1960, 446–456.

49 Pohl 2004 (wie Anm. 15), 177 f.

Kultur. Denn ganz im Sinne Tom Nobles wissen wir ja tatsächlich wenig über Hintergründe gesellschaftlicher Formationen außerhalb der Reichsgrenzen, der *dark side of the moon*. Wie man nun die Spannung zwischen der Gefahr einer Überlassung des Feldes an Esoteriker und Scharlatane und einer quellengerechteren Terminologie für politische, ethnische und soziale Identitäten auflösen könnte, wird für uns alle eine der Herausforderungen der Zukunft sein. Es ist spannend und fordernd, dass forschungsgeschichtlich begründet, die Regna der Franken, Goten, Vandalen, Burgunder und Langobarden gemeinsam mit der Germania und den archäologischen Kulturbeziehungen in großen Gebieten Gegenstand des Reallexikons der Germanischen Altertumskunde sind. Es ist die Verpflichtung der deutschsprachigen Forschung, die hochkomplexen Bezüge einer fünfhundertjährigen Wissenschaftsgeschichte und einer zweitausendfünfhundertjährigen Diskussion in diesem weiten Feld in Forschung und Lehre weiter zu differenzieren, wie auch ein Bewusstsein für diese Problematik in der Öffentlichkeit zu schaffen.

Was aßen die Germanen? Überlegungen zu antiker Barbarentopik und modernem Kulturbegriff

Sarah Bäcker – Marburg

1. Vorüberlegungen

Bei der Beschreibung barbarischer Völkerschaften bedienen sich die griechischen und römischen Autoren ganz offensichtlich klischeehafter Elemente, die aus geschichtswissenschaftlicher Sicht klar konturiert werden müssen.[1] Ernährung als Unterscheidungsmerkmal ist in den Fremdvölkerbeschreibungen ein wichtiges Schlüsselmoment kultureller Distinktion; gerade in der antiken Vorstellungswelt kommt den Lebensmitteln, ihrer Zubereitung und den Essgewohnheiten eine große symbolische Bedeutung zu. Dies gilt für die Fremdzuschreibungen durch antike Autoren in den ethnographischen Notizen, aber auch für die Auswahl und den Konsum von Nahrungsmitteln durch die historischen Akteure selbst.[2] Im Folgenden steht die Frage im Mittelpunkt, was wir billigerweise allein auf Grundlage der antiken ethnographischen Notizen über die Ernährung der ‚Barbaren‘, insbesondere der Germanen, aussagen können.

Diese Frage muss auf zwei Untersuchungsebenen gestellt werden: Zunächst gilt es nach den Informationen zu fragen, die den schriftlichen Quellen bezüglich der ‚barbarischen‘ Kost direkt zu entnehmen sind: *Was* aßen die Germanen? Dabei gefundene regelhafte Beschreibungselemente müssen daraufhin untersucht werden, ob sie bestimmten ethnographischen Matrizen (Topoi?) zuzuschreiben sind und welche Erklärungsmuster hinter diesen Fremdzuschreibungen liegen: *Wie* und *warum* wird die ‚barbarische‘ Kost in den antiken Texten thematisiert?

---

1 Vgl. Y.A. Dauge, Le barbare. Recherches sur la conception romaine de la barbarie et la civilisation. Brüssel 1981, 424–440 und 455–460 zur begrifflichen Spannbreite von ‚barbarus‘. Vor allem die Vokabeln *feritas, vanitas, ferocia, belli furor, discordia* u. a. bestimmen den römischen Barbarenbegriff inhaltlich. Ergänzend zu sehen ist der Sonderfall der taciteischen Beschreibung der Germanen, insbesondere der germanischen Ernährungsgewohnheiten, bei der *libertas* und *simplicitas* als Schlüsselbegriffe für das Verständnis zu betrachten sind. Vgl. dazu A.A. Lund, On the meaning of a much discussed passage in the Germania of Tacitus (26, 1–2), in: CM 31, 1970, 124–129.

2 Zum symbolischen Charakter der Ernährung vgl. J. Pearce, Food as substance and symbol in the Roman army: a case study from Vindolanda, in: P. Freeman u. a. (Hrsg.), Limes 18. Proceedings of the XVIIIth International Congress of Roman Frontier Studies held in Amman, Jordan – September 2000 (BAR Int.Ser. 1084), Oxford 2002, Vol. II., 931–944. Pearce untersucht, wie die Ernährungsgewohnheiten der batavischen Soldaten in Vindolanda durch ihren kulturellen Hintergrund geprägt sind.

Die Unterscheidung der Fragen nach *was* und *wie* entspricht der Unterscheidung von *Beobachter* und *Beobachtetem*. Der Soziologe Niklas Luhmann machte das Beobachtermodell zu einem wichtigen Bezugspunkt seiner Theorie: Er prägte die Unterscheidung zwischen Beobachtungen erster Ordnung – in unseren Kontext entsprechen dem die Aufzeichnungen der antiken Autoren – und Beobachtungen zweiter und dritter Ordnung, den Beobachtungen der Beobachter und den metatheoretischen Reflexionen hierüber.[3] Wenn man ihr folgt, ist diese Differenzierung folgenreich für die Möglichkeit von Aussagen über barbarische Ernährung, denn aus ihr erwachsen Fragestellungen unterschiedlicher Qualität. Wir würden gerne sagen können, was die Germanen aßen, uns bleiben aber Beobachtungen erster Ordnung verwehrt. Selbst die Mitteilungen der antiken Autoren sind eigentlich bereits Beobachtungen zweiter Ordnung; unsere Reflexion darüber ist demnach ggf. eine Beobachtungen dritter Ordnung.[4]

2. Bemerkungen zum Kulturbegriff

Eine kurze analytische Definition und Explikation des *Kultur*begriffes scheint im Umfeld der vielschichtigen Überlegungen zu einer Ess*kultur* der Germanen angebracht. Wie sich zeigen wird, unterliegt dieser Begriff allzu oft einem unreflektierten und nicht selten inflationären Gebrauch. Auf Grund der darzulegenden Schwierigkeiten, die sich aus einer Untersuchung des Begriffes ergeben, verwende ich ihn in der vorliegenden Untersuchung germanischer Ernährungsgewohnheiten unter Vorbehalt. Eine vorsichtige Operationalisierung für althistorische Betrachtungen zur antiken Ethnographie steht noch aus.

Zentral für den Fortgang der Überlegungen ist die Konstatierung der Unmöglichkeit rein emischer, ‚teilnehmender‘ Beschreibung antiker Verhältnisse aus unvermittelter Perspektive.[5] Moderne Betrachtungen antiker Gegebenheiten können ausschließlich die eines ‚Beobachters von außen‘ sein; unsere folglich etischen Beschreibungen können sich des zwischengeschalteten Beobachters nicht entziehen. Ist für uns mithin eine Rekonstruktion realer antiker Verhältnisse auf Grundlage literarischer Quellen überhaupt möglich oder bleiben wir verhaftet auf der Ebene der Beobachtungen zweiter Ordnung, den Darstellungen der Quellenautoren? Die viel-

---

3   N. Luhmann, Gesellschaftsstruktur und Semantik. Studien zur Wissenssoziologie der modernen Gesellschaft (4 Bde.), Bd. 4, Frankfurt am Main 1995, hier bes. Kap. 2 „Kultur als historischer Begriff", 31-54 und Kap. 5 „Jenseits von Barbarei", 138–150.

4   J. Assmann, Das kulturelle Gedächtnis. Schrift, Erinnerung und politische Identität in frühen Hochkulturen, München [5]2005, 287 bezieht sich auf Luhmann und fasst zusammen: „Jeder hypoleptisch [d.h. intertextuell bezugnehmende, Anm. d. Verf.] organisierte Text steht also in einem dreifachen Bezug: 1. in bezug auf frühere Texte, 2. in bezug auf die Sache, und 3. in bezug auf Kriterien, anhand deren sich der Wahrheitsanspruch des Textes und die Differenz zwischen Mitteilung und Information kontrollieren läßt."

5   Eingeführt wurden die Kunstbegriffe emisch und etisch vom Linguisten Kenneth Pike: K.L. Pike, Language in relation to a unified theory of the structure of human behavior, Mouton/Den Haag [2]1967.

diskutierte Frage nach der Glaubwürdigkeit antiker ethnographischer Darstellungen könnte möglicherweise falsch gestellt sein.[6]

Jedenfalls sind wir in unserem Reden über Sachverhalte auf Begrifflichkeiten angewiesen, die klar machen, wovon wir sprechen. *Kultur* ist einer dieser zentralen Begriffe.[7]

Die Frage nach den Ernährungsgewohnheiten der Germanen scheint eine Frage nach der germanischen Ess*kultur* zu sein, welche sich im Bereich der habituellen Äußerungen abspielt. Ihnen zu Grunde liegend wird ein kulturelles *Selbstverständnis* der Germanen mitgedacht. Doch: Hatten die Germanen überhaupt eine eigene Auffassung von ihrer spezifischen Kultur? Oder: hätte ein römischer Schriftsteller von einer ‚*cultura Germanorum*' sprechen können? Dies muss bezweifelt werden, denn die antiken Akteure hatten keinen Kulturbegriff, der dem heutigen kongruent gewesen wäre. Wenn Cicero über eine *cultura animi*[8] schreibt, dann meint er die konkrete Kultivierung des Geistes (Bildung), im gleichen Sinne, wie er eine *agri cultura* auffasst. Insofern hätte er den Germanen und allen anderen ‚Barbaren' eine Kultur aberkannt. Die Vorstellung vieler *Kulturen* gar, wäre ihm noch fremder gewesen, denn eine entsprechende Bedeutung kam dem Ausdruck damals semantisch schlicht nicht zu.

Für den Systemtheoretiker Luhmann bleibt der Kulturbegriff ohne theoretischen Belang: Er habe seinen modernen Charakter erst in der zweiten Hälfte des 18. Jahrhunderts erhalten, als er „aus dem Operationsbereich der Beobachtung erster Ordnung in den Operationsbereich der Beobachtung zweiter Ordnung" verlagert wurde. In *Gesellschaftsstruktur und Semantik* (1995) setzt er die Gründe hierfür an Hand einer „historischen Analyse" des Kulturbegriffs auseinander. Es sei ab dem Ende des 18. Jh. nicht mehr um die Einteilung der Gegenstandswelt gegangen, sondern um die Beobachtung von Beobachtern und darum, *wie* diese Beobachtung stattfinde. Im Zuge dieses inhaltlichen Wandels hätten bezeichnenderweise in England und Schottland die Begriffe *culture/cultivation* den Begriff *taste* (Geschmack) abgelöst.[9] Das neu erwachsende Vergleichsinteresse „auf der Folie eines Begriffes von Kultur, der aus dem bisher üblichen Kreis der Vergleichsthemen herausgezogen und für sich

---

6   Vgl. dazu A. Städele, Neues von der Germania des Tacitus. Oder: Das Ende einer Legende?, Anregung. Zeitschrift für Gymnasialpädagogik 36.1, 1990, 156–168, bes. 163. Städele stellt die Frage der Glaubwürdigkeit für die der taciteischen Germania, die ihm als Referenzpunkt dient. In ihr finden sich s.E. sämtliche Prinzipien der Darstellung fremder Völker in der vorwissenschaftlichen Ethnographie. Vgl. dazu auch bereits K. Trüdinger, Studien zur Geschichte der griechisch-römischen Ethnographie, Univ. Diss. Basel 1918.

7   Eine wiedergegebene Kritik am Rande: Er sei einer der schlimmsten Begriffe, die je geprägt wurden, denn ihm sei es anzulasten, dass „innerhalb des Sozialen kaum noch Grenzen" ausgemacht werden könnten; dies ist ein kulturwissenschaftlichen Kreisen vielfach wiedergegebenes Diktum, das auf einer Aussage des Soziologen Niklas Luhmanns beruht. Luhmann, Gesellschaftsstruktur und Semantik, 31. Für die folgenden Darstellungen siehe v. a. Kap. 2 „Kultur als historischer Begriff", 31–54.

8   Cic. Tusc. 2,5,13.

9   Luhmann (wie Anm. 3), 32–34.

aufgestellt"[10] worden sei, habe sich fortan verbreitet und vertieft. Kultur sei seit
dieser Zeit auf einer Metaebene angesetzt worden, die keiner hierarchisch überge-
ordneten Position gleichkomme, sondern mit ganz unterschiedlichen Prioritäten
hätte kompatibel bleiben müssen. Kultur wurde „vom Bezug auf etwas anderes (auf
das, was gepflegt, was kultiviert wird, zum Beispiel die ciceronische *cultura animi*)"
gelöst und „zur Bezeichnung einer Dimension der menschlichen Entwicklung, einer
Lebensform" verwendet. „Der Begriff kommt jetzt ohne Genitivattribut aus."[11] (E-
ben das schließt die Existenz einer begrifflichen *cultura Germanorum* aus.) Kultur
wurde substantialisiert und erscheint nun als etwas, das schon immer gewesen ist.[12]
Das heißt nicht, dass frühere menschliche Gemeinschaften keine Vorstellung von
Kultur(en) gehabt hätten, sondern ihnen fehlte die Möglichkeit, diesen Umstand zu
beschreiben; deshalb waren sie darauf angewiesen, auf offenkundige Unterschiede
zu rekurrieren.

> „Vergleiche generieren, rückblickend gesehen Kultur, aber noch nicht einen
> Begriff von Kultur und noch nicht Kommunikation über Kultur."[13]

Wenn Tacitus also die germanischen Essgewohnheiten mit Bewunderung, Staunen
oder Ablehnung beschreibt, unterscheidet er sie von den römischen; diese Di-
stinktionen sind „durch die ‚starke' Seite asymmetrisiert; sie sind hierarchisch kon-
zipiert, indem sie die eine Seite der Unterscheidung (...) zugleich als Führgröße für
die Unterscheidung selbst verwenden. Der Begriff ‚Kultur' hebt diese Pro-
blemlösung auf und betrachtet sich selbst und alles, was unter ihn fällt, als kon-
tingent."[14]

Kultur ist eine Sehweise für die Beobachtung von Beobachtern, ein historischer
Begriff, bezogen auf historische Phänomene. Kultur auf der antiken Gegenstands-
ebene festzumachen, ist darum nicht möglich.

Auch Egon Flaig konstatierte vor einiger Zeit eine „tiefe Verunsicherung über
die epistemischen Grundlagen" in der Geschichtswissenschaft:

> „Seit Gadamer die geschehene Vergangenheit für einen Text genommen hat,
> der beim Lesen entsteht, ist es immer deutlicher geworden, daß die Ge-

---

10 Luhmann (wie Anm. 3), 36.
11 Luhmann (wie Anm. 3), 40.
12 Fernerhin: „Kultur ist nach all dem ein Doppel, sie dupliziert alles, was ist." (Luhmann [wie Anm. 3],
    41) „Nach wie vor kann man mit einem Messer schneiden, kann man zu Gott beten, zur See fahren,
    Verträge schließen oder Gegenstände verzieren. Aber außerdem läßt sich all das ein zweites Mal be-
    obachten und beschreiben, wenn man es als kulturelles Phänomen erfaßt und Vergleichen aussetzt.
    Kultur ermöglicht die Dekomposition aller Phänomene mit offenem Rekompositionshorizont."
    (Luhmann [wie Anm. 3], 42).
13 Luhmann (wie Anm. 3), 50.
14 Luhmann (wie Anm. 3), 48.

schichte nur dann ihren Wissenschaftscharakter behaupten kann, wenn sie die Beziehung auf objektive Gegebenheiten nicht tilgt."[15]

Flaig, der sich selbst explizit von althistorischen ‚Schulen‘ distanziert, orientiert sich theoretisch und konzeptuell an der Kultursoziologie Pierre Bourdieus. Ein sehr weit gefasster Kulturbegriff wird hier ausgehend von drei zentralen Begriffen, *Geschmack*, *Körper/Leib* und *Habitus*, definiert und schließt alle alltagskulturellen Praktiken und alle Lebensstile mit ein. Für Bourdieu ist Kultur ein entscheidendes Mittel der sozialen Distinktion. *Geschmack* ist gesellschaftlich hervorgebracht, klassenspezifisch differenziert und insofern inkorporierte Kultur. In der Sphäre des Geschmacks schlagen sich als körperliche Manifestationen die kulturellen Bedürfnisse nieder; im *Habitus* einer Gruppe offenbaren und reproduzieren sich diese inkorporierten sozialen Strukturen.[16] Ohne zunächst in einem konkreten theoretischen Rahmen zu denken, orientiere ich mich ebenfalls eher an dem durch Bourdieu geprägten, habituellen Verständnis von Kultur. Bezogen auf die germanischen Essgewohnheiten heißt das: Wir müssten einen germanischen Habitus im Bereich der Ernährung fassen und rechtmäßig unterstellen können, so dass wir in der Lage wären, einen verlässlichen Zugriff auf die Äußerungen der *Germanen* zu erlangen, die als körperliche Manifestationen ihrer Ideen über sich selbst zu verstehen wären. Im Sinne einer Beobachtung zweiter Ordnung ist das nur sehr selten möglich, denn die antike Autoreninstanz vernebelt uns allzu oft die Sicht. Die Archäologie jedenfalls ist bereits seit geraumer Zeit für den Bruch zwischen den antiken kulturellen Systemen und dem archäologischen Material, welches außerhalb des ursprünglichen Nutzungskontextes gefunden wird, sensibilisiert (‚Dornröschen-Prinzip‘ oder ‚Pompeij-

15 Vgl. E. Flaig, Geschichte ist kein Text. „Reflexive Anthropologie" am Beispiel der symbolischen Gaben im römischen Reich, in: H.W. Blanke u. a. (Hrsg.), Dimensionen der Historik. Geschichtstheorie, Wissenschaftsgeschichte und Geschichtskultur heute. Jörn Rüsen zum 60. Geburtstag, Köln u. a. 1998, 345-360, Zitat 345. Gadamer hatte grundsätzlich den Vergleich in den Geisteswissenschaften abgelehnt, wobei nicht die strukturelle, sondern die zeitliche Differenz sein Hauptargument gegen die Möglichkeit des Verstehens anderer Kulturen war. Vgl. E. Berg/M. Fuchs, Kultur, soziale Praxis, Text. Die Krise der ethnographischen Repräsentation, Frankfurt 1993, 20. Wohl zu Recht weist Flaig die von dem amerikanischen Ethnologen Clifford Geertz entworfene Vorstellung der „dichten Beschreibung" kultureller Phänomene als untauglich zurück. Diese „dichte Beschreibung" beruht letztlich auf der exakten Beobachtung und Auswertung kultureller Erscheinungen und erhebt den kaum noch zu vertretenden rankeanischen Anspruch, ermitteln zu können, „wie es wirklich gewesen" sei. Vgl. C. Geertz, Dichte Beschreibung. Beiträge zum Verstehen kultureller Systeme, Frankfurt am Main 2003. Zur Kulturhermeneutik nach Geertz („interpretative Anthropologie"), die den Aspekt von „teilnehmender Beobachtung" auf „thick description" verlagerte, vgl. bspw. R. Schlesier, DNP 14, 2000, 1131–1147, v. a. 1134 s. v. Kulturanthropologie. Dazu analog der postprozessuale Theorieansatz der ‚kontextuellen Archäologie‘ nach I.R. Hodder, der sich gegen das in der prozessualen Archäologie vorherrschende positivistische Ideal wendet vgl. R. Bernbeck, Theorien in der Archäologie, Tübingen/Basel 1997, hier v. a. 280–286.

16 Vgl. P. Bourdieu, Die feinen Unterschiede. Kritik der gesellschaftlichen Urteilskraft, Frankfurt a.M. 1982 (= La distinction. Critique sociale du jugement, Paris 1979).

Prämisse').[17] Die Berücksichtigung des Verzerrungsfilters zwischen antiken Gemeinschaften und dem überkommenen archäologischen Befund muss bei einem Heranziehen der antiken Zeugnisse als direkte Evidenz vergangener Gegebenheiten zur Vorsicht mahnen.[18]

3. Was ist germanische Ernährung?

3.1. Was isst der Germane?

Abgesehen von vereinzelten, späteren und insgesamt wenig aufschlussreichen Runeninschriften, besitzen wir keine Selbstzeugnisse der Germanen. Vielmehr fußt unser gesamtes, aus Schriftquellen resultierendes Wissen auf den Beschreibungen der griechischen und römischen Autoren. Die römischen Schriftsteller schildern uns bestimmte Elemente einer Ernährung, die sie *germanisch* nennen und die griechischen Geschichtsschreiber (mit Ausnahme von Plutarch) sprechen die caesarischen und taciteischen „Germanen" gar bis in die späte Kaiserzeit hinein bestenfalls als barbarisierte Kelten an. Es blieb hier bei der Bezeichnung *Keltoi* bzw. *Galatai*.[19] Sie beschreiben deren Ernährungsgewohnheiten, ohne dass signifikante Abweichungen zwischen keltischem und germanischem Bereich zu konstatieren wären. Entsprechend der Verortung der Germanen an den Rand der *Oikoumene*, in eine unwirtliche Gegend mit widrigen klimatischen Bedingungen, fernab jeder Zivilisation, beschreiben Caesar und Tacitus, der eine im Gefolge des anderen, die germanische Lebensweise, speziell im Hinblick auf wirtschaftliche Aspekte, als unterentwickelt. Die Deutungsschemata antiker Raum- und Kulturauffassung kommen voll zum Tragen:

> „Der Boden – wenn er sich auch im Aussehen ziemlich unterscheidet – ist im allgemeinen doch entweder durch raue Waldungen oder durch Sümpfe entstellt [...]; er bringt Getreide hervor, trägt keine Obstbäume, ist reich an Vieh, aber das ist meist wenig stattlich. Selbst das Großvieh hat nicht den ihn eigentümlichen Schmuck oder die Pracht der Stirn. An der Zahl freuen sie sich; und das ist ihr einziger und willkommenster Reichtum."[20]

---

17 Die von dem Soziologen Robert K. Merton 1962 vorgestellte und in der Archäologie v. a. durch Binford fortgeführte „Theorie mittlerer Reichweite" (middle-range theory), unternimmt eine Systematisierung der Formationsprozesse, durch die ein archäologischer Befund entsteht. Vgl. Bernbeck (wie Anm. 15), 65–84.

18 Vgl. Bernbeck (wie Anm. 15), 66 f.

19 Vgl. W. Pohl, Die Germanen (Enzyklopädie deutscher Geschichte, 37), München ²2004, 51–55 und G. Dobesch, Zur Ausbreitung des Germanennamens, in: H. Heftner/K. Tomaschitz (Hrsg.), Gerhard Dobesch: Ausgewählte Schriften (2 Bde.), Bd. 2: Kelten und Germanen, Köln u. a. 2001, 1025 f. (erstmals Pro Arte Antiqua, Festschrift für Hedwig Kenner, Bd. 1, Wien/Berlin 1982, 77–99.).

20 Tac. Germ. 5. Dazu in ähnlichem Duktus Caes. Gall. 4,2,2: „Ja die Germanen brauchen nicht einmal die eingeführten Rinder, an denen die Gallier am meisten Freude haben und die sie zu einem hohen Preis anschaffen; sie bringen es vielmehr fertig, daß die einheimischen, kleinen und häßlichen durch tägliche Übung höchste Arbeitskraft entwickeln."

Als ‚schlichte Wilde', als unverfälschte Barbaren haben die Germanen mithin keinen Anteil an der überfeinerten, dekadenten Kultur römischer Zivilisation.[21] Ihre Nahrung ist entsprechend einfach zubereitet, karg und besteht zu einem großen Teil aus Fleisch:

> „Getreide macht nur einen kleinen Teil ihrer Nahrung aus, zumeist leben sie von Milch und vom Fleisch ihrer Herden."[22]

> „Auf Ackerbau legen die Germanen keinen Wert, ihre Nahrung besteht zum großen Teil aus Milch, Käse und Fleisch."[23]

Mit einer Mischung aus Bewunderung und Abscheu wird die aus Fleisch, Milch und Käse bestehende Kost der nordwestlichen Barbaren beschrieben. Ganz ähnliche Beschreibungsmuster finden sich allerdings bereits bei Herodot, wenn er die Lebensweise der Inder schildert, von denen einige in Flussniederungen lebten und rohe Fische äßen. Weiter heißt es bei Herodot:

> „Weiter östlich wohnen andere Inder, Nomadenstämme. Sie essen rohes Fleisch und heißen Padaier ... Sie aber bringen [ihre Kranken] ohne Erbarmen um und fressen [sie] auf."[24]

Später notiert er, manche Inder vollzögen den Geschlechtsverkehr wie das Vieh in aller Öffentlichkeit. Auch hier begegnet im Grunde wieder die Gleichung, bei der mit einem dominanten Konsum von (rohem) Fleisch eine tierische Lebensweise assoziiert wird. Möglicherweise in diesem Geiste berichtet Polybios im 2. Jh. v.Chr. über die keltische Bevölkerung Norditaliens:

> „Denn da sie auf der Streu schliefen, in der Hauptsache Fleisch aßen und keine andere Tätigkeit trieben als Krieg und Landbau, so war ihr Leben sehr

---

21 Vgl. zu *simplicitas* und *libertas* als zentrale Motive der Germanenbeschreibung bei Tacitus A.A. Lund, On the meaning of a much discussed passage in the Germania of Tacitus (26.1–2), ClMediaev 31, 1970, 124–129, 128–129: "Here the simplicitas is the key to understanding; the food is generally simple (cibi simplices) and is in fact eaten withot further preparation […] On purpose he overlooked some import and articles of food just to concentrate on the simplicitas in their way of life."

22 Caes. Gall. 6,1. Vgl. ferner die berühmte Passage aus Tac. Germ. 23: „Getränk ist eine Flüssigkeit aus Gerste oder Weizen, zu einer gewissen Weinähnlichkeit vergoren: die dem Ufer nächsten kaufen auch Wein. Die Speisen sind einfach; wildes Obst, frisches Wildbret oder Quark. Ohne Zurüstung, ohne Reizmittel vertreiben sie den Hunger. Gegen den Durst zeigen sie nicht dasselbe Maßhalten. Läßt du sie ihrer Trunkenheit die Zügel schießen, indem du nachführst, soviel sie begehren, werden sie ebenso leicht durch ihre Laster wie durch ihre Waffen besiegt werden."

23 Caes. Gall. 6,22,1. Über die Sueben vermerkt er: „Sie ernähren sich nicht viel von Getreide, sondern größtenteils von Milch und Vieh und befinden sich viel auf der Jagd." Caes. Gall. 4,1,8.

24 Hdt. 3,99,1. Eine nicht sesshafte Lebensweise dient ebenso wie bestimmte Beschreibungselemente der Ernährung zur Charakterisierung barbarischer Existenz. Dies kommt vor allem bei den Beschreibungen der skythischen Völkerschaften zum Tragen.

einfach (...). Der Besitz der einzelnen bestand in Vieh und Gold, weil sie nur diese Dinge in jeder Lage leicht überallhin mit sich führen [...] konnten."[25]

Poseidonios von Apameia, der seine Schriften noch vor Caesar und Tacitus um die Wende vom 2. zum 1. Jh. v.Chr. verfasste, hatte nach dem Kimbernsturm Gallien selbst bereist und den Charakter der dort lebenden Völkerschaften mit großem Interesse und einem ausgeprägten Sinn für Empirie studiert. Seine beiden großen Werke, *Über den Ozean* und die *Historien* sind verloren; lediglich ein paar Fragmente finden sich bei anderen Autoren wie Diodor.[26] Poseidonios, das konnte Gerhard Dobesch schlüssig nachweisen, kannte weder den Rhein als Völkerscheide noch den Germanennamen als Bezeichnung für eine Großgruppe. Für ihn waren die Germanen ein den Kelten nah verwandtes Volk, das für die Belgica konkret bezeugt ist.[27] Demzufolge fällt auch die Schilderung der germanischen Essgewohnheiten bei ihm sehr ähnlich der keltischen aus: Die Germanen „verzehren zum Frühstück gliedweise gebratenes Fleisch, und trinken danach Milch und Wein, ohne ihn zu mischen."[28] Kaum davon zu unterscheiden:

> „Die Kelten servieren ihre Mahlzeiten auf hölzernen Tischen, die ein wenig höher als der Fußboden sind, und diesen bestreuen sie vorher mit Heu. Das Gericht besteht aus wenigen Broten und vielem Fleisch, das in Wasser gekocht und auf Kohlen oder an Spießen gebraten ist. Dies führen sie sich so, wie es ist, nach Art wilder Tiere zu, indem sie ganze Keulen mit beiden Händen hochnehmen und das Fleisch vom Knochen abbeißen."[29]

Wo die Übersetzer hier „nach Art wilder Tiere" wiedergeben, findet sich im griechischen Original bezeichnenderweise der Ausdruck *löwengleich* (λεωντωδῶς). Und auch wenn wir chronologisch weiter fortschreiten, finden wir in den ethnographischen Notizen immer wieder das Fleisch-Milch-Alkohol-Motiv. Im 1. Jh. v.Chr. vermerkt Diodor 5,26 den maßlosen Bier- und Weinkonsum der Gallier und an anderen Stellen schreibt er den Äthiopiern sowie den Bewohnern von Korsika und Sardinien eine Kost aus Fleisch, Milch, Käse und Honig zu.[30] Im 1. nachchristlichen

---

25 Pol. 2,17,9–11. Auch hier werden die o.g. Beschreibungsmerkmale kultureller Inferiorität (Fleischkonsum, nomadische Lebensweise, *simplicitas*) implizit transportiert.

26 Vgl. die Darstellung zur keltischen Ethnographie bei G. Dobesch, Das europäische „Barbaricum" und die Zone der Mediterrankultur: ihre historische Wechselwirkung und das Geschichtsbild des Poseidonios. Wien 1995, v.a. 59–61.

27 Vgl. Dobesch (wie Anm. 19), 1000 Anm. 14. Zu den als *Germani* bezeichneten Stämmen in der Belgica, von denen aus wohl der Stammesname seinen Ursprung nahm (vgl. ebd., 998 und 1004): Caes. Gall. 2,4,10; 6,32,1 und Tac. Germ. 2,3.

28 Γερμανοὶ δέ, ὡς ἱστορεῖ Ποσειδώνιος ἐν τῆι τριακοστῆι, ἄριστον προσφέρονται κρέα μεληδὸν ὠπτημένα καὶ ἐπιπίνουσι γάλα καὶ τὸν οἶνον ἄκρατον. Poseid. FGrHist 87 F22 F 73 = Athen. IV 39 p. 153e.

29 Poseid. FGrHist 87 F15 = Athen. IV 36 p. 151e.

30 Diodor über die Äthiopier: „Die meisten aber leben ihr ganzes Leben von dem Fleisch und der Milch und dem Käse ihrer Herden", Diod. 3,8,6. Über die Bewohner Korsikas und Siziliens sagt er: „[Sie]

Jahrhundert berichtet Pomponius Mela im Sinne des soeben Zusammengetragenen über die Germanen:

> „So rauh und unzivilisiert ist ihre Lebensweise, daß sie sogar rohes Fleisch essen, entweder frisches oder solches, das sie, wenn es direkt in der Haut der wilden und zahmen Tiere gefroren ist, mit Händen und Füßen bearbeitet und so wieder genießbar gemacht haben."[31]

Abschließend kann eine sehr viel spätere Quelle hinzugezogen werden: Der im 6. Jh. n.Chr. in fränkischen Diensten stehende Arzt Anthimus stellt in einem Brief an König Theuderich Ernährungsempfehlungen zusammen. Er erklärt, warum seiner Meinung nach „andere Völker" (*gentes aliae*) rohes und blutiges Fleisch essen können und trotzdem gesund zu sein scheinen:

> „Jene Völker verzehren nur eine Art von Nahrung wie die Wölfe (*sicut lupi*), da sie nichts anderes als Fleisch und Milch haben, und was immer sie haben, verzehren sie und sie scheinen gesund zu sein wegen der Einfachheit (*paucitas*) ihrer Nahrung."[32]

Welche Völker er meint, expliziert Anthimus zwar nicht, bemerkenswert scheint jedoch die Beharrlichkeit der oben skizzierten Topik. Das wiederkehrende Motiv naturnaher *paucitas/simplicitas* sowie die Rohfleischkonsum-*ferocia*-Gleichung beruhen wohl nicht auf Zufall.

3.2. Germanische Essgewohnheiten in den antiken Quellen?
Beobachtungen erster Ordnung

In der Thematik des Barbarischen „verhandeln die europäischen Kulturen die Sache der Kultur selbst".[33] Der ‚Barbar' repräsentiert dabei nicht bloß eine andere Kultur oder gar Kulturlosigkeit überhaupt, sondern spiegelt in der Fremdzuschreibung die Hoffnungen und Befürchtungen derjenigen wider, die ihn beschreiben. Römische Autoren übernahmen den bereits in der griechischen Gedankenwelt verankerten polysemen Barbarenbegriff und trieben seine Moralisierung und Idealisierung voran.[34]

Meist eher implizit als *expressis verbis* existierten sowohl in griechischer als auch in römischer Zeit stets zwei Typen des Barbarenbegriffs: den unleugbar hochzivilisierten Völkern (Perser, Karthager u. a.) wurden andere Elemente des Barbari-

---

benutzen als Nahrung Milch und Honig und Fleisch..." bzw. „Milch und Käse und Fleisch", Diod. 5,14,1 und 5,15,4.

31 Mela 3,28.

32 Anthimus, De observatione ciborum, Einl.

33 M. Schneider, Der Barbar. Endzeitstimmung und Kulturrecycling, Wien/München 1997, 11.

34 Schneider (wie Anm. 33), hier insbes. 19 und 48 und Dauge (wie Anm. 1), 10–12: «On ne trouve pas chez eux [den Griechen, Anm. d. Verf.] la profondeur, le charactère obsédant, les résonances multiples que prendra dans la civilisation romaine la notion de barbare», 12.

schen zugeschrieben als den primitiven Stämmen jenseits dieser Hochkulturen: Dobesch betont, dass bereits sehr früh „ein doppelter Barbarenbegriff nebeneinander bestanden" haben muss: „die staunenswerte persische Höchstkultur und das Barbarentum der ‚primitiven' Stammeswelten im Westen und Norden. [...] Es gab also zwei Barbarentopoi."[35] Die Römer blieben – zumindest in nachhellenistischer Zeit – hiervon ausgenommen; nur um dann ihrerseits den Barbarenbegriff mit allen negativen Konnotationen zu übernehmen. Dabei, und das trifft insbesondere auf die Tradierung der inhaltlichen Bestimmung des Barbarischen zu, tragen die ethnographischen Betrachtungen einen stark intertextuellen und referenziellen Charakter. Antike Historiographie ist mithin „nachschaffend".[36]

In der Randvölkerethnographie kommt der den antiken Hochkulturen eigene Ethnozentrismus zum Tragen. Ihr Identitätsempfinden generiert sich durch die Reziprozität von Integration nach innen und Distinktion nach außen; ihre Stabilität beruht sowohl auf innerer Homogenisierung als auch auf Grenzziehung und Unterscheidung.[37]

Der Berliner Politikwissenschaftler Herfried Münkler hat sich mit der Logik imperialer Herrschaft auseinandergesetzt. An Hand einiger Charakteristika legt er dar, warum das Römische Reich als Prototyp eines Imperiums gelten kann.[38] Imperiale Reiche, so Münkler, könnten nur von ihrer Peripherie her verstanden werden und wären nur dann von Dauer, wenn ein stabiles Gleichgewicht der vier, in reziprokem Verhältnis stehenden Machtquellen bestünde: Militärische und ökonomische Macht seien v. a. in der Expansionsphase eines Imperiums relevant; nach dem Eintritt in die Konsolidierungsphase, d. h. nach Überschreiten der „augusteischen Schwelle",[39]

---

35 Dobesch (wie Anm. 26), 8. Semantisch ist dieser Sachverhalt hochinteressant: Verschiedene Referenten werden mit demselben Begriff unter inkongruenter Konnotation adressiert. Ferner zum doppelten Barbarenbegriff W. Nippel, Griechische Kolonisation. Kontakte mit indigenen Kulturen, Rechtfertigung von Eroberung, Rückwirkungen auf das Mutterland, in: R. Schulz (Hrsg.), Aufbruch in neue Welten und neue Zeiten. Die großen maritimen Expansionsbewegungen der Antike und Frühen Neuzeit im Vergleich (Beihefte zur Historischen Zeitschrift 34), München 2003, 13–27, insbes. 23.

36 So pointiert bei R. Steinacher, Ethnogenese, Gens, Regnum. Die historische Ethnographie, Lateinforum 50/51, 2003, 91. Ganz sicher im Zusammenhang damit zu sehen, ist die Charakterisierung der griechischen Schriftkultur als hypoleptisch, d. h. „intertextuell bezugnehmend" bei Assmann (wie Anm. 4), 280–292.

37 Vgl. oben zu Luhmanns Bestimmung des auf Asymmetrie ausgerichteten Kulturbegriffs und W. Bergem, Culture, Identity and Distinction: Ethnic Minorities between Scylla and Charybdis, in: S. Wolf (Hrsg.), German Minorities in Europe, Ethnic Identity and Cultural Belonging, Providence/Oxford 2000, 1–12.

38 H. Münkler, Imperien. Die Logik der Weltherrschaft – vom Alten Rom bis zu den Vereinigten Staaten, Berlin ³2005. Imperien werden von Hegemonien unterschieden. Als weitere Merkmale imperialer Herrschaft nennt Münkler einen starken Interventionszwang an der Peripherie, um Zentrifugalkräften entgegen zu wirken, ausbleibende Neutralitätsoptionen bei Konflikten an den Grenzen des Einflussbereiches (als antikes Bsp. dient der Melier-Dialog bei Thuk.) usw. Zum Barbarendiskurs, der sich in einer der überzeugenden Passagen des Werks findet: ebd. 150–157.

39 Münkler (wie Anm. 38), 80.

müssten v. a. politische und ideologische Macht gestärkt werden, um die Beherr-
schungskosten zu senken. Je nach Erfordernis, müsste an den Peripherien ein situativ
angepasstes Gemisch dieser Machttypen angewendet werden. Im Osten habe Rom
sich als Hegemon verstanden (denn hier war man einer militärisch zwar unterle-
genen, kulturell jedoch ebenbürtigen Zivilisation konfrontiert); im Westen und Norden, an seiner „Barbarengrenze", konnte Rom „eine unmittelbare imperiale Herrschaft" ausüben.[40] Zu dieser direkten Herrschaft, und das ist wichtig, gehört auch
immer ein Barbarendiskurs.

> „Seine zentrale Funktion besteht darin, die Grenzen des Imperiums als Räu-
> me asymmetrischen Aufeinandertreffens zu markieren."[41]

Er konstruiert an den Grenzen, die auch immer Demarkationslinien zwischen Kos-
mos und Chaos sind, die Vorstellung eines legitimen Unterschieds und kann ethno-
graphisch, religiös und rassisch geführt werden. Der Barbarendiskurs dient immer
wieder der semantischen Konsolidierung der oft fließenden Grenzen und generiert
so eine imaginäre Demarkationslinie.[42]

Dies wird besonders im Bereich der Schilderung germanischer Lebensweise
durch die römischen Historiographen deutlich, lässt sich jedoch auch allgemeiner
fassen. Die antiken Historiographen und Ethnographen gliederten die *Oikoumene* in
konzentrische Kulturkreise: Mit der Entfernung vom Zentrum, also der griechischen
und römischen Hochkultur, nimmt das Maß der Zivilisation grob gesprochen ab.[43]
Zu dieser horizontalen Kulturgeographie tritt ein anderes, ein vertikales Interpreta-
tionsschema.

> „Je höher und unwirtlicher die Berge, desto wilder und barbarischer die dort
> lebenden Menschen."[44]

---

40 Münkler (wie Anm. 38), 98–99. Vgl. den oben angesprochenen doppelten Barbarenbegriff nach
   Dobesch, der auf einer sehr ähnlichen Argumentation fußt.
41 Zitat und im Folgenden zum Barbarendiskurs vgl. Münkler (wie Anm. 38), 150–157.
42 Münkler bezieht sich hier auf R. Koselleck, Zur historisch-politischen Semantik asymmetrischer
   Gegenbegriffe, in: Ders., Vergangene Zukunft. Zur Semantik geschichtlicher Zeiten, Frankfurt a.M.
   ³1995, 211–259.
43 Vgl. R. Bichler, Herodots Welt. Der Aufbau der Historie am Bild der fremden Länder und Völker,
   ihrer Zivilisation und ihrer Geschichte, Berlin ²2001, einleitend 24–29. Allerdings muss gerade für
   Herodots Historien die Vorstellung eines in konzentrischen Kreisen in Richtung der Peripherie ab-
   nehmenden Zivilisationsniveaus stark relativiert werden. Dies gibt Bichler zu bedenken: „Herodots
   ethnografisches Tableau ist zu bunt, und die uns geläufige Konzeption des zivilisatorischen Fort-
   schritts eignet sich nicht so recht für eine angemessene Charakterisierung seines Gehalts." R. Bichler,
   Über Grenzen und ihre Relativität im Licht von Herodots Historien, in: B. Burtscher-Bechter u. a.
   (Hrsg.), Grenzen und Entgrenzungen. Historische und kulturwissenschaftliche Überlegungen am Beispiel des Mittelmeerraums (Saarbrücker Beiträge zur vergleichenden Literatur- und Kulturwissenschaft 36), Würzburg 2006, 155–170.
44 H. Grassl, Hohe Berge – wilde Frauen. Betrachtungen zur antiken Sozialanthropologie, GrazBeitr 20,
   1994, 195–211, 206–207. Grassl führt als Beleg Hippokrates, De aere 24 an: „Bei denen, die ein ge-

Hippokrates von Kos lieferte im späten 5. Jh. v.Chr. als erster eine systematische Begründung der Wechselbeziehung zwischen der geographischen Disposition eines Raumes und der Natur seiner Einwohner.[45]

Fernerhin bleibt der Blick auf eine nähere inhaltliche Bestimmung intentionaler Fremdbeschreibungen notwendig, wie ihn etwa Roland Steinacher vornimmt:

> „Ethnographische Sammelnamen wie Germanen, Kelten, Skythen beschrieben eher einen ökologischen Raum als eine Lebensweise. Franken und Alamannen bezeichnete man nicht selten wie vor der Anwendung des Germanenbegriffs durch Caesar auf die rechtsrheinischen Völkerschaften als Kelten. Vandalen, Goten und Hunnen galten gleichermaßen als Skythen."[46]

Auch wenn bei jeder Raum- und Kulturdeutung Zwischentöne und Schattierungen auszumachen sind, entwickelte sich dieser „ökologische Determinismus", wie er auch bei Strabon oder Polybios seinen Niederschlag findet, zu einem „universellen Schlüssel der Raum- und Kulturdeutung".[47]

Gerade im Bereich der Nahrungsmittel offenbaren sich zwei Funktionen der oben genannten wirtschaftlichen Kategorien. Sie dienen einerseits als Beschreibungskriterium für die horizontale und vertikale Kulturgeographie: Je weiter von der Hochkultur entfernt, je ungastlicher die Topographie, desto unzivilisierter die Ernährungsgewohnheiten. Andererseits wird u. a. mit Hilfe der Ernährungsbeschreibungen und anhand des stilistischen Mittels der Umkehrung ein *mundus inversus*, eine verkehrte Welt konstruiert: *thaumasía* und *mirabilia* werden zu diesem Zweck besonders hervorgehoben. Hierzu zählen neben Merkwürdigkeiten der Natur und bewundernswürdigen kulturellen Errungenschaften, eben auch Beschreibungen auffallender Sitten, insbesondere der Ernährungsgewohnheiten. Es ist möglich, eine Reihe von ethnographischen Topoi aufzulisten, die spätestens zu Tacitus Zeiten mehr oder weniger obligatorisch vorkamen, immer wenn barbarische Ernährung beschrieben werden sollte (vgl. Kap. 3.1).

Ausgehend von einer schematisierten Raum- und Kulturdeutung, die sehr häufig in ökonomischen Kategorien funktioniert, erfolgt die Beschreibung der Ernährung der als barbarisch eingestuften Völker. Zentrale Elemente der in der antiken Ethnographie beschriebenen „Barbarenkost" sind, wie oben nachgezeichnet, eine einfache, d.h. aus Fleisch, Milch, Käse und gelegentlich Bier bestehende Kost, eine unterentwickelte (Land-)Wirtschaft sowie ein nomadenhaftes Dasein. Der Verzehr von rohem Fleisch gilt hierbei als Merkmal ausgesprochener Unzivilisiertheit und rückt die

---

birgiges, rauhes, hochgelegenes Land bewohnen und wo große Unterschiede im Wechsel der Jahreszeiten bestehen, sind die Gestalten natürlich groß und zum Bestehen von Mühsal und Gefahr gut veranlagt, und Wildheit und Rohheit sind solchen Naturen nicht zum wenigsten eigen."

45 Vgl. W. Backhaus, Der Hellenen-Barbaren-Gegensatz und die Hippokratische Schrift Περὶ ἀέρων ὑδάτων τόπων, Historia 25/2, 1976, 170–185.

46 Steinacher (wie Anm. 36), 83–105, 78–79.

47 Grassl (wie Anm. 44), 206–207.

so beschriebenen Völkerschaften in die Nähe tierischen Verhaltens. Grundsätzlich zeigt sich, dass die „germanische" Ernährung in den Schilderungen der „keltischen" Kost sehr ähnlich ist. Handfeste Unterschiede können aus den wenig differenzierenden, klischeehaften Darstellungen nicht abgeleitet werden. Die Beharrlichkeit bestimmter ethnographischer Matrizen scheint nachweisbar; die antiken Beschreibungen der als mehr oder minder randständig empfundenen Völkerschaften, sind angereichert mit einer Reihe von Präsentationsmustern. Sie rekrutieren sich aus einem Assortiment von antagonistischen und ethnozentrischen Modellen (hierunter geographische, klimatologische und ergologische Argumentationen), Aszendenz- und Deszendenzentwürfen, idealisierenden Vorstellungen des Anderen (Spiegelfunktion) und schließlich auch egalitären Ansätzen (Erastosthenes von Kyrene u. a.).[48]

3.3. Die Unmöglichkeit von Aussagen zur germanischen Ernährung

Der semantische Code dieser speziellen antiken Weltdeutung müsste entschlüsselt werden, wollte man einen Bezug auf die objektiven Gegebenheiten der Geschichte herstellen. Doch unser Blick auf sie ist verstellt. Wir beobachten die Aussagen der antiken Schriftsteller und stellen fest, dass sie keinen kongruenten Begriff von Kultur haben und dass ihre Fremdzuschreibungen an die barbarischen Völker mit mannigfachen Aussageabsichten durchfärbt sind. Ein Abgleich mit den Ergebnissen der Archäologie erscheint wenig sinnvoll, denn die Informationen aus den literarischen Quellen, insbesondere der angeführten ethnographischen Notizen, haben auch die Erkenntniswege dieser Wissenschaft beeinflusst. Dem Problem entkäme man auch auf diese Weise nicht.

Zumindest kann möglicherweise ein Festhalten an anthropologischen Konstanten helfen. Wenn davon auszugehen ist, dass ein Germane in der Fremde an bestimmten, ethnisch (und nicht klimatisch) bedingten Ernährungsgewohnheiten (Habitus) festhielt, ergibt sich eventuell die Möglichkeit eines Zugriffs auf antike Gegebenheiten. Im britannischen Vindolanda etwa, einem Auxiliarkastell in der Nähe des späteren Hadrianwalls, waren seit dem 1. Jh. n.Chr. batavische und tungrische Kohorten stationiert.[49] Die zahlreichen Schreibtafeln mit den vielen enthaltenen Briefen, Einkaufslisten usw. gestatten uns einen bislang beispiellos direkten Einblick in die Lebenswelt germanischstämmiger Personen. Möglicherweise könnte eine Untersuchung dieser Dokumente Hinweise darauf liefern, wie konstant Ernährungsge-

---

48 Vgl. zu den verschiedenen Modellen, die bei der Bewertung von Fremden in der Antike zum Tragen kamen, äußerst prägnant: E. Siebenborn, Barbaren, Naturvölker, edle Wilde, AU 41, 1998, H. 4/5, 18–31 und auch Nippel (wie Anm. 35), 13–27 mit bes. Augenmerk auf den Konsequenzen, die sich für die Argumentationsmuster der Rechtfertigung von Eroberungen ergeben.

49 Vgl. bspw. A.R. Birley, Supplying the Batavians at Vindolanda, in: W. Groenman-van Waateringe u. a. (Hrsg.), Roman Frontier Studies 1995. Proceedings of the XVIth International Congress of Roman Frontier Studies (Oxbow Monographs 91), Oxford 1997, 273–280 oder R.E. Birley, Roman Records from Vindolanda on Rome's northern frontier, Carvoran [3]1999.

wohnheiten außerhalb des angestammten Kontextes blieben und ob sich eine speziell ‚barbarische' Kost selbst im Umfeld des römischen Militärs erhielt. Bei einer ersten Studie hierzu, die außerdem archäobotanische und archäozoologische Ergebnisse einbezieht, hat sich bereits die prinzipielle Möglichkeit eines solchen Vorhabens abgezeichnet.[50] Bei einem Vergleich von tierischen Knochenfunden aus verschiedenen, militärischen und zivilen Fundkontexten, offenbart sich eine enge Verwandtschaft der militärischen Kost in Britannien und genuin germanisch-gallischen Ernährungsmustern. Diese Parallelität ist besonders ausgeprägt bei den Befunden der britischen Auxiliarlager und den zivilen Siedlungen der Germania Inferior (hier v. a. die Verteilungsmuster der *canabae* in Nijmegen und in Vindolanda). Der oben gesuchte Habitus im Bereich der Ernährung könnte sich also in der Fundverteilung von tierischen Knochen niedergeschlagen haben.

Interdisziplinäre Ansätze könnten in wenigen Fällen mit besonders günstiger Konstellation der zur Verfügung stehenden Quellen zu Ergebnissen führen. Es bleibt jedoch der Mangel an Vergleichsmöglichkeiten, ohne die alle Ergebnisse vorläufig und auf Widerruf bleiben müssen.

---

50 A.C. King, Diet in the Roman world: a regional inter-site comparison of the mammal bones, JRA 12, 1999, 168–202.

„Statt Deutschland sollte man künftig Arminien sagen!" Bemerkungen zur Terminologie der römisch-germanischen Auseinandersetzung

Volker Losemann – Marburg

Die Festlegung des Tagungsthemas „Kontaktzone Lahn" mit dem Untertitel „Begegnung dreier antiker Kulturen. Römer – Germanen – Kelten" für die Tagung, auf der die folgenden Bemerkungen zuerst vorgetragen wurden, provozierte die Erinnerung an einen viel weiter gefassten Umbenennungsvorschlag des Dresdner Romanisten Victor Klemperer (1881–1960): In seinen bekannten Tagebüchern, die einen erschütternden Einblick in den „Alltag" der Verfolgung der Juden im „Dritten Reich" vermitteln, findet sich unter dem 31. März 1933 folgender Eintrag:

> „Statt Deutschland sollte man künftig Arminien sagen".[1]

Mit dieser Aussage stand Klemperer auch stark unter dem Eindruck des vor allem von dem NS-Chefideologen Alfred Rosenberg und Heinrich Himmler ausgerufenen „Kampfes um die deutsche Vorgeschichte" mit dem Ziel der „Germanisierung der deutschen Geschichte".[2]

Der Vorschlag Klemperers einer Umbenennung Deutschlands unter germanischen Vorzeichen veranlassten mich, im Folgenden eine Diskussion über die zeitgemäße Terminologie für die römisch-germanische Auseinandersetzung am Ende der 1930er Jahre vorzustellen.

Ein weiterer deutlich oppositioneller Reflex auf die exzessive Germanenverehrung der Nationalsozialisten – damit komme ich zur Vorgeschichte des Terminologiestreits – begegnet in Lion Feuchtwangers Exilroman „Geschwister Oppermann" von 1933. Dort zwingt ein nationalsozialistischer Deutschlehrer einem halbjüdischen Schüler das Referatsthema „Was bedeutet uns Heutigen Hermann der Deutsche?" auf. Der Vorwurf „eine der hehrsten deutschen Taten durch platte rationalistische Kritik zu zersetzen" treibt den auch von seiner Familie allein gelassenen Schüler letztlich in den Selbstmord.[3]

---

1 V. Klemperer, Tagebücher 1933–1934, Berlin ³1999, 17.
2 F.-L. Kroll, Utopie als Ideologie. Geschichtsdenken und politisches Handeln im Dritten Reich, Paderborn 1998, 139 ff.
3 L. Feuchtwanger, Die Geschwister Oppermann, in: Gesammelte Werke, Bd. 11, Berlin/Weimar 1988, 62 u. 94.

In ähnlich ‚widerständiger' Perspektive wie Klemperer und Feuchtwanger äußerte sich der als Stadtplaner, Architekturkritiker und linksliberaler politischer Schriftsteller bekanntgewordene Werner Hegemann (1861–1936). Insbesondere das Kapitel „Frühgermanentum" seines 1933 erschienenen Buches „Entlarvte Geschichte", das alsbald ein Opfer der Bücherverbrennungen wurde, trug ihm von nationalsozialistischer Seite den Vorwurf des „Radauantigermanismus" ein.[4] Hegemann vertrat darin in schärfster Ironie so etwas wie eine „(provinzial)-römische Position": „Des Arminius anfänglicher Sieg im Verzweiflungskampfe gegen Rom", – ich zitiere nach der 1934 in Prag erschienenen 2. Auflage der „Entlarvten Geschichte" – „hatte zum Verzweifeln böse Folgen für Deutschland östlich und nordöstlich des römischen Grenzwalles: Die Römer überließen künftig die Germanen östlich des Rheins ihrer Barbarei". Arminius war „schuld daran, daß große germanische und slawische Gebiete der besseren Segnungen der römischen Kultur nicht teilhaftig geworden sind".[5]

Mit seinem so bezeichneten „Radauantigermanismus", in dem Grundelemente der vertrauten Römer-Germanenantithese zu fassen sind, reagiert Hegemann auf das geradezu „ekstatische Germanenbild" (K. von See), das vor allem im Umfeld Rosenbergs gepflegt wurde. In diesen Kreisen gewann die Germanenideologie nahezu den Charakter einer „Staatsreligion".[6] Die nationalsozialistische Germanenverehrung korrespondiert mit einer ausgeprägten „Anti-Romhaltung" bzw. einem „antirömischen Affekt". Die „Romfrage", die in einem nicht vollendeten *Handbuch der Romfrage* zumindest angegangen wurde, lieferte Rosenberg das Stichwort für eine Auseinandersetzung mit der Katholischen Kirche und dem „jüdisch" geprägten Christentum.[7] Dabei sahen sich die großen Amtskirchen mit der Forderung nach „Regermanisierung" des Christentums konfrontiert.

In diesen Kontext gehört schließlich der 1934 entbrannte „Streit um die Kulturhöhe der Germanen", in dem u.a. die taciteische *Germania* als ein Schlüsseldokument der Germanenideologie bemüht wird.[8] Zu den wichtigsten Kontrahenten zählt der Münchener Kardinal Michael von Faulhaber (1869–1952), der die oder eine Programmschrift des deutschen Nationalismus als Waffe gegen die z.T. sektiererische NS-Germanenideologie in seinen weit verbreiteten Predigten benutzt und offen auch die rassenpolitische NS-Gesetzgebung, konkret das Gesetz zur Verhütung

---

4   W. Hegemann, Entlarvte Geschichte, Prag ²1934, 13 [Nachdruck 2. Auflage Hildesheim 1979]. Die Wortprägung „Radauantigermanismus" von Seiten der NS-Ideologen folgt wohl dem Begriff „Radauantisemitismus", der auf den sich nach 1918 radikalisierenden Antisemitismus angewandt wurde. Vgl. D. Walter, Antisemitismus (Weimarer Republik), in: Historisches Lexikon Bayerns, URL: http://www.historisches-lexikon-bayerns.de/artikel/artikel_44324 [18.05.2009].

5   Hegemann (wie Anm. 4), 21 und 25.

6   K. v. See, Deutsche Germanenideologie vom Humanismus bis zur Gegenwart, Frankfurt/M. 1970, 93.

7   E. Piper, Alfred Rosenberg. Hitlers Chefideologe, München 2005, 212 ff.

8   A.A. Lund, Germanenideologie im Nationalsozialismus. Zur Rezeption der ‚Germania' des Tacitus im „Dritten Reich", Heidelberg 1995.

erbkranken Nachwuchses und die Praxis der Zwangssterilisierung, kritisiert.[9] Gegen
den Kardinal wurde Johann von Leers (1902–1965), einer der aggressivsten Vertreter antisemitischer Agitation, ins Feld geschickt, der auf „positiven“ Aussagen der
Germania insistierte und einem anderen „Germanenklischee“ verpflichtet war als der
Kardinal und auf dessen Vertiefung des „Barbarenvorwurfs“ äußerst gereizt reagierte.[10]

Von dem öffentlichen „Streit um die Kulturhöhe der Germanen“ und der extrem
„antirömischen“ Argumentation der NS-Germanenideologen war auch die Interes-
senlage des faschistischen Italien berührt: Es war Mussolini selbst, der den Germanomanen deutlich antwortete: Wie er im September 1934 gegenüber französischen
Parlamentariern bemerkte, erlaubten ihm „dreißig Jahrhunderte der Geschichte ...
mit überlegenem Mitleid auf gewisse Theorien jenseits der Alpen zu blicken, die
von den Nachkommen eines Volkes vertreten werden, das zu einer Zeit, als Rom
Caesar, Virgil und Augustus besaß, nicht einmal die Schrift kannte, um Zeugnisse
seines Lebens zu überliefern.“[11] Diese vielzitierte Äußerung des „Duce“ fiel in einer
schwierigen Phase der deutsch-italienischen Beziehungen; sie belegt eine „esplosi-
one giornalistica antigermanica“ in Italien im August und September 1934, in der
die NS-Rassenlehre, ausdrücklich die Sterilisationspraktiken, der nordische Ge-
danke, antisemitische Äußerungen und die neugermanische Religiosität angepran-
gert wurden.[12]

„Jenseits der Alpen“ sahen sich die erbitterten Germanomanen wiederum von der
„uralten Lüge von unserem nordischen Barbarentum“ verunglimpft. Nicht nur in der
Gleichsetzung Germanen = Deutsche, sondern auch in der Gesamtaussage belegt
Mussolinis Äußerung die Lebenskraft alter Klischeevorstellungen. Wenn er die
zivilisatorischen Leistungen Roms und seine imperiale Tradition der „Kulturhöhe“
der Germanen gegenüberstellte, tat er das in Übereinstimmung mit Hitler, der zum
Ärger der Germanomanen, ganz ähnlich argumentierte. Für Hitler stellte die Antike
die „Idealzeit“ dar.[13]

Der „Streit um die Kulturhöhe der Germanen“ ist Teil des eingangs erwähnten
„Kampfes um die deutsche Vorgeschichte“. Dieser ist schon 1970 von Reinhard
Bollmus ausführlich erörtert worden, so dass ich ihn in Reduktion auf seine im wei-
teren Sinne wissenschaftspolitischen Bezüge nur grob skizzieren muss.[14]

---

9 M. Kardinal Faulhaber, Judentum, Christentum, Germanentum. Adventspredigten gehalten in
St. Michael in München 1933, München 1934.
10 J. v. Leers, Der Kardinal und die Germanen, Hamburg 1934. Vgl. dazu generell V. Losemann,
Aspekte der nationalsozialistischen Germanenideologie, in: P. Kneißl/V. Losemann (Hrsg.), Alte Geschichte und Wissenschaftsgeschichte, Darmstadt 1988, 256–284.
11 Zitiert nach J. Petersen, Hitler-Mussolini. Die Entstehung der Achse Berlin-Rom 1933–1936, Tübingen 1973, 370.
12 Petersen (wie Anm. 11), 369 f.
13 Kroll (wie Anm. 2), 73.
14 R. Bollmus, Das Amt Rosenberg und seine Gegner. Studien zum Machtkampf im nationalsozialisti-

Hauptakteur in dieser Auseinandersetzung war der von Rosenberg protegierte Prähistoriker Hans Reinerth (1900–1990), dem Fachkreise schon 1921 eine Hinwendung zu „nordisch"-germanophilen Deutungsmustern attestierten.[15] Reinerth, der sich 1931 Rosenberg angeschlossen hatte, gründete innerhalb des NSDAP- „Kampfbundes für deutsche Kultur" 1931 die „Fachgruppe Deutsche Vorgeschichte", der sich auch in Opposition zur RGK überwiegend Prähistoriker aus Ost-, Mittel- und Norddeutschland anschlossen. Erfolgreich betrieb Reinerth 1933 die Gleichschaltung der Vereine für Vorgeschichte und Altertumskunde, um selbst zum Führer des „Reichsbundes für deutsche Vorgeschichte", einer „Erweiterung" von Kossinnas „Gesellschaft für deutsche Vorgeschichte", zu avancieren. 1934 übernahm Reinerth den Lehrstuhl seines „geistigen Vorkämpfers" Kossinna in Berlin.[16]

Der „Kampf um die deutsche Vorgeschichte" wurde von Reinerth mit einer „Kampfansage gegen die römisch germanische Forschung" eröffnet. „Wir werden uns entschließen müssen, die bis zum Überdruß durchforschte provinzial-römische Fremdkultur endlich ruhen zu lassen und alle verfügbaren Kräfte und Mittel der Erschließung unserer arteigenen Vorzeit anzuwenden."[17] Diese Forderung lief zunächst auf eine „de facto-Auslöschung der Römisch-Germanischen Kommission" (RGK) hinaus. Darüber hinaus betrieb er mit aller Energie die Einrichtung eines vom Archäologischen Institut des Deutschen Reiches unabhängigen „Reichsinstituts für deutsche Vorgeschichte".[18]

Mit Klaus Junker bleibt festzuhalten, dass die Angriffe und Forderungen Reinerths nur auf dem Hintergrund einer „weit zurückreichenden Polarisierung in der deutschen Prähistorie" zu verstehen sind. Junker verweist auch mit Recht darauf, dass Hans Reinerth wohl kaum allein für den länger schwelenden Grundkonflikt im Verhältnis zwischen Archäologie und Vorgeschichte, der jetzt offen ausbrach, verantwortlich zu machen ist.[19] Damit wird ein erheblicher Anteil Reinerths, der selbst die Polarisierung seiner Anhänger provozierte, nicht bestritten. Seine Attacken wurden mit breiter Unterstützung der NS-Publizistik geführt. Wie Rosenberg, der Chefideologe 1935 notierte, sollte die „römische Weltanschauung" systematisch von der Vorgeschichte angegriffen werden. Im Februar 1936 erschien in der Zeitschrift „Dienst am Deutschen Schrifttum" der anonyme Artikel „Jüdische Archäologen

schen Herrschaftssystem, Stuttgart 1970 (hier zitiert nach der 2. Aufl. München 2006).

15 R. Bollmus, Das „Amt Rosenberg", das „Ahnenerbe" und die Prähistoriker, in: A. Leube (Hrsg.), Prähistorie und Nationalsozialismus. Die mittel- und osteuropäische Ur- und Frühgeschichtsforschung in den Jahren 1933–1945, Heidelberg 2002, 24.

16 K. Junker, Das archäologische Institut des Deutschen Reiches zwischen Forschung und Politik, Mainz 1997, 55.

17 Zitiert nach G. Schöbel, Hans Reinerth. Forscher – NS-Funktionär – Museumsleiter, in: Leube (wie Anm.15), 341.

18 Junker (wie Anm. 16), 54.

19 Junker (wie Anm. 16), 54 f.

vertreten germanische Vorgeschichte".[20] Er war Teil der letztlich erfolgreichen Hetze Reinerths, die 1937 zur Zwangspensionierung des „nichtarischen" Direktors der RGK Gerhard Bersu (1889–1964) führte.[21]

Reinerths Angriffe provozierten auch Widerstand, an dessen Spitze der Präsident des DAI Theodor Wiegand (1864–1936) stand. Die Gegenoffensive der westdeutschen Archäologen, die Reinerths Gleichschaltungsversuche abwehrten, führte zu einer bemerkenswerten Bündniskonstellation. Dazu gehörten der Nord- und der Süd- und Westdeutsche Verband der Vereine für Altertumskunde, die eine Dach- bzw. Tarnorganisation (Bollmus) gründeten, um sich dem Anschluß an Reinerths „Reichsbund" zu entziehen. Sie fanden dabei die Unterstützung der Provinzial-verwaltung unter dem Landeshauptmann Heinrich Haake (1892–1945) und die des Gauleiters Josef Terboven (1898–1945), des Oberpräsidenten der Rheinprovinz.[22]

Die Gegenoffensive der beschriebenen Bündniskonstellation gipfelte in einer Rede des Landesrates Hans-Joachim Apffelstaedt (1902–1944) am 26. April 1936 anlässlich der Wiedereröffnung des Bonner Museums, das nun die neue Ausstellung „Der Kampf um den Rhein" präsentierte. R. Bollmus hat Apffelstaedts Rede als „ein Zeichen hohen Mutes" bezeichnet.[23] Der Leiter der Kulturabteilung der rheinischen Provinzialverwaltung verwahrte sich energisch gegen alle Diffamierungen aus dem Rosenberglager und stellte fest, daß die provinzialrömische Forschung „hier im Westen ein unveräußerliches Stück der Landesforschung" sei. Schließlich forderte er „ein Reichsinstitut im Sinne des Wiegand-Planes", der gegen Reinerths Konzept auf ein Reichsinstitut „mit der Aufgabe einer einheitlichen Pflege von Vorgeschichte und Archäologie" abzielte.[24] Ohne Rückendeckung des Gauleiters und Oberpräsidenten Terboven und wahrscheinlich auch mit der stillen Duldung durch Himmler, der u.a. auf dem archäologischen Gebiet mit dem Amt Rosenberg konkurrierte, hätte diese Rede nicht gehalten werden können. Das erstaunliche Ergebnis der Offensive gegen Rosenberg fasste der Gauleiter Terboven selbstbewusst in der vertraulich abgegebenen Bemerkung zusammen, er „habe dafür gesorgt, dass Rosenberg dem Rheinland ferngehalten wird".[25]

Soweit zunächst das von Bollmus in seiner Pionierstudie von 1970 gezeichnete Bild. Was die Position Apffelstaedts angeht, setzt Bettina Bouresh, die 1996 die „Neuordnung des Rheinischen Landesmuseums 1930–1939" untersucht hat, etwas andere Akzente[26]; darauf wird im Zusammenhang mit dem Terminologiestreit noch zurückzukommen sein.

20 W. Krämer, Gerhard Bersu – ein deutscher Prähistoriker (1889–1964), in: 100 Jahre Römisch-Germanische Kommission, Bericht der RGK 82, 2001, 49.
21 Krämer (wie Anm. 20), 59.
22 Zitiert nach Bollmus (wie Anm. 14), 191.
23 Bollmus (wie Anm. 14), 193.
24 Nach Bollmus (wie Anm. 14), 192 f.
25 Bollmus (wie Anm. 15), 27.
26 B. Bouresh, Die Neuordnung des Rheinischen Landesmuseums Bonn 1930–1939. Zur nationalsozia-

Auf der anderen Seite konnten Rosenberg und sein Schützling Reinerth Mitte 1936 glauben, das zentrale Ziel der Schaffung eines von der Archäologie unabhängigen Reichsinstituts für „deutsche Vorgeschichte" erreicht zu haben. Indessen blieb das für Provinzial- und Klassische Archäologen gleichermaßen bedrohliche Projekt letztendlich im „Kompetenzenchaos" des Führerstaats hängen, das Institut wurde nicht eingerichtet, was 1936/37 freilich nicht absehbar bzw. erkennbar war. Allem Anschein nach resignierten die Vertreter des Archäologischen Instituts. Insofern darf man von einer prinzipiell offenen Lage oder von der Fortdauer des Bedrohungsszenarios sprechen. Das blieb auch so, als Reinerth ab 1937 im Zusammenhang mit der Vorbereitung eines erst im Februar 1945 (!) abgeschlossenen Parteigerichtsverfahrens allmählich immer stärker unter Druck geriet – wodurch sein Aktionsradius aber zunächst nicht eingeschränkt wurde.

Die bislang von mir verfolgten Spuren der NS-Germanenideologie und die Auseinandersetzungen zwischen Reinerth und den archäologischen Disziplinen sind weitgehend bekannt – ich habe auf die einschlägigen Studien verwiesen.

In einer begrenzten Perspektive, gleichsam ausschnittartig, spiegelt sich die weitere Entwicklung in einem Dokument aus den Beständen des Reichsministeriums für Erziehung, Wissenschaft und Volksbildung (RMWEV), das – soweit ich sehe – bislang nicht ausgewertet wurde. Es geht um eine Initiative des bereits erwähnten Landeshauptmanns Haake, der, wie bekannt, mit anderen Bündnispartnern den Ambitionen des Rosenberglagers schon 1936 entgegengetreten war.

Unter dem 25.11.1938 wandte sich Haake als Landeshauptmann der Rheinprovinz, als MdR und Amtsleiter der NSDAP zunächst an den für Koblenz und Trier zuständigen Gauleiter Gustav Simon (1900–1945).[27] Im „Völkischen Beobachter" hatte er gelesen, dass der „Führer" den Auftrag zur Ausgrabung des, so Mommsen, „Pompeji an der Donau", also *Carnuntums* gegeben habe.[28] Der Artikel im „Völkischen Beobachter" vom 12. November 1938 trug folgende Überschrift: „Auf Befehl des Führers: Carnuntum wird freigelegt!"[29] Die Initiative ging auf den „Gauleiter Landeshauptmann Dr. (Hugo) Jury" zurück, der nach Absprache mit dem „Österreichischen Archäologischen Institut" (ÖAI) eine reich ausgestattete Pergamentkassette mit Bildtafeln und u.a. einem Gutachten von Rudolf Egger (1882–1969) herstellen ließ, die über Rudolf Heß dem „Führer" zugeleitet wurde.[30] Das in der

---

listischen Kulturpolitik in der Rheinprovinz, Bonn 1996, 141. Vgl. H. Gansohr-Meinel, Die Wiedereröffnung am 26. April 1936, in: Das Rheinische Landesmuseum Bonn 2, 2002, 25–32.

27 Haake an Simon v. 25.11.1938, BA Berlin, R 4901, 15177 fol. 11–14.

28 Haake an Simon (wie Anm. 27), fol. 11.

29 Zitiert nach F. Kreuz, Rätsel um Carnuntum. Verfasst und zusammengestellt vom Leiter des Sonderdienstes Carnuntum der Landeshauptmannschaft Niederdonau Franz Kreuz, o.O, o. J. [1939], 83.

30 Vgl. F. Kreuz (wie Anm. 29), 83 f. Vgl. zu diesem Projekt jetzt G. Wlach, Camillo Praschniker (1884–1949), in: M. Maischberger/G. Brands (Hrsg.), Lebensbilder – Klassische Archäologen 1933–1945 (im Druck), Manuskript S. 12. Frau Gudrun Wlach danke ich herzlich für die Bereitstellung des Manuskripts.

Schrift „Rätsel um Carnuntum" ausführlich vorgestellte Projekt „Führergrabung" zeigt aus der Perspektive der Landeshauptmannschaft Niederdonau einen deutlich anderen Blick auf die „römisch-germanische Auseinandersetzung" der Antike und der Neuzeit als den in Hitler-Deutschland üblichen.

In der (farbigen) Bildtafel I weht die Hakenkreuzflagge einträchtig neben einer Säule mit dem Liktorenbündel (Bildunterschrift: Hakenkreuz und Liktorenbündel). Die Tafel XI zeigt unter einer Umzeichnung einer Münze „Kaiser Pius und der Quadenkönig" das Foto „Führer und Duce", die im Handschlag (wie der Kaiser und der Quadenkönig) verbunden sind. Diese Bilder suggerieren eine vereinte, konfliktfreie faschistische und nationalsozialistische Antikerezeption. Von dem konfrontativen, dezidiert antirömischen Zugang zur Antike der NS-Germanenideologen ist in diesen Bildern nichts zu spüren. Für die von Erich Swoboda begonnene „Führergrabung" wurden, das sei hier eingeschoben, beträchtliche Mittel eingesetzt: Allein für 1939 hatte man 1,846000 Millionen Reichsmark für die Aktivitäten in Carnuntum berechnet![31] Von daher ist leicht vorstellbar, dass das Projekt Führergrabung bzw. Carnuntum auch im Rheinland Begehrlichkeiten weckte.

Im Blick auf das erfolgreiche Agieren der Landeshauptmannschaft Niederdonau und der Gauleitung, die vermutlich auch Hitlers „Antike-Obsession" ausnutzten, verwies Haake *seinen* Gauleiter angelegentlich auf ein noch im rheinischen Boden ‚schlummerndes' Großprojekt, „nämlich die Freilegung des gesamten Palast-Platzes. Angeblich hatte dies der Preußische Finanzminister Popitz (1884–1945) 1937 vorgeschlagen, der befürchtete, dass auf dem Gebiet der Römerforschung als Folge der dauernden Angriffe ein empfindlicher Nachwuchsmangel eingetreten werde, der die „Weltgeltung" der deutschen Archäologie gefährdete.[32]

Der Führerbefehl „Carnuntum wird ausgegraben" besaß für Haake aber auch grundsätzliche Bedeutung als ein klares Signal Hitlers „gegen die negativen Einstellungen, wie sie seit Jahr und Tag auch im Rheinland über die Erforschung der römerzeitlichen Epoche zutage getreten sind". Dem Willen des Führers entsprach es also eindeutig, dass „neben der Vorgeschichte auch die Hinterlassenschaft der Römerzeit eine einwandfreie, wissenschaftliche Erforschung" finden sollte.

Haake ging es darum, die Interessen der ihm unterstellten Provinzialarchäologie im Rheinland zu wahren bzw. deren Existenzberechtigung zu sichern, dies ausdrücklich unter Beachtung des Primats der Vorgeschichtsforschung. Dabei suchte der Landeshauptmann auch die Chancen des unter dem Vorzeichen der gerade befestigten „Achse Berlin – Rom" geschlossenen *Kulturabkommens* zwischen Deutschland und Italien zu nutzen. Danach sollten „aus den Schul- und Geschichtsbüchern beider Staaten verfälschende Ansichten der beiden Völker übereinander ausgemerzt werden". So begrüßt Haake es „freudig", dass der „Achsenpartner"

---

31 Vgl. Landeshauptmannschaft Niederdonau. Sonderdienst Carnuntum, Befehl des Führers: Die Ausgrabung von Carnuntum. Kostenvoranschlag und Grabungsplan für 1939, Wien im Januar 1939, 4.
32 Haake an Simon (wie Anm. 27), fol. 14.

nunmehr endlich „mit dem ‚Barbarenunfug' ausräumen will".[33] Der deutsch-italie-
nische „Streit um die germanische Kulturhöhe" hatte die *NS-Germanenideologen*
erbittert. Von ihnen verlangte Haake, jetzt ein neues Verhältnis zu den römischen
Überresten auf deutschem Boden zu gewinnen. So sei es etwa nicht mehr tragbar,
„von der Kultur des Imperiums als einer ‚Niederrassen-' oder Allerweltskultur" zu
sprechen – und dies unbeschadet einer von ihm bejahten „klare(n) *völkischen* Stellungnahme zu dem Problem „Germanen – Römer". In diesem Zusammenhang war
für Haake „immer wieder sachlich und klar festzustellen, dass es sich hier um eine
Fremdherrschaft gehandelt hat, deren gelungene Beseitigung eine der stolzesten
Taten unseres Volkes darstellt".[34]

Der komplizierte Weg zu dem deutsch-italienischen Kulturabkommen zeigt sehr
deutlich, dass die kulturpolitischen Beziehungen zwischen den Achsenpartnern im
Bezugsrahmen der „Römer-Germanen-Antithese" im Grunde weiterhin belastet
waren. Das belegt ein Detail: Ein in Berlin unter deutscher Leitung zu gründendes
„*Istituto tedesco per lo studio della cultura italiana e della Romanità*" firmierte in
der deutschen Fassung des Abkommens als „Deutsches Institut für das Studium der
italienischen und *nachrömischen* Geschichte und Kultur". Damit war *Romanità*, der
Schlüsselbegriff der faschistischen Antikerezeption ganz offenbar bewusst, sehr
inadäquat und für die italienische Seite provozierend mit *nachrömisch* übersetzt
worden.[35]

Im Rahmen dieser Initiative wandte Haake sich schließlich auch an andere
Gauleiter, vor allem aber auch an das Reichspropagandaministerium von Joseph
Goebbels, mit der Anregung, im Einvernehmen mit dem Reichsministerium Rusts
(RMWEV) „auf amtlichem Wege" eine „für das gesamte wissenschaftliche Schrifttum gültige Sprachregelung" vorzunehmen, die zu einer „einheitliche(n) Bezeichnung der Römerzeit in Deutschland" führen sollte. Haake nannte die Termini
„römerzeitliche Epoche", „römische Besatzungszeit", „Zeit der Römerherrschaft"
und „römische Fremdherrschaft". Im Geiste des erwähnten Kulturabkommens sollten so durch „eine allgemein gültige, klare Bezeichnung" ... „vielfältige Zwistigkeiten und Fehlbeurteilungen" beseitigt werden.[36]

„Terminologieprobleme" im Umgang mit der römisch-germanischen Auseinandersetzung gab es nicht nur im Kontext des deutsch-italienischen Streits um die
germanische Kulturhöhe. Der Landeshauptmann Haake hatte – und das gehört zur
Vorgeschichte seiner Initiative – auch in seinem eigenen Amtsbereich Erfahrungen
mit derartigen Terminologieproblemen.

33 Haake an Simon (wie Anm. 27), fol. 13.
34 Ebd.
35 A. Hoffend, „Verteidigung des Humanismus"? Der italienische Faschismus vor der kulturellen Her-
   ausforderung durch den Nationalsozialismus, in: J. Petersen/W. Schieder (Hrsg.), Faschismus und
   Gesellschaft in Italien. Staat – Wirtschaft – Kultur, Köln 1998, 188.
36 Haake an Reichsminister Goebbels v. 25.11.1938, BA Berlin, R 4901, 15177 fol. 10 und Reichsministerium für Volksaufklärung und Propaganda/Ministerbüro an RMEWV v. 5.12.1938.

Hier ist auf die Rolle des Landesrates Apffelstaedt zurückzukommen: In der Museumsarbeit, insbesondere im Umgang mit den römischen Steindenkmälern zeigte sich nach B. Bouresh sehr deutlich, „wie wenig die [oben erwähnten] demonstrativen Worte Apffelstaedts von 1935 für die ‚Einheit der Bodenforschung' und sein Ruf nach ‚unbedingter Exaktheit wissenschaftlicher Forschung' mit der Praxis gemeinsam hatten."[37]

Römische Wehrbauten wie den Limes oder die Porta Nigra wollte Apffelstaedt 1935 „auch in der Zukunft bewußt sehen … als Zwingburgen gegen unser Volk, die aber gerade deshalb und bei der rückhaltlosen Anerkennung der bautechnischen Leistungen, uns mit umso größeren Stolz erfüllen über die urgewaltige Lebenskraft der germanischen Stämme, unter deren Drang nach Freiheit und Lebensrecht sie dennoch wie nichts zerbrachen."[38]

Ein Beispiel für einen freilich eher „verhaltenen" Widerstand von Wissenschaftlern gegen die Termini des germanozentrisch und antirömisch akzentuierten NS-Geschichtsbildes lieferte der Bonner Museumsdirektor Franz Oelmann (1883–1963), der sich im April 1936 gegenüber einem Pressereferenten gegen die Benutzung ‚germanenideologisch' geprägter Begriffe in der Museumsfestschrift von 1936 verwahrte:

> „Erst gestern am Sonntag fand ich eine ungestörte Stunde, um die 2. Korrektur der Festschrift zu erledigen … Der Ausdruck ‚Besatzungszeit' passt in diesem Zusammenhang keinesfalls. Er ist ein politischer Begriff mit propagandistischem Beigeschmack aus der Kriegs- bzw. Nachkriegszeit und lässt sich unmöglich auf eine so entfernte Vergangenheit übertragen, wo es ein Deutschland im politischen Sinne überhaupt noch nicht gab."[39]

Im deutlichen Unterschied dazu mahnt Apffelstaedt im Oktober 1936 gegenüber dem Bonner Landesmuseum eine zeitgemäße Terminologie an:

> „Gelegentlich des Studiums des wissenschaftlichen Schrifttums der Rheinischen Landesmuseen ist mir jüngst noch wiederholt aufgefallen, dass hinsichtlich der Zeiteinteilung der Vor- und Frühgeschichte immer noch das mehrere Jahrtausende umfassende Gebiet der Vorzeit als vorrömische Zeitstufe und entsprechend die Völkerwanderungszeit im weitesten Sinne als nachrömische Zeitstufe bezeichnet wird. Eine solche Benennung entspricht in keiner Weise den Anschauungen unserer Zeit und ist in Zukunft bei allen

---

37 B. Bouresh (wie Anm. 26), 106.

38 H.-J. Apffelstaedt, Wiedereröffnung des Rheinischen Landesmuseums in Bonn, in: Die Rheinprovinz 4, 1935, 238. Vgl. B. Bouresh (wie Anm. 26), 158.

39 F. Oelmann an Kornfeld v. 6.4.1936, zitiert nach B. Bouresh (wie Anm. 26), 106 mit Anm. 423 (158).

Veröffentlichungen grundsätzlich durch: Vorgeschichte, Römerzeit, frühgermanische (Völkerwanderungs-) Zeit zu ersetzen."[40]

Mit diesen Einlassungen befand sich Apffelstaedt in Übereinstimmung mit den auf der Ulmer Reichsbundtagung für Vorgeschichte vom Oktober 1936 offenbar gleichzeitig formulierten „Zeitstufenbenennungen". Damit vertraten Apffelstaedt und Haake ähnliche Positionen wie die „völkischen Germanenkundler", die sich schon vor der Machtübernahme für eine „korrekte" germanische Terminologie, genauer gesagt für „Zeitstufenbenennungen" interessiert hatten. Für Wilhelm Teudt (1860–1942), den Gründer der „Vereinigung der Freunde germanischer Vorgeschichte" (1928), die später in Himmlers „Ahnenerbe" überging, war das schon damals ein aktuelles Anliegen.[41] „Neubenennungen" der Zeitstufen, so äußerte er auf der eben erwähnten „3. Reichstagung für deutsche Vorgeschichte" im Oktober 1936 in Ulm, sollten „bei der Bedeutung, die Vorgeschichte heute für jeden Deutschen besitzt, so einfach und klar wie möglich geprägt" werden, um „allgemeinverständlich" zu bleiben.[42] Teudts Vorstoß auf der oben genannten Tagung wurde ohne Namensnennung referiert, mit seinen Vorschlägen konnte er sich freilich nicht durchsetzen. Immerhin fanden „die Bezeichnungen *Urgermanische Zeit* für Bronzezeit, d.h. ungefähr für den Zeitraum von 2000 bis 750 vor Beginn unserer Zeitrechnung und *Großgermanische Zeit* [Hervorhebung im Original] für die bisher als Eisenzeit bezeichnete Stufe, deren Ende auf deutschem Boden etwa um 800, im Norden Europas etwas später anzusetzen ist, allgemeine Billigung."[43]

Mit diesem auf der Ulmer Tagung erzielten Kompromiss lag also im Grunde schon die von Haake, wie oben erwähnt, angemahnte „klare völkische Stellungnahme zu dem Problem ‚Germanen – Römer'" vor. Diese „Stellungnahme" kam freilich von der „Gegenseite". Diese umfasste um die Klassifizierung von Uta Halle aufzugreifen, neben „*unheilvollen Phantasten*" wie Wilhelm Teudt auch Vertreter „*beamteter Wissenschaft*" wie z.B. Hans Reinerth.[44] Soweit die unmittelbare Vorgeschichte von Haakes Initiative.

Haakes Vorstoß bei dem für *Sprachregelungen* im weitesten Sinne zuständigen Reichspropagandaministerium führte dann zu einer Rundfrage bei einzelnen Institutionen und Wissenschaftlern, die vom Reichsministerium für Wissenschaft, Erziehung und Volksbildung ausging.

---

40 H.-J. Apffelstaedt an Landesmuseum Bonn v. 19.10.1936, zitiert nach B. Bouresh (wie Anm. 26), 158 Anm. 424.

41 U. Halle, Detmold und die deutsche Vorgeschichtsforschung, in: Nationalsozialismus in Detmold. Dokumentation eines stadtgeschichtlichen Projekts, Bielefeld 1998, 546.

42 Zitiert nach U. Halle (wie Anm. 41), 546.

43 W. Hülle, Zeitbestimmung und Zeiteinteilung in der Vorgeschichtswissenschaft, in: Nationalsozialistische Monatshefte 8, 1937, 310 (mit entsprechender Zeittafel zwischen 304 und 305).

44 U. Halle, „Die Externsteine sind bis auf weiteres germanisch!" Prähistorische Archäologie im Dritten Reich, Bielefeld 2002, 69.

Die Federführung lag beim Amt Wissenschaft des RMWEV, dessen Himmlers Ahnenerbe nahestehender Referent, Prof. Werner Buttler (1907–1940), von Hause aus ein Prähistoriker (ein Schüler Gero von Merharts) zusammen mit dem Ministerialrat Frey diese Umfrage im Januar 1939 auf den Weg brachte.[45]

Die Reaktionen von Januar bis April 1939 ergaben kein einheitliches Bild und können hier nur kurz zusammengefasst werden: So gingen Martin Schede und Ernst Sprockhoff, die Vertreter des Deutschen Archäologischen Instituts und der Römisch-Germanischen Kommission, also die vom „Primat der Vorgeschichtsforschung" und den NS-Germanenideologen am ehesten bedrohten Institutionen, ebenso wie ein Vertreter der Preußischen Akademie der Wissenschaften auf Distanz zu den „im volkstümlichen Schrifttum" häufig verwendeten Begriffen „Besatzungszeit" und „Fremdherrschaft", die besser nicht zu „propagandistischen" Zwecken verwendet werden sollten.[46] Stattdessen empfahl man „römische Kaiserzeit" als „reinen Epochenbegriff", der für keine Seite – so der damalige Präsident des DAI, Schede, – „etwas Anstößiges" enthielt. Darüber hinaus könnten Zusätze wie „Römische Kaiserzeit im Rheinland" oder in „Donau-Deutschland" zu noch genauerer Bezeichnung führen.[47]

Sprockhoff und Schede waren für derartige Terminologieprobleme sensibilisiert. Sprockhoff hatte 1936 erwogen, auf den „Namen „Römisch-Germanische Kommission" zu verzichten, da dieser seit langem Anlaß zu Angriffen bot. Schede hielt dagegen die „Formlosigkeit" der reinen Ortsbezeichnung „Abteilung Frankfurt" (des DAI) im Augenblick für den „beste(n) Schutz". Zeitweise wurde nach 1936 der Traditionsname durch den Begriff „Zweiganstalt Frankfurt" ersetzt.[48] In ihren Stellungnahmen zur einheitlichen Bezeichnung der Römerzeit in Deutschland vom Februar 1939 traten Sprockhoff und Schede allem Anschein nach selbstbewusster auf.

Ernst Petersen (1905–1944), damals Direktor des Landesamtes für Vorgeschichte in Breslau, sah in der einheitlichen Bezeichnung „ein für die Volksaufklärung wie für die Wissenschaft gleich bedeutsames Erfordernis".[49] Nach Erwägungen über substantivischen wie adjektivischen Gebrauch schlug er den kürzesten Begriff „Römerzeit" als ein Gegenstück zur „Germanenzeit" vor, der im „Wertinhalt so zurückhaltend wie möglich" war, aber auch nicht ausschloss, „während dieses Zeitraums in West- und Süddeutschland und der Ostmark be-

---

45 Hs. Notiz Ministerialrat Frey v. 7.1.1939 mit Bearbeitungsvermerk Buttlers v. 10.1.1939, R 4901, 15177 fol. 9 (Rs).

46 Ernst Sprockhoff an Archäologisches Institut des Deutschen Reiches v. 13.2.1939 (Abschrift), BA Berlin R 4901, 15177 fol. 24.

47 Schede an Reichsministerien für Erziehung, Wissenschaft und Volksbildung v. 17.2.1939, BA Berlin R 4901, 15177 fol. 25.

48 S. v. Schnurbein, Abriß der Entwicklung der Römisch-Germanischen Kommission, in: 100 Jahre Römisch-Germanische Kommission (wie Anm. 20), 210 f.

49 E. Petersen an RMEWV v. 21.2.1939, BA Berlin R 4901, 15177 fol. 26 (Rs).

trächtliche Bevölkerungsteile germanischer, keltischer und illyrischer Abstammung ansässig" waren.

Zu „schwerfällig" schienen dagegen die Formen „Zeit der römischen Fremdherrschaft", „Römische Besatzungszeit" und – eine neue Variante – „Römische Überfremdungszeit".[50] Gustav Schwantes (1881–1960), der Vertrauensmann für Kulturgeschichtliche Bodenaltertümer in Kiel, der aus den Nordwestdeutschen Verband kam, unterstützte ganz ausdrücklich Haakes Einsatz für die Römerforschung, über die man erst „die hohe Bedeutung der germanischen Kultur" klarer erkennen konnte. Zum Punkte „einheitliche Benennung" schloss er sich weitgehend dem Vorschlag Petersens an, d.h. er votierte für die „Römerzeit".[51]

Der Kurator des Himmlerschen „Ahnenerbes", der Münchener Indogermanist Walther Wüst (1901–1993), ein bekannter NS-„Wissenschaftspolitiker und Multifunktionär"[52], beklagte in diesem Zusammenhang die im Ansatz falsche, lange Zeit übliche „Gegenüberstellung einer imperialen Stadtkultur und einer nationalen Bauernkultur", die „zu dem hinreichend bekannten ‚Barbarenstandpunkt' geführt" habe.[53] Gleichzeitig unterstrich er auch aus der ‚indogermanischen' Perspektive die Notwendigkeit der Auseinandersetzung mit der römischen Kultur und den römischen Resten an Rhein und Donau. Wüst offerierte seinerseits die letztlich auch für ihn unbefriedigende Bezeichnung „Zeit der Römerkriege".[54]

Kurz und eindeutig reagierte schließlich der zu dieser Zeit im Fach eher isolierte Hans Reinerth, der für Rosenbergs „Amt Vorgeschichte" antwortete. Er hielt den Ausdruck „unter römischer Fremdherrschaft für besonders gerechtfertigt", da er ohne Spitze gegen das „heutige Italien" ... „klar die fremde, nicht bodenständige Kultur dieses Zeitabschnittes und die Unterwerfung der ansässigen keltischen und germanischen Stämme unter fremdem Machtwillen" bezeichne.[55]

Der Münchner Ordinarius für Vor- und Frühgeschichte, Hans Zeiß (1895–1944), schied zunächst aus sprachlichen Gründen den Begriff „römerzeitliche Epoche" aus. Auch von „römischer Besatzungszeit" wollte er im Hinblick auf „die Maßnahmen der Alliierten nach dem Weltkrieg, deren Verschiedenheit von der Ausbreitung des römischen Imperiums keiner besonderen Begründung bedarf", nicht sprechen.[56] Bedingt tauglich „für jene Gebiete unseres Vaterlandes, die einst kürzere oder längere Zeit zum Römerreich gehört haben", schien schließlich die Bildung „Zeit der

50 E. Petersen an RMEWV v. 21.2.1939 (wie Anm. 36), fol. 26 (Rs).
51 G. Schwantes an RMEWV v. 11.3.1939, BA Berlin R 4901, 15177 fol. 29–30.
52 So jetzt M. Schreiber, Walther Wüst. Dekan und Rektor der Universität München 1935–1945, München 2008, 151.
53 W. Wüst an RMEWV v. 5.5.1939, BA Berlin, R 4901, 15177 fol. 38 f.
54 W. Wüst an RMEWV v. 5.5.1939 (wie Anm. 53), fol. 40.
55 H. Reinerth an RMEWV v. 29.3.1939, BA Berlin, R 4901, 15177 fol. 37.
56 H. Zeiß an RMEWV v. 23.1.1939, BA Berlin, R 4901, 15177 fol. 23.

Römerherrschaft", den er ebenso wie den „reinen Zeitbegriff" ‚römische Kaiserzeit' für das wissenschaftliche Schrifttum empfahl.[57]

Der Ausdruck „römische Fremdherrschaft" war zwar „für das wissenschaftliche Schrifttum nicht zweckmäßig", sollte aber der „Darstellung bestimmter geschichtlicher Auseinandersetzungen vorbehalten" bleiben. In bestimmten Fällen, „so z.B. bei dem berühmten Freiheitskampf der Cherusker und ihrer Bundesgenossen" war er nach dieser Auffassung „der Geschichtsschreibung", wie H. Zeiß formulierte, geradezu „unentbehrlich".[58] Nur einer der Gutachter, der Bonner Prähistoriker Kurt Tackenberg (1899–1992), hielt eine „auf amtlichem Wege festzusetzende Bezeichnung für die Römerzeit ... für nicht glücklich" und gab der Hoffnung Ausdruck, der der von ihm bevorzugte neutrale Begriff „Römerzeit" zum Allgemeingut werden würde.[59] Ungewöhnlich deutlich – natürlich aus Bonner Perspektive – unterstützte er das Anliegen Haakes der „Diffamierung von Römerforschung und von Vertretern dieses Faches im Rheinland", wirkungsvoll entgegenzutreten.[60]

Diese Momentaufnahme von Anfang 1939 illustriert die schwierigen Rahmenbedingungen für wissenschaftliches Arbeiten auf dem Gebiet der römischen Geschichte. Die Mehrzahl der Gutachter geht eher auf Distanz zu propagandistischen Geschichtsbildern und möchte im konkreten Fall den Terminus „römische Kaiserzeit" beibehalten. Erkennbar ist immerhin noch ein gewisser Erklärungs- und Rechtfertigungsdruck gegenüber den radikalen Positionen der Germanenideologen. Deutlich sind auch in diesen Äußerungen zu terminologischen Problemen der römischgermanischen Auseinandersetzung regionale Unterschiede und Dispositionen zu erkennen.

Die wohl mit Bedacht vom Ministerium ausgewählten Fachleute äußerten sich zumindest für den wissenschaftlichen Bereich eher moderat und hoben sich in der Mehrzahl damit deutlich von der konsequent von der *antirömischen* Position Reinerths ab. Insgesamt sind hier eher schwache Reflexe auf die NS-Germanenideologie zu fassen. Der für die Phase der Machtübernahme charakteristische Bekenntnisdruck und -willen in den „Programmdiskussionen" vom Typ „Die Antike und wir" ist deutlich zurückgegangen.[61]

Zu einer amtlichen Bezeichnung der Römerzeit ist es im Dritten Reich nicht gekommen. Im Ministerium war man sich nach Rücksprache mit Landesrat Apffelstaedt einig, das Vorhaben im Krieg „aus politischen Gründen zweckmäßigerweise" zurückzustellen. Die Rücksprache mit Apffelstaedt zeigt sehr klar, dass die Initiative, eine verbindliche Terminologie für die römisch-germanische Auseinander-

---

57 H. Zeiß an RMEWV v. 23.1.1939 (wie Anm. 56), fol. 23 (Rs).
58 Ebd.
59 K. Tackenberg an RMEWV v. 13.3.1939, BA Berlin, R 4901, 15177 fol. 32.
60 K. Tackenberg an RMEWV v. 13.3.1939 (wie Anm. 59), fol. 33–34.
61 Vgl. Verf., Programme deutscher Althistoriker in der „Machtergreifungsphase", Quaderni di storia 11, 1980, 35–105.

setzung festzulegen, von ihm ausgegangen ist. Gleichwohl wurde der Vorgang im Ministerium akribisch verwaltet bzw. den wechselnden Referenten bis zum 22. Juni 1944 immer wieder vorgelegt. Der für den 22.6.1945 (!) notierte Vorlagetermin konnte nicht mehr wahrgenommen werden!

Im Zweiten Weltkrieg wären – das kann hier nicht geschehen – andere Spuren der NS-Germanenideologie aufzunehmen, die vor allem die hauptsächlich von Himmler getragene Großgermanische Politik (inklusive eines „germanischen Wissenschaftseinsatzes" betreffen). Das Beispiel der „Großgermanischen Politik" zeigt, welche Sprengkraft die NS-Germanenideologie besaß. Die hier vorgestellte Terminologiediskussion ist, in einem sehr weiten Sinne, eine Vorbedingung für den Schritt in die Praxis der „Großgermanischen Politik". Insgesamt konnte hier kein spektakuläres Ergebnis der Debatte vorgelegt werden. Es bleibt die von Bettina Bouresh formulierte Aufgabe einer Studie „über die angewendete wissenschaftliche Begrifflichkeit und deren Wandel".[62]

Am Schluss möchte ich noch einmal an das einleitend zitierte Diktum von Victor Klemperer erinnern und fragen, was sich hinter seinem auf einer anderen Ebene angesiedelten Umbenennungsvorschlag *Arminien* verbarg. In seiner bedrängten Lage trug das germanisch geprägte *Arminien* seiner Gegenwart bedrohliche Züge. Vielleicht fürchtete Klemperer, wie der Literaturwissenschaftler Andreas Kelletat meint, die Erfüllung der in Friedrich Schillers „Die Räuber" angelegten „Vision" eines „deutsch-*arminischen* Mega-Sparta": In der zweiten Szene des ersten Akts beschwört dort der Räuberhauptmann Karl Moor den „Geist Hermanns", der als Arminius 9 n.Chr. den römischen Feldherrn Varus vernichtend schlug. Ein im „Geist Hermanns" geführtes Heer würde, so Moor, aus Deutschland „eine Republik" machen, „gegen die Rom und Sparta Nonnenklöster sein sollen".[63]

Im NS-Geschichtsbild sind die Vorstellungen und Visionen von Sparta und den Germanen stark agrar- und rassenideologisch geprägt. Den darin vorgestellten ursprünglich rasserinnen Gesellschaften eignet unverkennbar ein utopischer Grundzug (F.-L. Kroll). Für einen Mann in der bedrängten Lage Victor Klemperers musste diese mit der Praxis der Rassengesetzgebung verknüpfte Vorstellung mehr als bedrohlich sein.

---

62 B. Bouresh (wie Anm. 26), 158 Anm. 424.
63 Friedrich v. Schiller, Die Räuber. Gesammelte Werke in fünf Bänden, hrsg. von R. Netolitzky, Bd. 1, Bielefeld 1955, 43. – Dazu A. Kelletat, Philologie, Textwissenschaft und Kulturwissenschaft. Konkurrenz oder friedliche Koexistenz?: http://www.fask.unimainz.de/inst/romanistik/ringvorlesung/ vortrag_AFK/vortrag_AK.pdf [17.05.2009]. Vgl. auch Verf., Arminius. Karriere eines Freiheitshelden, in: B. van Schlun/M. Neumann (Hrsg.), Mythen Europas – Schlüsselfiguren der Imagination. Das 19. Jahrhundert, Regensburg 2008, 99.

30m

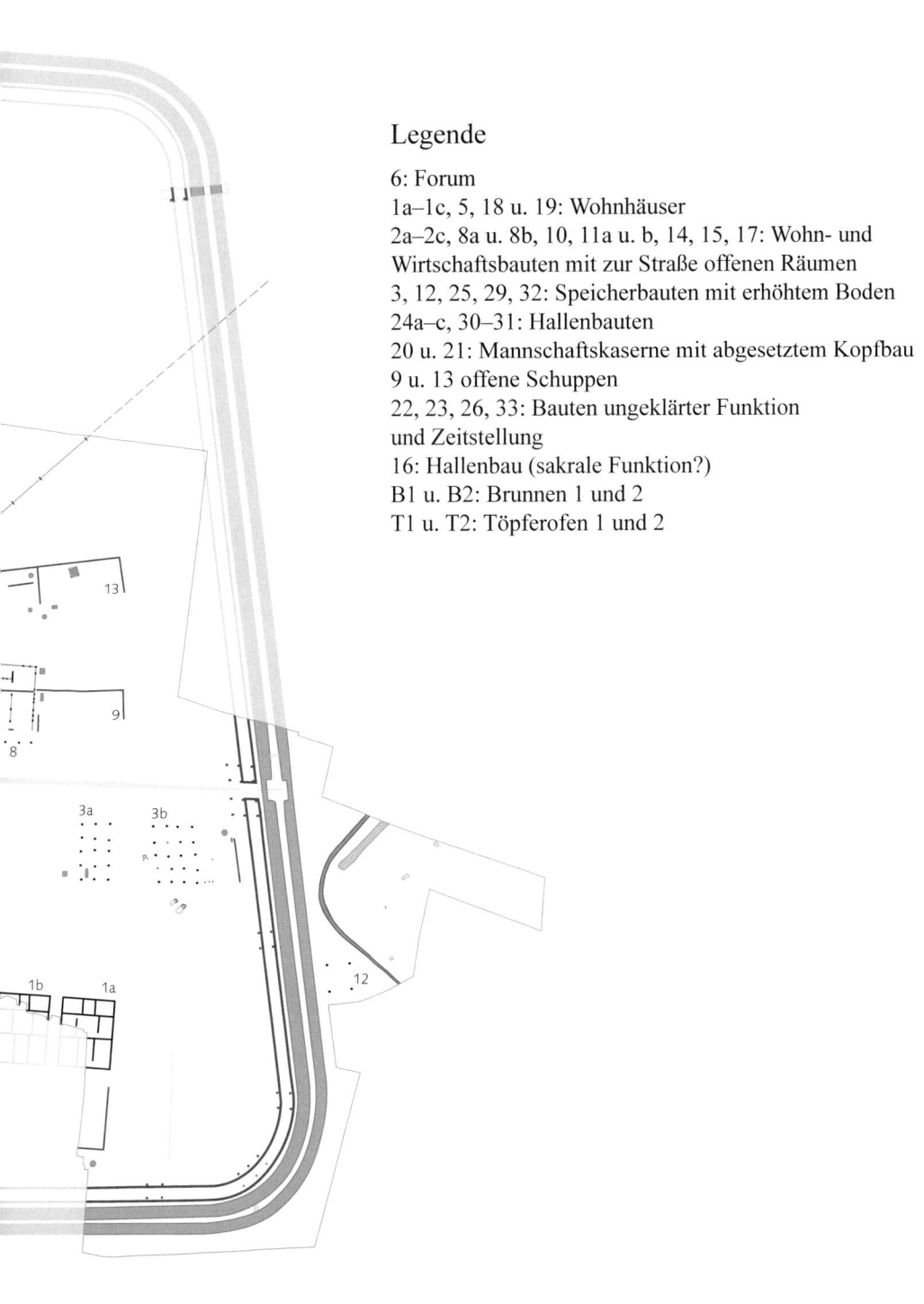

Legende

6: Forum
1a–1c, 5, 18 u. 19: Wohnhäuser
2a–2c, 8a u. 8b, 10, 11a u. b, 14, 15, 17: Wohn- und
Wirtschaftsbauten mit zur Straße offenen Räumen
3, 12, 25, 29, 32: Speicherbauten mit erhöhtem Boden
24a–c, 30–31: Hallenbauten
20 u. 21: Mannschaftskaserne mit abgesetztem Kopfbau
9 u. 13 offene Schuppen
22, 23, 26, 33: Bauten ungeklärter Funktion
und Zeitstellung
16: Hallenbau (sakrale Funktion?)
B1 u. B2: Brunnen 1 und 2
T1 u. T2: Töpferofen 1 und 2